ものと人間の文化史

132

まな板

石村眞一

法政大学出版局

緒　言

「まな板に釘を打つよう」「まな板の鯉」といったたとえもあるように、まな板は日本人の生活の中で身近な素材として古くから取り上げられてきた。昭和三十年代までは、桟状の足が二本付けられた足付タイプも多数見られた。なぜか、その後急速に足付まな板は衰退していく。昭和四十年代からはプラスチック製のまな板が次第に普及し、木製まな板を凌駕していくようになる。まな板を持たない人はいないと思っていたが、最近は小型のプラスチック製まな板でさえ持たない人もいるようだ。わが国のまな板文化は第二次大戦後に大きな変化を示したことになる。

日本のまな板は、中世の絵画資料にはすでに足が付けられた形式で描かれている。おそらく中世以前から中国で発達した俎の影響を受け、足の付けられたまな板が富裕層で使われていたのであろう。ヨーロッパのまな板には同様の足は見当たらず、家庭で使用されるものは日本に比較して小型なものが多い。大型で足があること、さらに各種の儀式に長く継承されてきたことが、日本のまな板文化の特徴ということになる。

中国では、殷代にはすでに青銅製の俎が作られている。しかしながら、青銅器の俎では石器や青銅の包丁で調理できない。つまり、まな板は本来調理という必然性があって木製で成立したものであるのに、殷代には青銅製の祭器としても用いられたのである。祭祀的な使用目的を持つ俎は、日本にも比較的早い時期に伝えられたようだ。中国の生活では、漢代以降、俎を祭器に使用する慣習が衰退していく。逆に日本では俎を重視し、儀式の祭器として宮中でも使用するようになる。さらに鎌倉期以降の武家社会では、調理を専門とする包丁師の流派が確立した。俎、まな箸、包丁を使用した包丁儀式が盛んに行なわれ、今日まで継承されている。中国では漢代以降に衰退していった俎の祭器としての使用を、日本では延々と継承してきたのである。

一方、日常の調理に使用するまな板も、中世以降は庶民の生活にも徐々に普及する。年中行事の一つに、七草の際にまな板を叩くという慣習が農山村で形成され、現在も日本各地で見られる。俎・まな板は、日本人の日常生活や祭祀に組み込まれ、普及していった。日本の俎が持つ祭祀性については、鳥越憲三郎の『箸と俎』[1]という労作がある。

まな板の形態、構造、使用法について簡単に触れた記述は、これまで数多くある。しかしながら、形態、構造を分類して編年作業を試みた論究は意外に少ない。おそらく、三浦純夫の「まな板と包丁」[2]と筆者の「まな板の発達に見る機能、形態、材質の変化」「中国の俎が日本の家具に与えた影響」[3]だけであろう。三浦の研究は、中世から近世の変化に焦点を当てているため、近世までは詳細なデータを収集しているものの、発掘資料の分析が専門のためか、明治以降に関してはややデータが少ない。

台所用具を、住居史、食文化史、生活史といった視点から考察した刊行物はすこぶる多く、まな板に関しても多様な視点で取り上げている[4]。諸先輩の生活者という視点での論考からは、戦後生まれの筆者には体感できなかった文化を学ばせていただいた。

台所の洋風化と作業姿勢の変化が、まな板の形態、材料、使用法にも関連していることは間違いない。確かに、欧米の台所文化の強い影響がわが国にあったことは周知の事実であるが、近代以前のまな板が、どのような過程で現在に至ったかについては、体系的に論じた刊行物は見当たらない。近代化のプロセスは大都市と地方とでは異なり、まな板と生活、産業とのかかわりについても、画一的に論じることはできない。特に大都市の生活文化の推移を中心に日本の生活文化全体の推移を論じることは、はなはだ危険な発想である。

床坐の文化から欧米をモデルとした椅子坐に変えることが、日本の近代化と考えた時代もあった。明治初期の官公庁および学校、明治後期からのビヤホールやカフェ、大正期から本格的に始まる生活改善運動、昭和三十年代からの椅子坐を中心とした住宅設計といった考え方も、基本的にはすべて欧米の生活をモデルとしている。しかしながら、地方の社会では依然として床坐での生活も多く、一時期椅子坐を導入した家庭でも、近年は床坐に回帰する現象が見られる。都市圏の若者は、フローリングのワンルームで床坐の生活をしていることが多い。こうした若者の生活は、家具を置くスペースがないことから、一種の流行と見る向きもあろうが、生活者の意識は必ずしも欧米の文化を規範にしているとは限らない。欧米の文化をやみくもに高く評価し、そうした価値観で生活の近代化を啓発してきた人たちの考え方についても再考する必要がある。

本書では、中国を含めたアジアの諸地域、ヨーロッパの一部で使用されるまな板を比較し、日本のまな板文化の形成と今後の展望について検討することを目的とする。

目次

緒言 iii

第一章 俎・まな板の起源と中国における展開 1

一 はじめに 1

二 まな板を使用する地域と使用しない地域 2

三 俎・まな板の定義と文字表記 6

四 古代中国の俎 9

(1) 中国の古代における俎の出現と発達 9

(2) 木俎の家具化 15

五 古代中国のまな板 19

六 古代中国の案・几と俎の関係 25

(1) 古代中国の案と俎 25

(2) 中国古代の几と俎 30

(3) 起居様式の変化と案、几、俎 34

第二章　日本の古代から中世に使用された俎・まな板　37
一　はじめに　37
二　古代の俎・まな板　38
(1)　発掘資料から見た俎・まな板　39
(2)　文献史料から見た俎・まな板　42
『日本書紀』／『二部般若用度解案』『雑物請帳』／『延喜式』／『和名類聚抄』／『宇津保物語』／『今昔物語』
(3)　古代の案・几と俎・まな板との関連　52
三　中世の俎・まな板　54
(1)　発掘資料から見た俎・まな板　55
(2)　文献史料から見た俎・まな板　57
『吾妻鏡』／『源平盛衰記』／『下學集』／『四条流庖丁書』／『宗五大草紙』／『運歩色葉集』／『大草家料理書』
(3)　絵画資料から見た俎・まな板　61
『地獄草紙』／『北野天神縁起』／『粉河寺縁起』／『松崎天神縁起』／『春日権現験記』／『聖徳太子絵伝』／『慕帰絵詞』／『弘法大師行状絵詞』／『七十一番職人歌合』／『酒飯論絵詞』／『月次風俗図』
(4)　中世の案、几、机、卓と俎・まな板との関連　73
案（阿須賀神社伝来、京都国立博物館所蔵）／前机（円覚寺所蔵）、卓（東福寺所蔵）／机（近畿日本鉄道株式会社所蔵）

第三章　日本の近世に使用された俎・まな板　81

一　はじめに　81

二　専門の包丁師が使用したまな板　82

『洛中洛外図（舟木本）』／『豊国祭礼図』／『東山遊楽図』／『四条河原遊楽図』／『邸内遊楽図』／『川口遊郭図』／『和国諸職絵尽』、『江戸名所図屏風』／『人倫訓蒙図彙』／『人倫重宝記』／『雑画巻』／『和漢三才図会』

三　家庭生活で使用したまな板　101

『女諸礼集』、『女諸礼綾錦』、『女寿蓬莱台』／『絵本江戸爵』、『絵本吾妻抉』、『七草の囃図』、『東海道五十三次』／『日本山海名産図会』／『四季交加』、『類聚近世風俗志』／『日用助食　竈の賑ひ』、『漬物早指南』

四　調度として備えられたまな板　116

五　座姿勢から立姿勢への変化とまな板　120

『女教草大和錦』／『傾城水滸伝』／『経済をしへ草』／『串戯しつこなし』／『双蝶色成曙』

六　中世から近世の絵画資料に見られるまな板の形状　126

A平板タイプ／B蒲鉾形甲板反り足タイプ、C平板形甲板反り足タイプ／B1蒲鉾形甲板垂直足タイプ、C1平板形甲板垂直足タイプ／B2蒲鉾形甲板四方転び長足タイプ、C2平板形甲板四方転び長足タイプ／B3蒲鉾形甲板桟足タイプ、C3平板形甲板桟足タイプ／D平板形甲板板足棚式タイプ、E平板形甲板垂直足柱立タイプ

第四章　日本の近代に使用されたまな板　131

一　はじめに　131
二　明治時代のまな板　132
(1)　これまで紹介された明治時代のまな板　132
(2)　婦人向け刊行物に掲載された明治時代のまな板　134
『通信教授女子家政學　前編』／『DOMESTIC JAPAN, JAPAN DAILY LIFE VOLUME 1』／『家庭寶典　臺所改良』／『婦人画報』明治四十二年六月号／『婦人画報』明治四十四年九月号／『婦人画報』明治四十五年一月増刊号
三　大正時代のまな板　141
『婦人之友』大正二年六月号／『婦人之友』大正二年十月号／『婦人画報』大正三年四月号／『家事教科書　高等小學校理科　第二學年教師用』、『應用　家事教科書　上巻』／『高等女學校　家事教科書　上巻』／『婦人之友』大正六年三月号／『主婦之友』大正六年十一月号、『主婦之友』大正七年七月号／『主婦之友』大正十二年九月号／「戦後改革以前の武蔵野の民家」、『婦人公論』大正十四年十二月号、『婦人之友』大正十五年一月号
四　昭和前期のまな板　151
『主婦之友』昭和二年四月号／『主婦之友』昭和二年八月号／『住宅』昭和三年四月号／『主婦之友』昭和五年三月号／『主婦之友』昭和五年七月号／『住宅』昭和八年二月号／『住宅』昭和八年十一月号／『家の光』昭和十二年三月号

五　生活改善運動とまな板　159

第五章　世界のまな板文化　167

一　はじめに　167

二　日本の儀式で使用される俎　167

大草流で使用する俎／三重県一志郡美杉村で使用される俎／三重県志摩市浜島町浜島で使用される俎／三重県志摩市浜島町迫子で使用される俎／福岡市東区奈多で使用される俎／宮崎県東臼杵郡椎葉村で使用される俎

三　日本各地の資料館・個人が所蔵するまな板　181

(1) 九州のまな板　182

福岡県田川郡添田町英彦山神社財蔵坊所蔵のまな板／福岡県糟屋郡須恵町歴史民俗資料館所蔵のまな板／福岡県筑紫野市筑紫野歴史博物館所蔵のまな板／福岡市の魚店、料理店で使用されるまな板／福岡県小倉城天守閣に再現された江戸期のまな板／大分県日田市岳林寺所蔵のまな板／大分県日田郡天瀬町高塚地蔵前のまな板専門店

(2) 中国地方のまな板　187

島根県鹿足郡津和野町民俗資料館所蔵のまな板／島根県隠岐郡五箇村隠岐郷土館所蔵のまな板／島根県隠岐郡西郷町の料理店で使用されるまな板／広島県安芸高田市吉田歴史民俗資料館所蔵のまな板

(3) 近畿地方のまな板　190

大阪府箕面市郷土資料館所蔵のまな板／奈良県立民俗博物館所蔵のまな板
(4) 中部・関東地方のまな板 197
岐阜県関市岐阜県博物館所蔵のまな板／東京都羽村市郷土博物館所蔵のまな板／新潟県魚沼市目黒邸所蔵のまな板
(5) 東北地方のまな板 202
福島県南会津郡只見町教育委員会所蔵のまな板／福島県南会津郡田島町奥会津地方歴史民俗資料館所蔵のまな板／福島県南会津郡下郷町大内宿のまな板／福島県田村郡三春町歴史民俗資料館所蔵のまな板／福島県福島市民家園所蔵のまな板／青森県八戸市博物館所蔵のまな板／青森県三沢市小川原湖民俗資料館所蔵のまな板／青森県青森郷土館所蔵のまな板

四 東アジア、東南アジアのまな板 212
(1) 中国のまな板 212
上海市、江蘇省のまな板／江西省景徳鎮市のまな板／貴州省のまな板／四川省成都市のまな板／河南省、陝西省のまな板／甘粛省のまな板／新疆ウイグル自治区のまな板／チベット自治区のまな板／広西チワン族自治区桂林市のまな板
(2) 大韓民国のまな板 231
(3) ベトナムのまな板 234
(4) ラオスのまな板 235
(5) タイのまな板 238

五 中央アジアのまな板 238
(1) ウズベキスタンのまな板 239

(2) トルクメンスタンのまな板　242
六　西アジアのまな板　244
(1) イランのまな板　245
(2) トルコのまな板　248
七　ヨーロッパのまな板　249
(1) ドイツのまな板　250
(2) オーストリアのまな板　251
(3) チェコのまな板　254
(4) イギリスのまな板　255
(5) デンマークのまな板　255
(6) フィンランドのまな板　260
(7) ブルガリアのまな板　261
八　まな板の分類と日本のまな板が持つ特性　261
第六章　現代のまな板　265
一　はじめに　265
二　昭和二十年代から四十年代の台所とまな板　266
(1) 『サザエさん』に見る台所とまな板　266
昭和二十年代から四十年代の台所とまな板

(2)『毎日新聞』の写真に見る台所とまな板　271
(3)『暮しの手帖』に見る台所とまな板　273
昭和二十年代の台所とまな板／昭和三十年代の台所とまな板
(4)『西日本新聞』の写真に見る農山村の台所とまな板　279
(5)ステンレス製流し台とまな板　281
三　現代の木製まな板　285
(1)市販されているまな板　285
(2)木製まな板における材料の変化　290
(3)商業宣伝に示された木製まな板の特性　293
四　現代のプラスチック製まな板　296
(1)プラスチック製まな板の登場と普及　297
(2)商業宣伝に示されたプラスチック製まな板の特性　299
(3)プラスチック製まな板のメンテナンス　301
五　まな板の使用法　304
(1)まな板の表面形状と包丁の使用法　304
(2)業務用大型まな板　308
(3)家庭におけるまな板の使用法　309
六　ステンレス製流し台とまな板　311
(1)ステンレス製流し台の高さとまな板の関係　311

(2) システムキッチンとまな板　313
おわりに　316
注　321
〈資料〉市販されているまな板の形状、材質、値段　341
あとがき　347

第一章　俎・まな板の起源と中国における展開

一　はじめに

まな板は広く世界で使用されていることから、その起源はどの地域からでも遡って研究することは可能である。たとえばヨーロッパのまな板を、ギリシアやローマの全盛期にルーツを求めて探ることも意義がある。まな板のルーツが中国よりヨーロッパが古いことが実証されれば、まな板はヨーロッパから中国に伝わったことになる。筆者は物質文化の出現を基本的に一つのルーツ、すなわち一元論で考えている。たかが木の板一枚、何千年という歴史の中で世界の各地で出現しても不思議ではないと思いがちだが、各種の生活道具の発達を調査すればするほど、出現地は一つと考えるようになった。荷物を朸《おうご》の前後に紐でつり下げる天秤吊りはエジプトが最も古く、ヨーロッパのローマ期に発達した紡錘形の木製樽も原型はエジプトで出現している。いずれも日本で発明されたものではなく、日本へ伝播し、その後に工夫や改良が加えられたのである。

本書の目的が、日本の俎・まな板文化の形成と発達を検討することにあるため、最も大きな影響を受けたと推定される中国の俎・まな板を原型として捉える。この原型とはあくまで日本の俎・まな板に関するもので、世界で使用されるまな板のルーツとは一線を画する。
中国においては俎の研究がすでに長く行なわれており、家具史においても俎を案・几と同次元で論じている。つまり俎に関しては、たんなる食材を調理するだけの道具とは考えておらず、中国の中でもとりわけ漢民族が形成した重要な祭器として位置づけている。本章では、魏・晋時代以前の発掘資料を手がかりとして、中国の俎・まな板の出現とその発達を考えていく。

二　まな板を使用する地域と使用しない地域

日本において食材を包丁で切る場合、通常まな板を使用する。中国や欧米でも包丁で食材を切る場合は、刃先に負担をかけないよう、まな板またはそれに類似した緩衝材の上で作業を行なっている。すなわち、リンゴの皮むきのような食材を固定しない作業、干瓢《かんぴょう》の皮むきのように固定した専用刃物を回転させる作業以外は、たいていまな板を使用して、日本人は食材を調理する。

二〇〇〇（平成十二）年の十二月から二〇〇一（平成十三）年一月にかけて、ネパールと北インドの生活品に関する調査を行なった。(1)最初の調査地であったネパールのカトマンズ市郊外で見かけた根菜類の調理法である。(2)図1・2は、女性がしゃがんだ姿勢で根菜類を手に持ち、刃物に押し当てるという方法で切っている。図1では、使用している刃物で、すこし曲面があり、包丁の刃と似たような形状をしている。図1の女性は、図2の道具を足で固定して使用している。

インドでは、包丁を使用しないで調理をするという話を以前耳にしたことがあった。ネパールでも似たような調理法があるとは予想していなかったので、とにかく驚いた。ネパールは多民族国家で、山岳地帯に生活する人たちは、図１のような調理法を用いない。チベット族が住むジョムスンにポカラ市から小型飛行機で出かけ、そこから数時間斜面を歩いて辿り着いた外国の旅行者相手の宿泊所では、図３[3]のような薄いプラスチック製のまな板で調理をしていた。観光地という地域の環境が、まな板の使用に関係しているというご指摘もあろう。しかしチベット族にはもともと図１・２のような刃物を使用する生活習慣がない。図３の女性は正座に似た姿勢で調理している。興味深いのは、プラスチック製のまな板を高さ二〇㎝以上もある台に置いて作業している点である。台は結果的に低い机、まな板の足と同様の役割を持っており、座姿勢と道具の機能を示す興味深い事例となっている。

図４〜６[4]は、ネパール南部に近いチトワン市の市場で見かけた魚屋と肉屋である。図４・５は図１と同様に、手に持った川魚を刃物に押しつけて切っている。われわれ日本人からすると、実に不合理な方法と思えるのだが、作業はある程度慣れで成立するし、日本の刺身に見られるような繊細な包丁さばきは、世界でもきわめて稀なのかもしれない。図４・５の刃物はそれぞれ特徴を持っており、図４の刃は直線的であるのに、図５の刃はS字状の緩い曲面を持っている。

図６は図４・５と同じ市場の肉屋だ。ここでは中国でよく見かける丸太の木口面を利用したまな板を使用し、包丁で肉を切っている。作業者の顔を見なければ、中国の肉屋と間違うほどよく似たまな板を使用している。インドの都市部では、プラスチック製のまな板を使用する家庭が増加しており、図１・４・５のような方法は徐々に衰退している。しかしながら、インドおよびその周辺の国々では、まな板を使わない調理文化を多くの人々がいまだに継承しており、世界中がまな板を使用して調理をしているわけではない。図１・４・５のような調理方法が石器時代まで遡るかどうかは今後の課題とするが、予想以上に古く

図1　まな板を使用しない調理
（ネパールのカトマンズ市郊外）

図2　包丁に似た機能を持つ道具（ネパールのカトマンズ市郊外）

図3　まな板を使用した調理
（ネパールのジョムスン郊外）

図4　まな板を使用しない調理
（ネパールのチトワン市郊外）

図5
まな板を使用しない調理（ネパールのチトワン市郊外）

図6
木口面のまな板（ネパールのチトワン市郊外）

図7
長方形のまな板（中国の貴州省）

から継承されているように思える。

図7は中国の貴州省で現在使用されるまな板である。調理する食材を手で固定し、包丁で刻んでいる。(5)日本や欧米のまな板とも共通するきわめて標準的なまな板である。中国というと、図6のような木口面を利用したまな板が大半だと想像している日本人も多い。ところが実際には図7タイプの木端面を利用した長方形のまな板も、各地で数多く使用されている。本書ではまず最初に、図7に代表される長方形まな板の原型を求めて、中国古代の俎とまな板から検討していく。

三　俎・まな板の定義と文字表記

まな板とは、食物を包丁で調理する際に用いる道具で、食物を上に置いて手で固定し、切る際に包丁の刃を保護する機能と、切り取った食物が散逸しない機能を持つと定義づけることができる。

まな板の材質は木製、竹製、プラスチック製、合成ゴム製などがある。こうした材料は刃物を保護する目的から選定されている。しかしながら、祭祀的な目的に使用される俎は、中国では青銅製、木製（漆による加工を含む）、石造製が使用された。このことから、まな板と俎は別のもので、俎に関しては刃物との関連だけで材質を規定することはできない。まな板に関しては、使用する刃物を保護する硬さであることが前提となる。

俎は長方形で足を備えた祭器を指す。まな板の形状は多様で、特に規定する必要はない。ただし、大きさは持ち運びが可能なものに限定し、固定された台の上部を調理に使用している場合には、まな板の代用品と規定する。

日本ではマナイタを俎、爼、爼板、魚板、真魚板、末那板などと表記してきた。爼は中国の俎の字が変化した異体字であり、混乱するので本書では文献史料の引用以外は使用しない。マナの表記を、真魚というように魚と関連させる解釈も散見されるが、決定的な論拠があるわけではないので、祭器以外の食物の調理に使用する目的のマナイタは、すべて「まな板」で統一する。

中国における祭祀用具としての俎は、刃物で調理しているとは限らない。出土した青銅製の俎には刃物傷は認められないようだ。同様に漆を施した木製の俎においても刃物傷は見られない。このことから、殷時代以降の俎は、調理と直接かかわらなかった可能性が高い。だとすると、俎はまな板の定義とは一致しない。つまり、俎上に食物を置いても、調理をする機能はない祭器と規定しなければならない。

筆者の知る限り、俎とまな板を別なカテゴリーで論じた文献は数少ない。俎を祭祀用具と規定しても、日本では調理用具としての機能を併せ持っている場合が多いことから、取り立てて二つに分類することもなかったのであろう。本書は日本のまな板だけでなく、原型とする中国の俎も含め、俎とまな板を機能別に分けて取り扱う。

俎の祭器としての機能は、中国と日本とではすこし異なる。中国では俎の文字に生贄《いけにえ》を供える意味があるとしている。そのため現代では食物調理用のまな板を刀砧板と表記している(6)。

生贄とは一体どのような行為なのだろうか。人間や動物を生きたまま神に供えるというのが一般的な解釈だ。しかしいつ頃まで実際に生きたまま供えたかは定かでない。中国では現在も豚の頭を正月に供える習慣がある。日本でも猪の頭を供える習慣が九州南部に継承されている。いずれにしろ、動物を殺した後、体の一部を供えているにすぎない。日本で生きた猪を俎に固定して供えた話は一切聞いたことがない。このことから、日本では動物を生贄にすることは、解体した体の一部を供え、後に肉などを神事の一環として共食することを指す。

問題なのは人間の生贄である。生娘を生贄とする場合、生命を絶たれても神となって復活し、神事に参加した者たちを災いから救う、といった話がわが国に伝承されている。しかし実際には『今昔物語集』においても、旅人を身代わりにしようとするなど、必ずしも人間の生贄を正しいと位置づけているわけではない。[7]『今昔物語集』は仏教説話という性格であるため、ことさら生贄を否定しているようにも思えるが、中国の古代においても、俎の上で生きた人間を生贄にしたとする風習が広く認められていたとは思えない。殷時代以降に見られる祭祀的な目的に使用された俎も、大きさからして、大型の獣は先に殺し、その体の一部を供えるために使用した、または小型の獣は先に殺して供えたというのが実態であろう。すなわち、中国における俎とは、獣を先に殺し、その後に体の全体または一部を供えることを目的とした道具ということになる。

日本における俎は、中国の祭祀性を継承したとしても、中世以降は仏教信仰によって魚を供えることが主流となり、魚を調理すること自体が神事の一部となる。魚を俎上で解体した後、元の形に一旦戻し、その後一部を神事に参加した人たちに振る舞うという行為をする。この場合、俎はまな板の機能も共有する。しかし、神事の専用具として俎が位置づけられていることから、一般の調理用まな板と同一視することはできない。中国の俎と比較した場合、祭器としての機能は異なるが、日本の神事で使用するものは、やはり俎と本書では位置づけておく。

四　古代中国の俎

(1)　中国の古代における俎の出現と発達

中国で成立したまな板の使用法は、野菜のような手でちぎれる植物系食物の調理ではなく、狩猟による動物の解体が先行したと推定される。動物の解体に使用したからこそ、生贄の儀式に使用される俎に発達したのである。

最も古い俎は、一九七八（昭和五十三）年から一九八〇（昭和五十五）年にかけて山西省の竜山文化遺跡から案と共に発見されたもので、図8のような形状をしている。殷代より古いことから、三六〇〇年前より俎は使用されていたことになる。図8のような俎はいくつか出土しており、長さ五〇〜七五㎝、幅二五〜四〇㎝、高さ一五〜二五㎝と解説している。(8) この時代に俎とまな板がどの程度分化していたのかはわからない。(9) しかしながら、図8の俎には表面に彩色が施されていることから、日常の生活で使用されていたまな板と同一視することもできない。図8は発見された時に石包丁と豚の骨が置かれており、なんらかの祭祀的な目的に使用されたようだ。

図8は四本足で、枘《ほぞ》接合にて足を垂直に固定している。枘は上部の板を貫通する通し枘接ぎを採用している。殷時代以前に、組物による技術で俎が造形されていたことは特筆される。青銅器の発達していない時代は、石器によって枘接合を行なっていたのである。

殷時代は青銅器の発達がいちじるしく、図9、(10) 図10(11)に示した俎が発掘されている。このような青銅製の

図 8　木製俎（竜山文化期）

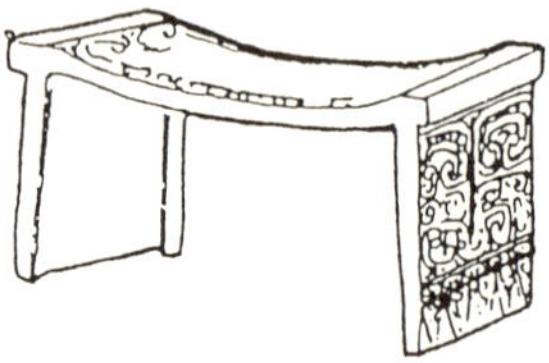

図 9　銅俎（殷代）

図 10　銅俎（殷代後期）

図 11　木俎（春秋時代中期）

図 12　木俎（戦国時代）

図 13　四本足銅俎（殷代）

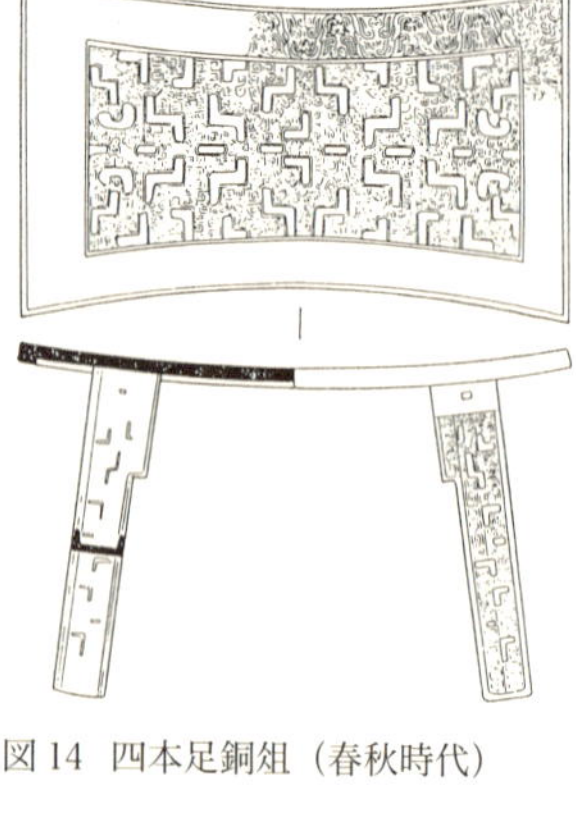

図 14　四本足銅俎（春秋時代）

図 15　祭祀の場で使用される俎（漢代）

図 16　四本足木案（漢代後期～魏・晋時代）

俎を銅俎と規定する。図9は長さ三三・五㎝、幅一八㎝、高さ一四・五㎝ということから、明治時代に普通の家庭で使用されていた日本のまな板より小型である。

図10は殷代後期に製作されたもので、遼寧省で発掘されている。図9は上面に緩やかな内丸の曲線を持っているが、図10は上部の端が高くなっており、浅い容器のような印象を受ける。また四本足の間には鈴が二つ付けられている。すなわち図10の俎は、青銅製の鈴による音を伴った祭祀用具ということになる。中国で発掘された青銅器には音とのかかわりを持つものも少なくない。それでも図10のような供え物を置く台に鈴が付けられたものは珍しい。

中国で発掘された銅俎の数はそれほど多くなく、写真で紹介されるものは図10に集中している。図9・10という二つの銅俎は、足の構造が極端に異なる。図9は板状の足であるのに対し、図10は幅の広い四本足になっている。中国では図9・10の俎を、総じて青銅板式俎と規定している[12]。

図11[13]・12[14]は木製の俎＝木俎で、漆によって加飾している。図11は湖北省の春秋時代中期の遺構より出土、図12は河南省の戦国時代の遺構から出土したものである。こうした木俎も、構造上から中国では木板式俎と規定している[15]。

同じ板式俎でも、図9・10の銅俎は鋳造技術によって一体化され、図11・12は木材の塊から形を削り出すという刳物《くりもの》加工によって成り立っている。春秋時代にはすでに枘に代表される組物《くみもの》加工が発達していたのに、なぜか刳物加工で対応している。形態と技術の関係から考えた場合、図11の形態は組物では加工が難しい。換言すれば、刳物という一種の彫刻のような技術を駆使しなければ成形できない複雑な形態であった。

図11は、銅俎の図10と共通した形態を示している。上部が窪んだ点、幅の広い四本足の形など、似たよ

うなデザインで製作されていることは間違いない。つまり殷時代後期に見られた造形要素が、六〇〇年後にも継承されたということになる。図11には、漆による装飾の中にいくつかの動物が描かれている。どうも同じ動物をパターン化して使用しているように見える。動物の種類については特定できないものの、生贄との関連を示す一つの根拠となる。

図12は図11と比較した場合、形態がきわめてシンプルになっている。上部は平らで、足も刳物加工で成形しているが、組物でも十分可能な形態だ。表面に施された文様は図11と対照的で、幾何学文様となっている。

殷代には、図10の銅俎と似た形態の石製俎も製作されている。[16] 当然石製俎は塊から削り出すことで成形することから、木板式俎と同様の刳物ということになる。

これまでの板式俎とは別に、図13[17]に示したような完全な四本足の銅俎も殷時代より出土している。銅俎は全体が一体化して鋳造されるが、当然木俎と連動して形態は発達したとすべきで、むしろ木俎の構造を銅俎に応用したといった方が適切かもしれない。図13の形態は、先の図9・10の板式銅俎と比較した場合、装飾性が少ないように感じる。上部の面に見られる緩やかな曲面、足上部の段差などを除けば、装飾効果はきわめて少ない。同じ時代でありながら、なぜ銅俎の装飾に差が生じたのだろうかという疑問も生じる。銅俎が実用的な調理用具も兼ねているなら説明は簡単なのだが、同じ祭祀的な使用目的を持つのであれば、複雑で重厚な意匠に対し、シンプルで軽快という意匠も殷代から共存していたと言うしか術がない。

四本足銅俎は春秋時代になると、図14[18]のような意匠を展開する。形状の基本はさしたる変化を示していないのに、表面には細かな文様が施されている。図14の足上部には、図11の木俎に見られた足の上部と共通する形状が認められる。足上部の幅を広くすることは、強度への対応とも読み取れるが、一種の意匠を伴っていることは確かだ。

銅俎は戦国時代の遺構から出土している事例もある。しかし漢代には衰退したらしく、出土品の解説も目にしたことがない。現状の発掘資料では、殷時代から戦国時代に銅俎が祭祀的な目的で使用されていたことになる。

組物の四本足木俎は、湖北省の春秋時代墳墓より出土している。(19) 足は枘で接合され、上部まで貫通している。木俎においても銅俎と同様、二つのデザインが共存していたことになる。四本足木俎は戦国時代、漢代の遺構からも発掘されている。ただし、こうした俎はすべて装飾の少ないもので、漢代のものには刃物傷も認められる。このことから、漢代あたりには俎を祭祀的目的で使用する習慣そのものが衰退したか、祭祀の方法自体が変化したという可能性もある。

図15(20)は祭祀的な場面で使用している漢代の木俎である。俎の足は低く、厚みの薄い甲板に小型の動物が二つ置かれている。体の一部でなく、小さくとも動物の体全体を供えたことに意味があったのだろうか。不思議なのは、俎の前方に臥せた人物が二人いて、その前に俎に似た八足の案が置かれていることである。俎の足と比較して案の足はやや高く、意匠も複雑である。案の大きさは俎より小型ではあるものの、格式は案の方が上のように思える。

図16(21)は、一九九九年に新疆ウイグル自治区のインパンという楼蘭に近い場所で出土した四本足案と食材(生贄)である。大きさは、長さ五〇・八cm、幅一三・八cm、高さ六・八cmで、羊が置かれてミイラ状になっている。成立年代は二〜五世紀と解説されているが、やや時代設定が漠然としている。権力者の墓に納められていたことから、生贄といった儀式的な要素を持っていたと読みとれる。図16はウルムチ市の博物館に収蔵され、その表示では四本足案を几と表記している。図16の足はこれまで見てきた漢代以前の俎

と比較して極端に低い。しかしながら、動物を生贄にするといった目的で使用していたのなら、俎と位置づけることも可能である。中国の漢民族では廃れた習慣が、西方の地域では漢代以降も継承されていたとしても不思議ではない。

(2) 木俎の家具化

『中国古典家具』[22]では、周代に梡俎《かんそ》、嶡俎《けっそ》、椇俎《ぐそ》、房俎《ぼうそ》といった木俎が確立したと『三礼図』を事例に挙げて述べている。『三礼図』に関しては明代に『新定三礼図』が刊行されているので、掲載されている梡俎、嶡俎、椇俎、房俎を図17[23]に示した。この図に関する解説を通して、木俎の形態、構造、使用方法について検討していく。

『新定三礼図』では四つのタイプに分類した俎に対して、次のように解説している。

①梡俎は有虞氏時代に使用されていた。梡俎は四本の足を持っている。有虞氏時代は材質を重視しているため、装飾はなされていない。梡俎の長さは二尺四寸、幅は一尺二寸、高さは一尺となっている。両端は赤い漆を塗り、中央は黒い漆を塗っている。四つに出現を区分した俎は、装飾が類似している。しかし寸法に多少の違いが見られる。

②嶡俎は夏后氏時代の俎で、有虞氏時代の梡俎に似ているが、足を横木＝貫《ぬき》によって補強している。

③椇俎は殷時代に使用されていた。足には曲率がある。椇とは木の名前のことで、殷時代の椇俎は椇の木を使用していたので曲った形態をしていた。

④房俎は周時代の俎で、足の下に柎《ふ》という横木がある。天板との空間が房と似ていることから房俎と

名づけられた。また、柎は建築の梁に似た構造なので房俎と名づけられた。

『三礼図』がいつ成立したかは定かでないが、周時代以降に発達する秩序立てた礼儀作法の成立と深い関係があることは間違いない。しかしながら、殷時代以前に遡って俎を分類できる資料かどうかは検証する術がない。筆者は、四つの俎が時系列的に列べられていること、またその最後に出現した周代の俎が曲面のある形態であること、さらにすべての俎に漆が塗られていることに着目する。

梡俎は最もシンプルで足も垂直に立っている。なぜかこの梡俎だけ正確な寸法が記されている。長二尺四寸、幅一尺二寸という寸法はかなり大型である。それでもこの程度の大きさの俎があったとしても不思議ではない。日本で使用される儀式用の俎からすれば、必ずしも大型とは言い切れない。高さが一尺というのは、発掘品の事例と比較しても相当高い。

嶡俎は梡俎の発達したもので、貫構造を採用している。それ以外に違いは見当たらない。貫の有無だけで一つの類型と判断する意図がよく理解できない。

椇俎については、図17で俎の文字を省いている。省くというより、椇の文字だけで意味が伝わったということなのだろう。椇俎だけが樹木の名前に由来していると解説している。椇という木の曲がった形状と、足にテーパーがあるということは、どうも整合性がないように感じる。

房俎は最も後に成立した構造と解説している。筆者はその時期が周代ではなく、発掘品から見る限り、春秋時代以降と考えている。周代以前に四本足の木俎に四つの種類が見られたならば、発掘品にも反映されていなければならない。嶡俎、椇俎のような貫を付加した木俎は一切発掘品に認められない。高さが二五㎝にも満たない木俎には、貫を付ける必然性がない。ところが、戦国時代から漢代にかけての発掘品には、房俎の足と類似する俎、案、几が多数認められ、足の一形式として定着している。すなわち、房俎が

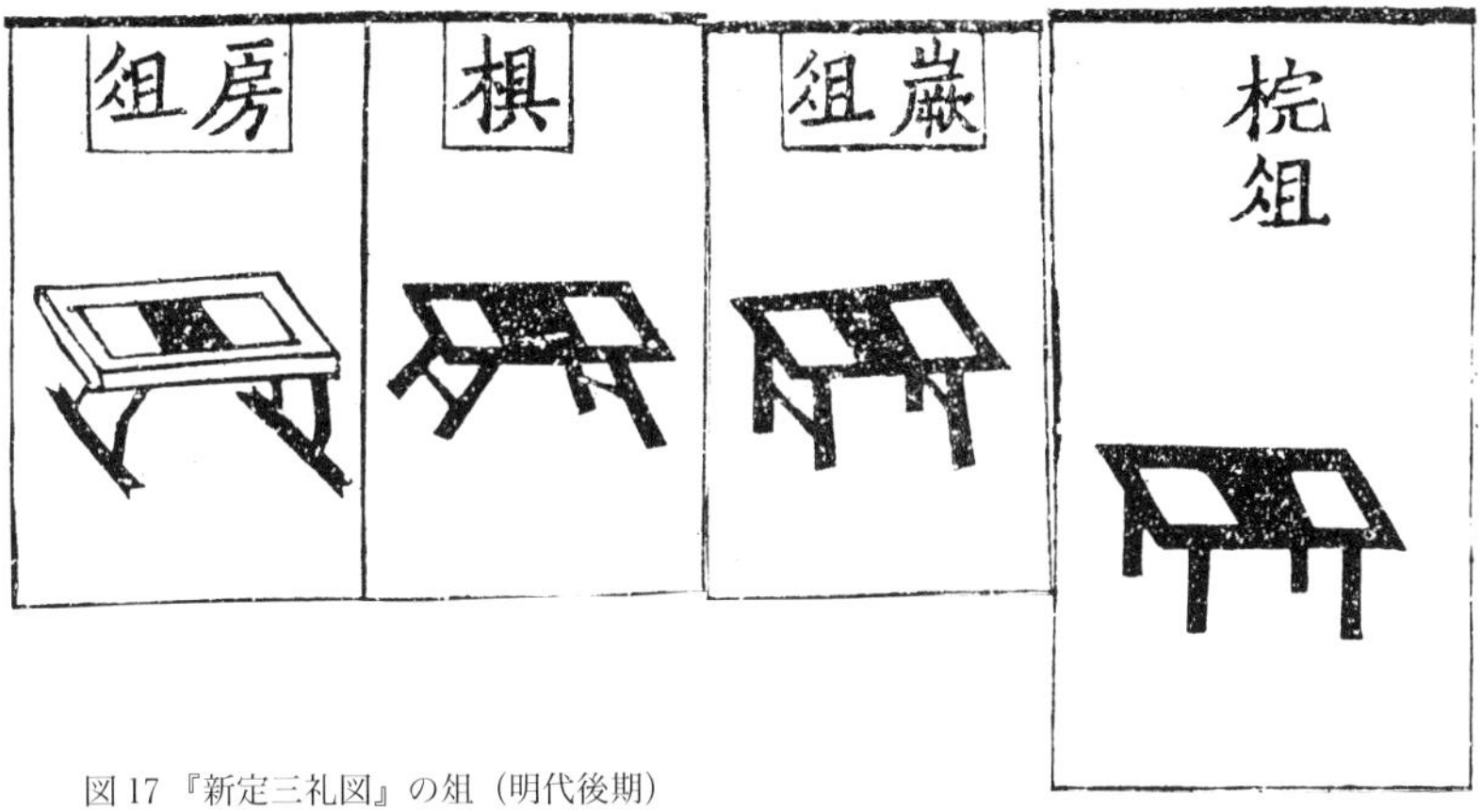

図 17 『新定三礼図』の俎（明代後期）

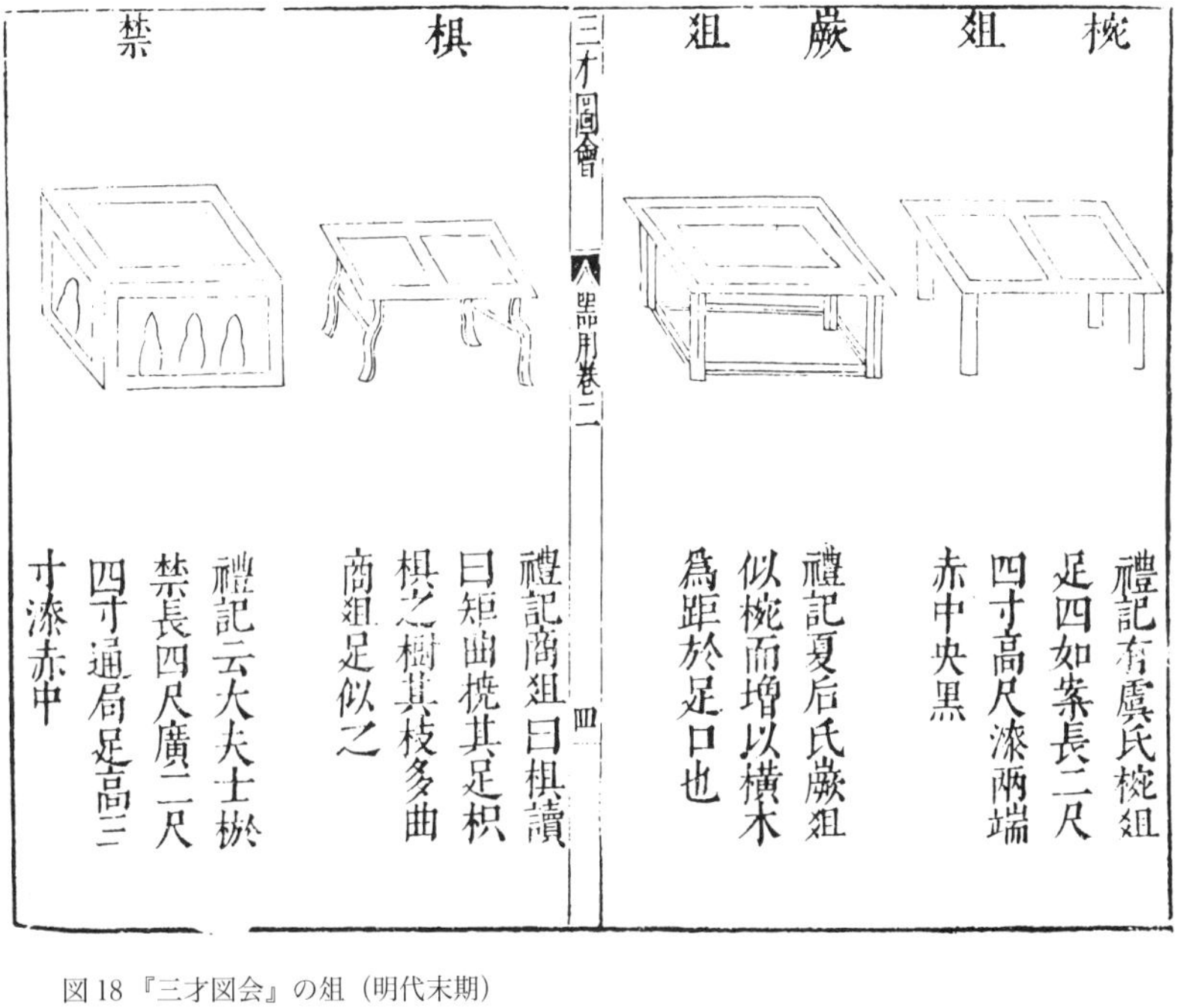

図 18 『三才図会』の俎（明代末期）

戦国時代以前に存在したとしても不思議ではない。最も遅く成立したとされる房俎は、曲面のある足を持ち、最下部には柎という補強を加えている。柎があることによって、房俎の足は安定し、実質的には二つの足を固定して四本足とは別な作用を働かせている。

赤と黒の漆が塗り分けられていることは、俎の持つ家具としての機能と深くかかわっているように思える。『中国古代家具』において、俎は周時代に社会的身分を示す一種の礼器になっていると解説している。[24] この礼器とは、祭りのときに客をもてなすための道具という解釈になる。『新定三礼図』においては、その編纂目的からして、生贄の風習にことさら言及していない。祭器として使用するとしているだけで、具体的な使用方法については触れていない。明時代の俎は玉で飾られ、上部甲板の端を反った形にしているが、足は房俎に似ていると解説している。

『新定三礼図』における図17の俎は、祭祀的な使用目的を含んでいたとしても、一尺の高さを持つ足、漆による塗り分けは、高い身分を象徴する家具に近いイメージを与える。さらに明時代には玉を装飾に用いるなど、家具化して少数継承されたと推定される。総じて『新定三礼図』の解説は、俎にことさら礼器としての意味づけを強調している。

『三才図会』においてはまな板について触れず、俎についてのみ記している。図18[25]に示したように、梡俎、嶡俎、椇俎と、物を置く台の機能を持つ禁を一つのカテゴリーとし、椇を他の俎と区別している点は『新定三礼図』と共通している。『三才図会』の俎に関しては『礼記』の内容を参考にしながら、梡俎、嶡俎は卓に似たようなイメージで図示している。特に嶡俎の横木については四方に取り付けられ、俎の形態から乖離しているように感じる。また俎に関する内容に房俎が欠落するなど、俎の解釈がやや断片的である。

五　古代中国のまな板

俎に対して、まな板の出土品はかなり遅れて登場する。現状の発掘資料はすべて漢代以降のものである。漢代には日常生活で使用する図19[26]のようなまな板に関する出土例がある。図19は刀俎俑と呼ばれ、前漢代（西漢）に製作されたものである。この刀俎俑は墓に副葬品として入れられた明器であることから、図19は死者の身近にいた人であることは間違いない。一般の使用人ではなく、専門の調理師とすべきである。調理する人物は、正座のような座姿勢で作業している。まな板はやや小型で、下部に足が付けられている。

中国における専門の調理人は予想以上に早く登場したようで、『周礼』によれば膳夫、包人、獣人、酒人、塩人といった二〇もの職域に細分化されている[27]。周代の官職としてこれだけ細分化されていたならば、漢代においては地方の豪族でも、少数の調理師を雇用していたことは察しがつく。図19は山東省の出土品であるが、他に四川省からも刀俎俑が出土している。つまり、漢代においては中国の広域で専門の調理師が権力者に雇用されていたのである。

漢代のまな板に関する資料は、図19のような小型のタイプと大型のタイプに大別される。大型のタイプは図20[28]に示した画像資料である。図20は厨房を中心とした生活描写の一部で、中国古代上流社会の生活を鮮明に伝えている。

図20では、二つのまな板が使用されている。一つは奥で使用する一人用のタイプで、もう一つは手前で使用する三人用のタイプである。二つのタイプは共に房俎の特徴である曲面のある足と柎が認められる。奥のまな板は片側に足が四本、手前のまな板は三本と、房俎の足の本数より多くなっている。まな板の大

きさは食事をする人数と関係することから、図20の場面における調理は、数百名分の宴席に出されるものなのだろう。それにしても、漢代の権力者が展開する食文化は、現在と比較してもけっして見劣りしない。大型のまな板は図20の山東省だけでなく、四川省でも画像資料に認められる(29)。

甘粛省では西漢期の墳墓から図21(30)のようなまな板が出土している。足は房俎を踏襲したもので、片側に三本または四本の足を枘で固定しており、先の図20と似た構造を示す。図21の形態で特徴的なのは、大きさのわりに上部の板厚が極端に薄い点である。足の枘接合から見た場合、ある程度の厚みがないと接合力が得られない。このことから、まな板の強度より意匠を重視した可能性がある。図21はこの後に述べる案・几の形態とも共通性があり、『三礼図』の房俎と共に、まな板が家具との接点を示す貴重な資料となっている。

まな板は、漢代以降も房俎の形態を踏襲している。図22・23(31)は、甘粛省嘉峪関で発掘された魏・晋時代の墓に描かれていたまな板である。筆者の知る限り、この資料は日本では紹介されていない。二〇〇二年の夏にシルクロードの調査を行なった際、偶然この資料を見学地で目にした。魏・晋時代は四～六世紀あたりの時代を指すだけで、特定の年代を示す具体的な論拠があるわけではない。嘉峪関は当時の漢民族居住地としては西端に位置する。魏・晋時代は五胡十六国時代とも呼ばれ、西域諸国の軍事・文化の力が急速に増していく時代であった。

図22・23は豚の調理を表現したもので、図23は屠殺の後解体している場面、図22はさらに肉を細かく調理している場面を示している。二つの場面は、別な調理人が受け持っている可能性がある。図22のまな板は、曲がった足、枘の使用など、房俎の形態を継承している。漢代のまな板と異なるのは、厚い板で作られている点である。図22・23の調理師は、図19に示した漢代の調理師と似た服装をしている。このことか

ら専門の調理師は、漢代より外見は大きな変化を示していないことになる。図22には左側で女性が調理をしている。厨娘として独立した形式で描かれてはいないが、女性の調理師が台頭しているのは事実である。図22のまな板は座姿勢で使用しているのに対し、図23は立姿勢で作業を行なっている。当然まな板の足も長く設定されている。おそらく図23は、立姿勢によってまな板を使用する初見資料と思われる。座姿勢と立姿勢の相違は、作業内容にも起因する。すなわち、豚の解体という作業は動作の範囲が広いために立姿勢で行ない、作業動作の狭い調理は座姿勢で行なっていると読み取れる。まな板という調理用具から見た場合、立姿勢専用のタイプが登場したということは画期的な出来事である。台のような物を別に用意して従来の低いまな板を置くのではなく、足を長くさせたことは道具の進化という面でも大きな意味がある。

図22・23を壁画に描いた目的は、図19の刀俎俑と共通する貴族階級の生活表現と思われるが、壁画の構成は予想以上に複雑で、筆者には正確な読み取りができなかった。いずれにしても、埋葬された人物と関連する豊かな食文化の実態を表現していることは事実である。

図22・23に類似する魏・晋時代のまな板はもう一点あり、図24[32]に示した。この壁画は図22・23の描かれた場所に近く、現在の甘粛省酒泉市付近である。そのためか、まな板も共通した形態、構造を示している。図23のまな板に比較して長さが短く、脚全体がやや太くなり、特に柎を大きく描いている。この柎をことさら誇張的に表現している意図は理解できないものの、房俎を踏襲した形態が当時の主たる意匠であったことは間違いない。

中国のまな板は、その後日本のように座姿勢での使用は継承されず、漢民族は現在ほとんど立姿勢で作業している。また図23・24のような房俎の脚を長くしたタイプは一切目にしない。

現在の中国では、切り株のような木口面を使用する刀砧板が普及している。この木口面タイプのルーツ

図 20　包厨図（漢代）

図 19
刀俎俑（漢代）

図 21　まな板（漢代）

図 22　四本足のまな板（魏・晋時代）

図 23　四本足の大型まな板
（魏・晋時代）

図 24
まな板
（魏・晋時代）

図 25　厨娘の使用するまな板
（宋代）

図 26　鋸によるまな板製作
（中国のカシュガル市）

についてはこれまで論じられていないことから、図25(33)に宋代の資料を提示する。図25は画像甎《せん》に描かれた厨娘で、魚を膾《なます》にしている場面（研膾）を表現している。当時は厨娘を雇うことが上層階級の習慣であったらしく、料理にかかわる場面をいくつか組み合わせて描いている。図25はその一場面で、脚のない丸いまな板の上で魚を膾にしている。この丸いまな板が木口面を利用しているとは資料からは断定できない。しかしながら、木端面の板材をあえて丸くする必然性がないこと、またそうした木端面の丸いまな板がフィールド調査で見当たらないため、図25を丸太の木口面を使用したまな板と判断した。

中国の刀砧板という現代の表記も、本書ではすべてまな板で統一する。図25で使用されるまな板は、これまでの俎に似た形態とはまったく異なる。こうした形式を木口面円形まな板と規定する。魏・晋時代は房俎の影響を受けた図21〜23のまな板が使用されていたことから、木口面円形まな板は宋代から魏・晋時代までの間に成立したということになる。木口面円形まな板の成立要因の一つに、横挽き鋸の発達を挙げることができる。図26(34)は、パキスタンに近い新疆ウイグル自治区のカシュガル市で、丸太を横挽き鋸で切り取る作業をしている。当然、製作目的はまな板である。

二人で作業する横挽き鋸（台切）、縦挽き鋸（大鋸）は、中国から日本へ伝播したのが鎌倉時代末期あたりとされている。中国では北宋代の『清明上河図』にも小型の弓鋸が描写されており、二人用の横挽き鋸も北宋代には使用された可能性が高い。魏・晋時代から立姿勢での調理が始まり、その後広域で普及する過程で、足のない長方形のまな板と木口面円形まな板が使用されるに至ったと筆者は推定する。図25では、方卓の上に木口面まな板を置いている。別に方卓という正式な家具の上にまな板を置く必要はないが、卓子という椅子坐の文化と木口面円形まな板を組み合わせているところに、宋代における生活文化の実態をうかがうことができる。

六　古代中国の案・几と俎の関係

俎の家具化は、先の『三礼図』に記載される四つの俎という進展だけではない。俎は案・几などの木製家具の発達に深くかかわっているというのが、中国家具史における一般的な見解である[35]。この見解は実に的を射たもので、その論拠となっているのは発掘資料である。ここでは几・案の発掘例を紹介し、先に示した俎と比較をする。

(1)　古代中国の案と俎

案は卓・机が発達する以前、物を置く台のすべてに使用された家具の総称である。竜山文化の発掘品の中には、図9の俎と共に案も含まれていたようである[36]。この案は長さ一〇〇cm、幅三〇cmとかなり大きい。周辺に置かれた副葬品から、飲食に使用されたと判断されている。現代の家具、生活用具から類推すると、座卓やちゃぶ台の低くて細長いものということになろう。

故宮博物院研究員の胡徳生は、周代に俎が祭祀的に使用され、案が日常的に使用されたと解釈している[37]。この解釈のポイントになるのは、俎と案を物を置く台として取り扱っていることにある。殷代以前に存在した竜山文化の発掘品である図9は、調理を行なうまな板の機能も含む俎と規定した。殷代に調理と乖離した祭祀専用具の俎が出現したとき、当然俎とは別のまな板も存在する。まな板と俎の明確な区別がなされたとき、俎と案は胡徳生が主張する解釈が可能となる。しかしながら、少なくとも竜山文化時代にはすでに案は俎と共存していたことから、俎と案を切り離して考えることはできない。
筆者は中国の箱物以外の案・几類は、すべて図9・10のような俎がなんらかの関与をして成立したと考えている。まな板の機能と祭祀的な機能を併せ持つ俎を、原始的な俎と位置づける。この原始的な俎が、食事を置く機能に特化した案の出現にかかわったと推定する。

『中国家具史』では、古代の案を次のように分類している。(38)

①无足長方形案
②矮足長方形案
③矮足円案
④高足方案
⑤高足長方形案

高さだけを見た場合、无足（高さがない）、矮足（高さが低い）、高足という順になる。ただし、无足を足のない案と規定してしまうことはできない。一～二cm程度の低い足を持つ案も含むとしなければ発掘品と整合性がない。矮足と高足の境目は、事例から見る限り二五cm前後のようだ。案上部の形態は正方形、長方形、円形に分類されている。発掘資料としては矮足長方形案の量が多い。

竜山文化で使用された大きな長方形の案は、その後も多様な展開を示し、(39)西周時代の発掘資料では長さ一三〇cm、幅四〇cm、高さ二〇・五cmという大きなタイプも見つかっている。全体が赤と黒の漆で加飾され、足は獣足に似ている。当時の権力者の家具は、かなり手の込んだ立派なものだった。だとすると、胡徳生の周代に俎が祭祀的に使用され、案が日常的に使用されたという解釈の日常とは、権力者の高級な調度品から庶民の生活品まで幅広く捉えなくてはならない。

案の使用目的を食事用と非食事用に大別する。この食事用を食案と規定する。まず最初に戦国時代から漢代にかけて出土した図27(40)・28(41)・29(42)・30(43)の案を通して、形態と使用目的を検討していく。

図27・28の案は、同じ戦国時代の出土品でありながら、形態はかなり異なる。分類としては共に矮足長方形案に属する。図27の上部は図11の銅俎に似ており、縁をすこし高くしている。このタイプを縁高案とする。足はこれまでの俎には見られない反り足となっている。図28の上部は平らで、房俎の特徴である柎を足の下に付けている。このタイプを平面案とする。足には曲面はなく、図20のまな板に見られた八本の足を備えている。この八本の足はその後に登場する高足長方形案にも継承された。平面案は漢代以降は総じて大型化していった。

図29・30は『廣州漢墓』に掲載されているもので、青銅製の明器である。共に縁高案で、図29は矮足長方形案、図30は矮足円案に分類される。足の形状は共に獣足で、俎には類例がない。このことから、先の図27も含め、案の足についてはすべてが俎の発達と連動しているわけではない。図30は食器が乗せられた状態で出土していることから、食案に位置づけられる。図29も縁部分以外は平面であるため、食案である可能性が高い。

食案は朝鮮半島や日本で発達する膳と共通する機能も持つ。図31(44)は山東省で発掘された画像資料で、祭礼に関する内容を表現している。画中に矮足長方形案、矮足円案が見える。これらの案は供え物を置く台であるが、食事に使用する膳的な機能も併せ持っていたと筆者は考える。富裕層においては、ハレとケに使用する二種類の案を持ち、使い分けた可能性がある。

図 27　四足木案
（戦国時代）

図 28　八足木案
（戦国時代）

図 29　四足銅案
（漢代後期）

図 31　案の使用法（漢代）

図 30　四足銅案（漢代後期）

図 32　几の使用法（漢代）

図 34　H 型木几（戦国時代）

図 33　八足木弧形木几（戦国時代）

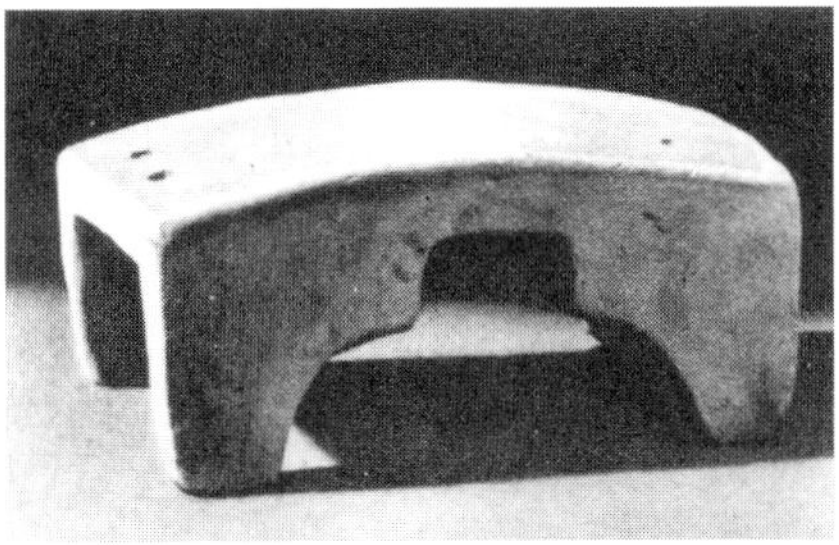

図 35　板式陶几（漢代後期）

図 36　巻耳陶几（漢代後期）

(2) 中国古代の几と俎

几とは、人が体を直接もたせかける家具である。日本で使用される脇息《きょうそく》も几の一種とされる。案については俎との関係が中国でも指摘されているが、几と俎の関係については論じられていない。案几、几案といった表記で、二つの家具をセット化して表記する慣行がある。本来の使用目的からすればまったく別のものであるのに、なぜか後世では似たような物と捉えている。

案は必ずしも特権階級の専有物ではない。しかし几は日本の脇息でも理解できるように、庶民が使用する家具ではない。図32(45)は漢代後期の山東省で発掘された画像資料である。中央の人物は床の上に座し、体の前方または斜めの位置に几を置いている。こうした情景からも、几の使用は一種の身分を示す象徴と読み取れる。

『中国家具史』では几を次のように分類している。(46)

①平面几
②弧形几
③H形几
④曲形几

①の平面几と弧形几は、上部の形状が平面、または内丸面であるかという違いだけで、足は房俎と共通性がある。H形几は①・②とはまったく異なり、足部分も含めて全体が板で構成されている。④の曲形几は、足にやや複雑な曲面を持つタイプで、発掘品は少ないようである。ここでは②・③の資料を中心に、几と俎との関係を探ってみる。

図33㊼・34㊽・35㊾・36㊿は戦国時代から漢代の遺構より発掘された几である。図33は長さ六〇・四cm、高さ四八cmである。戦国時代の平面几の高さがおおむね三四〜三九cmであることから、図33の弧形几はかなり高い部類に入る。漢代の弧形几には高さが三〇cmに満たないタイプもあり、俎に比較して几は高さにばらつきがある。図33の上部形態は図10の銅俎とよく似ている。足は図28を長くしたような形をしている。このことから、図33は銅俎と木俎の一種である房俎の意匠と共通性を持っていることになる。また表面には唐草文様が彫り込まれ、西方文化との交流を感じさせる。問題なのは四八cmの高さである。図32の几は高くともせいぜい三〇cm程度と推察されることから、どのような姿勢で図33の几を使用したのかは見当もつかない。

図34はH形几に分類されるもので、長さ三六cm、幅一二・二〜一四・七cm、高さ三七・五cmと、図33に比し小型である。見るからに幅が狭く、不安定な印象を受ける。なぜこうした幅の狭い構造的にも強度のないH形にする必然性があったのだろうか。もたれかかる行為に両側上部の突き出た部分が邪魔にならなかったのだろうか。とにかく筆者には図34の形態と使用目的との関係が読み取れない。H形几には唐草文様を施したものが湖南省、湖北省、河南省から発掘されており、戦国時代には広く流行したようだ。

図35・36は、広州の漢墓から出土した陶製の明器である。図35の上面は、弧形几とは逆にすこし出っ張った曲面を持っている。こうした几の上面形態はきわめて珍しい。足の形態は図11の木板式俎とよく似ている。このトラスにも一脈通じる構造は、中国古代家具全体に共通して認められ、中国の伝統的な家具様式として長く継承されている。先の図32の床にも類似した構造が見られる。

図36は巻耳几と表記されるものである。足の下部には柎があることから、房俎の足を参考にしていることは間違いない。問題なのは上部の両端に付けられた巻耳という新たな形状を付加している点である。図

図 37　富裕層の食事場面（唐代）

図 39　案（魏・晋時代）

図 38　多足案（五代時代）

図 40　炕几（明代）

図 41　炕案（明代）

図 42　炕卓
（中国の甘粛省）

36と同様の巻耳を持つ几は、河南省の漢墓から出土しており、漢代には広く普及した意匠であることが理解できる。巻耳は明代には翹頭と表記され、[51]案几類の上部に施される意匠の定番となった。『新定三礼図』に解説される、明代の俎が上部甲板の端を反った形にしているといった表現は、巻耳のことを指していると考えて間違いない。巻耳は日本の家具、書院の違い棚にも影響を与えている。その詳細な内容については、第二章で詳しく紹介する。

(3) 起居様式の変化と案、几、俎

先にまな板が、魏・晋時代より座姿勢から立姿勢へと移行していることを指摘した。漢代後期以降、腰掛けの使用が始まり、その後徐々に普及する。しかしながら、椅子を庶民が生活に取り入れた時期は判然としない。北宋代の『清明上河図』には、庶民が利用する飲食店で腰掛けと卓子を使用しているが、背もたれのある椅子を庶民は使用していない。

図37[52]は、唐代の壁画に描かれた富裕層の食事場面である。この腰掛けは日本の縁台と似たような機能を持ち、腰を掛ける人物、胡座の人物もいる。胡座は床坐の姿勢であることから、図37の腰掛けは床坐と椅子坐の両方に関与していることになる。こうした坐具は西欧にあるのだろうか。

魏・晋時代に見られた足を高くして立姿勢に対応させた図23・24のまな板は、その後衰退したと先に述べた。案・几は唐代においても座姿勢用のものが一部継承されている。しかし総体的には立姿勢へ対応する高足タイプが増加する。図38[53]に示した五代期の『重屏会棋図』には一二足の高足案が描かれ、上部甲板には巻耳が両端に付加されている。足の本数は一二に増加しても、柎と似た構造が採用されている以上、

房俎の影響を否定できない。しかしなぜ足の数が極端に多くなったのだろう。こうした傾向は唐代の資料にも散見される。図39[54]は、図24と同じ魏・晋時代の壁画に見られる案である。房俎から発達した足の形状は、戦国時代の案では八足、そして魏・晋時代以降には一〇足以上に変容する。それでも中国の家具史研究では俎の存在を重視し、多足案を俎と関連して発達した足と認識している。

中国では床坐の生活が唐代以降衰退する。それでも北部から西部にかけては炕《かん》というオンドルに似た床下暖房が発達したせいか、住居の一部に床坐が継承される。図40[55]は明代に製作された炕几である。この形態には、図９に示した殷代の青銅板式俎と共通した要素が認められる。

図41[56]は炕案とされる明代の家具である。反り足に貫を付加した構造に房俎の影響は見られない。それでも上部の両端に巻耳（翹頭）が付けられ、漢代の几から生じた意匠が継承されている。

図42[57]は筆者がシルクロード調査の際、甘粛省の黄土高原で見かけた炕卓である。胡座の女性とやや小型の卓子に、日本の座卓と床坐文化との共通性を感じた。この炕卓から古代の俎、まな板、案、几との直接的なかかわりは検証できない。椅子坐によって成立した卓子を床坐用に改良したという指摘もあろう。仮にそのような改良があったとしても、図42の炕卓は、漢代以前に遡る伝統的な床坐文化を一部継承しているように思えてならない。

第二章　日本の古代から中世に使用された俎・まな板

一　はじめに

中国で発達した祭器としての俎、日常で使用するまな板が、日本における俎・まな板文化の形成に果たした役割を検証することが本章の主たる目的である。

いったい、いつ頃から中国の俎に関する影響を受けたのだろうか。こうした疑問を解き明かす手がかりとなる発掘事例はきわめて少ない。日本の墳墓に見られる埋葬品には、中国のような漆による装飾を加えた木俎は見られない。別の見方をすれば、中国の俎が持つ祭祀性とはやや異なった使用法を、日本では当初から展開していた可能性もある。

中国の中世絵画資料では、まな板はほとんど描写されていない。ところが日本の中世絵画資料には、俎・まな板が生活文化の中心的な存在として描写されている。この生活文化は、儀式的な要素を持つ場合と、日常生活に密着した二つの内容がある。この儀式も中国の祭祀と似た獣に関するものは少なく、魚の調理に類するものが大半を占める。

魚の調理を儀式的に行なう専門の職制が中世に成立し、武士の権力が増大する時期とその発達時期が重なっている。古代から中世への移行は、武士による新たな儀礼を生みだし、俎・まな板といった用具も、次第に日本独自の変化を遂げたという見方もできる。調理に用いる包丁は、包丁刀と史料に記されている。政治も料理の世界も、刀が力を示す時代になった。

本章では、発掘資料、文献史料、絵画資料より、俎・まな板を取り上げ、その形態、構造、使用目的を通して、中国の俎・まな板の影響と日本での独自な展開を検討する。

二 古代の俎・まな板

『隋書』倭国伝には「俗、盤俎無く、藉《お》くに槲《かしわ》の葉を以てし、食するに手を用て之を餔《くら》う」という記述があると鳥越憲三郎は指摘している。(1) わが国では七世紀初頭においても民衆は食物を入れる容器や、調理をする俎を使用していないとする中国の見方は、やや恣意的な面もあり、必ずしも的を射ていない。畿内のような先進文化圏と辺鄙な地域とは格差があったとしても、まったく容器を使用していないというのはいささか合点がいかない。七世紀に箸が普及していたかどうかは判断できかねるが、須恵器の中には食器も含まれており、盤＝容器がないという認識は独善的で、論拠がない。極端な言い方をすれば、日本を蔑視した表現である。俎については、まな板と似たような意味で使用しており、祭祀的な目的を指しているとは限らない。鳥越憲三郎が主張するように、まな箸・俎はすでに古代よりわが国各地に見られる神事と深くかかわっている。(2) しかしながら、祭祀用俎だけが先行していたわけではないはずである。

『台所道具の歴史』では、包丁と俎は伝来時期が異なり、鉄製の包丁は弥生時代の末から古墳時代のなかばに伝来し、俎は切机として奈良時代に伝来したと論じている。[3] 包丁の伝来時期に関して特段否定する気持ちはない。ただし、俎の伝来時期は切机という表記とは関係なく、奈良時代以前の発掘品がすでに少数存在する。文献史料にだけ頼った見方ははなはだ危険である。

(1) 発掘資料から見た俎・まな板

三浦純夫は、図43[4]に示した平城京跡より出土した発掘品から、四世紀後半には下駄の足に似た足を持つ長方形のまな板が使用されていたことを明らかにしている。このまな板は転用品ではなく、当初から専用のまな板であったと考えられる。長さが七〇㎝近くあり、かなり大型のまな板が古墳時代に使用されていたことになる。図43の形状が中国の俎を原型としているとは断定できないが、初期まな板の足が刳物で成立していることは興味深い。下駄状の足は左右対称ではなく、全体が右に寄っている。仮に左端で食物を調理したならば、まな板の右端は浮き上がってしまう。どう見ても左の足は右に寄りすぎている。それにしても、四世紀にはすでにまな板に足が付加されており、予想以上に足の成立は早い。

五世紀中期には、四條畷市岡山南遺跡で出土した図44[5]のようなまな板が使用されていた。このまな板は半分に割れており、元はこの倍近い大きさであったと推定されている。長さ四二・六㎝、幅一〇・二㎝ということから、図43より小型である。まな板の両面に刃物傷があり、針葉樹材で作られている。[6] 専用のまな板であったかどうかは判断できないが、同一形状の木器は平城宮跡からも出土しており、転用品の可能性もある。中国には類例は見当たらない。しかしながら中央アジアやヨーロッパでは、柄のついたまな板はよく見かける。

俎・まな板とは断定できないが、福岡市博多区の弥生後期の遺構より図45のような道具が発掘されている。[7] 福岡市教育委員会では「組み合せ式案」と規定している。長さ六〇cm、幅三四cm、上部の板厚一・二cm、高さ二四cmで、刃物傷が多数認められることから俎・まな板のような役割を持っていたことは事実である。針葉樹材を使用し、上部の板の厚みが薄く、組立式になっているところに特徴がある。この道具に付けられた足の形状と構造は独特で、中国の俎にも同様の類例はない。九州北部には合計一三例の発掘品が存在する。[8] 仮に祭祀的目的で使用されたとしても、刃物傷があるため、たんに供え物を置いた台＝案として取り扱うことは問題がある。日本のまな板は、中世以降においても、二寸を超える厚いまな板が多数絵画資料に見られる。しかしながら六分にも満たない薄いまな板も少数見られる。こうした薄いまな板の発達に図45の台が直接関与したとは思えないが、中国にはない造形の系譜を弥生後期から継承していた可能性も否めない。

平城京跡では、曲物《まげもの》容器、挽物《ひきもの》容器、刳物《くりもの》容器を転用してまな板にした発掘例が数多く見られる。破損して役立たなくなった容器を逆さまにし、底の部分をまな板に転用することは、それなりの意味があったように感じる。一つの理由は、平面の木材を得ることが難しいので役立ったという点、もう一つの理由は容器に高さがあるので、その高さが足に似た役割を果たしたという点である。曲物容器の高さは一〇cm以上あるものも散見され、床坐の生活では、その高さが有効であった。

奈良国立文化財研究所が刊行した『木器集成図録』に掲載されているまな板は、図46[9]に示したもので、足はなく、長さ二四cmとかなり小型のものである。使用材は広葉樹とされ、八世紀あたりに使用されていたと推定されている。図46を断面形状で見ると、上部に緩い丸みがある。この丸みに関して、三浦は「調理物への包丁の当たりをよくするため」と解釈している。おそらく、中世絵画資料に見られるまな板上部

図 43　まな板（4 世紀）

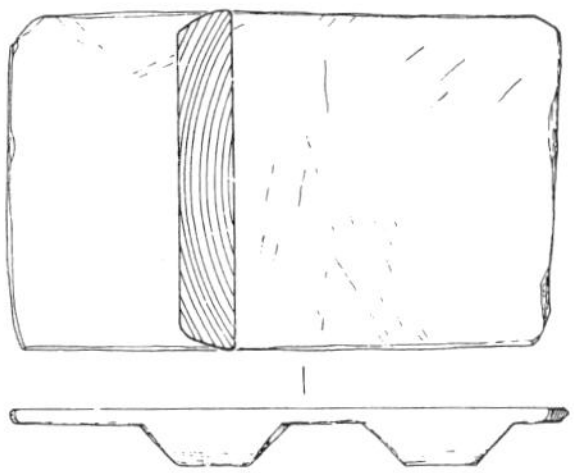

図 45　刃物傷のある台（弥生後期）

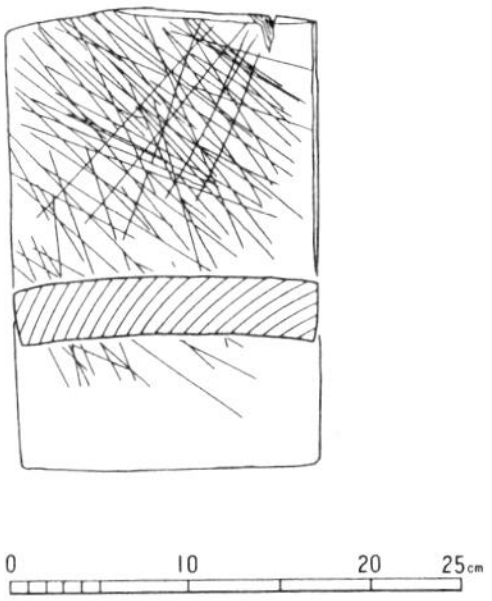

図 46　まな板（8 世紀）

図 47　まな板と案（9 〜 10 世紀）

図 44　まな板（5 世紀中期）

の丸みと同じ概念で図46を見ての見解であろう。包丁への対応という視点を否定するつもりはない。しかしすこし気になるのは、図46は上部の丸みと共に、下部にも丸みがある。すなわち、広葉樹材であるため、木材そのものが変形したとも読み取れる。三浦の見解は可能性はあっても、まな板上部の丸みを意図的に成形した決定的な論拠とはならないように思える。

三浦は九〜十世紀の発掘資料として図47[10]の上に見られるようなまな板を提示している。静岡県浜松市伊場遺跡より出土したもので、長さ四八・七㎝、幅二八㎝、高さ一九㎝である。この大きさは中国の俎・まな板とも共通性があり、枘《ほぞ》接合という構造も図43〜46から進化した証となっている。刃物傷が多数あることから、現状ではまな板と規定すべきであろう。日常使用されるまな板のような木製用具は、使用後は最終的に燃料とされることから、四本足のタイプは図47が中世以前では唯一の出土品である。図47の下は同じ地層から出土したもので、四本足の案と考えられている。しかしながら、刃物傷が甲板の裏表に多少認められることから、俎・まな板の可能性もある。通し枘接合という木工技術が案と確定する根拠にはならない。

発掘資料を通して見る限り、出土したすべてのまな板が、中国の俎・まな板より直接影響を受けたようには思えない。しかし俎・まな板に足を付けるという慣習は中国より伝来し、多様な意匠が展開していた。庶民の生活で使用されるまな板に足はなく、他の木材加工品を転用している事例が多い。

(2) 文献史料から見た俎・まな板

文献史料としては、『古事類苑[11]』、『日本国語大辞典[12]』、『奈良朝食生活の研究[13]』に記載されている次の①

〜⑥を通して検討していく。

①『日本書紀』——奈良時代

②『二部般若用度解案』『雑物請帳』——奈良時代

③『延喜式』——九二七（延長五）年

④『和名類聚抄』——平安時代中期（承平年間）

⑤『宇津保物語』——平安時代中期

⑥『今昔物語』——平安時代後期

『日本書紀』

五六二（欽明二十三）年の記述に「任那族姓百姓以還。窮レ刀極レ俎。既屠且膾」とある。[14] 細かな解釈は別としても、新羅が任那を攻め、身分の上下を問わず殺したことを示した場面で、俎の文字を使用している。「刀を窮め俎を極め」の意味は、殺して俎の上で切り刻んだということであろうか。膾《なます》にするとしているが、この場合に使用する俎は、調理用具か祭祀的な用具かは判断できない。また生贄の思想と戦争で人を殺すことを、同一概念で規定することはすこし無理がある。残虐さを大げさに示すため、俎の上で人を膾にすると表現したように思える。それでは『日本書紀』が編纂された当時には、俎・まな板に人を乗せることができる大型のタイプが存在したのだろうかという疑問も生じる。六世紀には三尺程度の長さを持つ俎・まな板がすでに存在したと筆者は考えている。だからこそ『日本書紀』の執筆者は、俎という具体的な用具を用いて人を膾にすると記述したと推察される。弥生後期の発掘品でも七〇㎝の長さのまな板が存在することから、日本の俎・まな板は、小型のタイプから徐々に大型へと推移したのではなく、早い時期から大型のタイプも含まれていた可能性がある。

『二部般若用度解案』『雑物請帳』

関根真隆の労作である『奈良朝食生活の研究』では、七六二（天平宝字六）年、七七〇（神護景雲四）年に「切机四前」「切机二前」という表記があると解説している[15]。この切机はまな板のことである。その根拠は『和名類聚抄』の記述に遺されている。

『延喜式』

九二七（延長五）年に完成した『延喜式』には、木工寮の中で、「切案長三尺。廣一尺七寸。高八寸。厚八分。」と具体的な寸法を記している[16]。この切案は俎・まな板と同意語である。切案の寸法は、中国の漢代以前の発掘品である銅俎・木俎に比較しても大型である。類似するのは、漢代や魏・晋時代の画像資料に見られる実用的な富裕層の調理用まな板であることから、木工寮の切案も家庭用調理用具とは切り離して検討しなければならない。大きさのわりに厚さが八分しかなく、図47の発掘資料と比較してもきわめて薄く感じる。

木工寮の案に関する記述は寸法も明確であるため、主たる案を紹介しておく[17]。

案。長一尺八寸。廣一尺六寸。高三尺。樓長廣亦同。高一尺六寸。
棚案。長三尺。廣一尺三寸。高さ二尺五寸。
別脚案。長三尺。廣一尺七寸。高さ一尺九寸。厚八分。

案。以レ檜為之。長五尺三寸。廣三尺四寸。高二尺五寸。
水案。長三尺六寸。廣一尺八寸。高二尺一寸。厚八分。
外居案。長三尺六寸。廣一尺八寸。高三尺。厚八分。
懸案。長五尺八寸。廣一尺八寸。高二尺五寸。左右著杤長各八尺。
擇案。長四尺。廣一尺八寸。高八寸。厚八分。
居二水碓一案。長四尺五寸。廣二尺。高二尺。厚八分。
盛案。長四尺。廣一尺八寸。高一尺。厚八分。
中取案。長九尺。廣一尺八寸。高一尺九寸。厚一寸二分。
無レ手中取案。長八尺。廣一尺八寸。高二尺。厚一寸。

先の切案も含め、上記の案類は長さが一尺八寸～九尺、幅一尺三寸～三尺四寸、高さ八寸～三尺、厚み八分～一寸二分と、厚み以外は寸法にかなりの差がある。第一章では中国の古代案に関する分類を紹介した。その方法は、足の高さと甲板の形状を基盤にするものであった。『延喜式』における案はすべて長方形だが、縦横の比率はいちじるしく異なり、高足が多いこと、板の厚みが薄いことに特徴がある。このことから古代中国の案に関する分類方法では『延喜式』の案に対応できない。それでも切案に関しては、高さが八寸ということから、矮足長方形案に属し、床坐で使用したことは間違いない。

内膳司には、切案十六脚という記述がある。(18) この記述の周辺には、外居案十二脚、中取案廿四脚、案十脚、足高案二脚、水樽案七脚というように、案に関する記述が多い。切案を特に俎・まな板と同様の調理専用具として扱っていたのだろうか。文章全体の印象としては、案の一つに、切案という調理用の机＝まな板があるという程度に記述しているように感じる。

内膳司には他に「高案一脚長三尺五寸。廣一尺七寸。高四尺。」という記述もある。(19) この高案は切案の甲板よりすこし大きい程度だが、足が四尺と極端に高くなっている。四尺という高さは他に類例がない。

『延喜式』に関しては、まな板と同じような機能を持つ切案しか既存の研究では取り扱っていないが、祭祀的な目的に使用する俎の記述も認められる。雑式の諸国釋奠《せきてん》式の中に次のような俎の記載がある。(20)

①俎　六座別各三。其實大鹿。子鹿。豕。
②胙宍俎一
③執俎二人掌二賜レ胙事一。

釋奠式とは孔子の祭りのことで、生贄や供物をささげる。①の大鹿、子鹿、豕（豚）は生贄や供物ということになろう。②の胙宍とは、神に供えるために引き裂いた獣肉を意味する。このことから、①と②は別の俎ということになり、①は殺した動物の体を置くだけの役割を持ち、②の胙宍俎は動物を解体するための俎ということになる。③の執俎二人は、俎で胙宍を執り行なう人数を指している。残念ながら各俎の大きさは記されていない。諸国釋奠式では具体的な祭祀の内容にまで及んでいる。

祝師二執俎一者進レ俎。跪減二取二座所胙宍一各取二前脚第二骨一。

上記はその一部であって、釋奠式の内容は、祭祀用具とその所作について実に複雑な記述がなされている[21]。日本の宮中で、俎が釋奠式を通していつまで継承されたかについては今後の課題とするが、平安前期という密教の台頭してきた時期に、宮中では孔子崇拝という中国の伝統的な精神で俎を使用していたことは興味深い。

『和名類聚抄』

関根真隆は『奈良朝食生活の研究』で『和名類聚抄』の記述を通して俎と切机の関係を指摘している[22]。「俎　史記人為魚肉俎音阻和名末奈以太開元式云食刀切机各一今案切机即俎也」という表記を論拠としているが、『和名類聚抄』の解説をした『箋注和名類聚抄』には、俎について詳細に論じている部分がある。現代語訳は次のような内容となっている[23]。

俎　『史記』によれば、人（敵）は包丁と俎であり、自分は魚肉（まな板の上の鯉である）俎の音は阻であり、（訓読みは）末奈以太（まないた）である。『項羽本記』（『史記』第七巻）の一文を引けば、原書では人の下に字がちょうどある。『説文解字』によれば、俎は礼俎（祭祀に使用する俎）である。肉のはしきれが俎上にあることによる。王念孫によれば、俎は苴のことである。苴は藉である。いけにえの体を借りる所に言葉の由来がある。俎はもともと祭享（祭祀で捧げ物を載せる）器であり、これが転じて魚肉を斬る時の板となった。伊尹は『韓詩外伝』において、鼎と俎を背負い調理し五味を調えた。その後出世して大臣となった。『項羽本記』の述べる所もまたこれである。昌平（『倭名類聚抄』）の『昌平本』には、もともと「音阻」（音読みとしての阻）の二字はない。末奈以太（まないた）は、『宇津保物語』の「葭原君巻」「吹上下巻」「初秋巻」にも確認できる。

末奈以太（まないた）を考察すると「真魚板」である。古くは魚菜の総称である。「奈」という言葉を分析すれば、「菜」（な）を言って「奈」とした。「魚」（まな）と言って「末奈」（まな）とした。末（ま）は褒称の言葉である。魚・肉の食べ物の中で美のものを示す。だからこれを真魚（まな）というのである。『古事記』には「海人の釣る、口が大きく尾ひれの見事な鱸をざわざわと賑やかに引き寄せ上げて、載せる台もたわむほどにたくさん盛り上げて、魚の料理を献ります」との記載がある。また後世、小児が初めて魚肉を口にすることを「真魚の初め」と言った。すべてはこのとおりであるから、魚肉を調理する板のことを末奈以多（まないた）というのである。『開元式』によれば、俎は包丁の切机である。今ここで考えてみると、切机が俎なのである。

『和名類聚抄』は承平年間（九三一～九三八年）に成立している。平安中期に成立したとされる『宇津保物語』の中に、俎の記述が数カ所あるとしているが、当初からこうした記述があったのか、それとも『箋注和名類聚抄』に書き加えられたのかは判然としない。『昌平本』という『和名類聚抄』の写本を比較に取り上げるなど、後世の解釈を加えた部分も多い。

俎の解釈の中に、生贄を含めた祭祀性を組み込んでいる。「まないた」を『古事記』の魚を台に乗せて調理をするという記述も引用して「真魚板」と解釈しながら、「奈」には菜の意味も読み取れるとして、「末」を褒称の言葉とする解釈も同時に示している。総じて実に曖昧な記述である。

『開元式』とは、九世紀末に編纂された『日本國見在書目録』に記載されている「唐開元式廿巻」と関係があるのか、それとも他に『開元式』という和書が存在したのであろうか。そのあたりは古文書の専門家にお任せするとして、とにかく『開元式』に切机が俎である根拠が示されていたと主張している。

『箋注和名類聚抄』における俎の解釈には、祭祀性とは関連のないまな板も含めている。中国で使用される俎という文字の由来から、日本でのマナイタという訓読とその語源という広範な解釈を試みているが、『和名類聚抄』の成立した十世紀前半に関する俎の解釈かどうかは疑わしい。

『宇津保物語』

平安中期に成立した『宇津保物語』には、『箋注和名類聚抄』によると、「葭原君巻」「吹上下巻」「初秋巻」に俎の記述があるとしている。「葭原君巻」は「藤原君巻」の間違いだと思われる。「藤原君巻」には次のような記述がある。(24)

こゝはたてま所。厨屋、曹司、あわせて五人ばかり、別當、預どもつきたり。鷹飼鷹据ヱて、鵜飼どもあり。御とりのなやむとみすとこさいともおほかり。俎どもたてて、魚つくる。

ここで使用される俎は、食事のために魚を料理するというものであるから、まな板である。『箋注和名類聚抄』が指摘する「吹上下巻」には俎の記述はなく、「吹上上巻」に次のように記述されている。

男ども五十人ばかり竝み居て、臺盤立てて物食ふ。サて、政所、鵜飼、鷹飼、網結など、日次の贄たいまつれり。男ども集りて、俎たてて、魚、鳥つくる。かねの皿に北方の御料とて盛る。(25)

俎で魚・鳥を主人の膳のために料理するという内容から、この場面に出てくる俎は、調理を前提とした生活用具ということになる。つまりまな板である。「臺盤立てて」の台盤も、まな板と同意語のように思える。現在も各地で切盤《きりばん》という用語が、まな板と同じ意味で使用されていることから、少なくとも台盤と俎は似たような表現で使用されているはずである。

「初秋巻」における俎の記述は次のような内容である。

上、左近の實頼の中将、兵衛の督などに「かくともノし給フに、今宵この琴仕うまつる人、いとめでたき人なるを、朝臣猶内膳につきて、この前の物すこし情づいて只今物せよ。果物などいと興あるものをえらびて仕うまつれ」と仰せられければ、この君天下の手を盡して、らうありとある人、殿上人などして手づから俎に向ひて、眞の有職達三四十人して、調じ出したる殊にいと清らかなり。(26)

上記の事例は、殿上人で経験もあり老練な人が皆自身俎に向かって料理するというものである。この場合も、食事をするために、まな板を使用したということになる。

『今昔物語集』

平安後期に成立した『今昔物語集』には、生贄に関する話が二つ掲載されており(27)、いずれの話にも俎が使用されている。まず最初に記述される美作に伝わる話から進めたい。

人身御供《ひとみごくう》の話を旅の途上で聞いた猟師は、神とされる猿を退治すれば娘を妻にすることを条件に、身代わりになろうと申し出る。猟師は猪や鹿を犬を使って狩りをしていることから、犬を訓練し、猿を生け捕る計画を練る。長櫃の中に隠れて猿を生け捕るのであるが、そのときの猿たちの光景に「前《ニ》俎《ニ》大《ナル》刀置《タリ》。酢・塩・酒塩《ナド》皆居《ヘタリ》。人《ノ》、鹿《ナドヲ》下《シテ》食《ムズル》様也」という記述がある。この俎という表記は、生贄のために使用する俎を指していると考えて間違いない。このことから俎は大型であることを前提としている。「俎《ニ》大《ナル》刀」という表現は、大きな俎と大きな包丁刀でなければ辻褄が合わない。

次に飛騨に伝わる話は次のようなものである。旅の僧が飛騨国の山中で迷ったとき、ある家に招かれ、その家の娘を妻にした。妻が悲しんでいることから、生贄の習慣があることを僧は知る。僧は祭りの日に生贄の身代わりとなるが、刀を隠し持ち、神である猿をこらしめた。この話の中で「俎《ノ》上《ニ》臥《テ》、俎《ノ》四《ノ》角《ニ》榊《ヲ》立《テ》」とある。生贄に使用するマナイタは俎と規定しなければならない。また俎の上に臥せるという行為は、長さ三尺、幅一尺五寸以上の大型俎でなければ不可能である。このことから、美作の場合と同様、飛騨でも大型の俎を使用していたとすべきである。

鳥越は飛騨の話に記述される「置《タル》莫箸・刀《ヲ》取《テ》、生贄《ニ》向《テ》切《ムト》為程《ニ》」に着目し、生贄にはまな箸、包丁、俎がセットで使用されていたと解説している。[28] まな箸の使用は現在も継承され、全国各地の包丁儀式で使用される。

文献史料を通して古代の俎・まな板を概観した。俎という表記をマナイタと読む習慣は平安期には確立している。また俎と共に切机・切案という表記も認められ、八世紀以前から同一の表記が一貫して使用されたわけではない。机・案といった家具が大陸から伝えられ、宮中では儀式での使用を通して、新たな道具に俎を組み込んでいった可能性がある。こうした慣習は一般社会とは異なり、きわめて特殊な現象である。

⑶　古代の案・几と俎・まな板との関連

正倉院には多数の几が保存されてきた。床坐における脇息《きょうそく》に似たような種類とは別に、図48[29]の漆小几、図49[30]の多足几も見られる。

　図48は中国の嶡俎に似た横木を足に付けている。また上部の形状は、中国の戦国時代に製作された図27の案、漢代に製作された図29の案のように、縁を高くしている。正倉院では図48を几（き）としているが、中国の事例を通して見る限り、案としか考えられない。仮に几と規定するならば、縁高の形態を機能面から立証しなければ説明がつかない。図50[31]は、中国の唐墓から出土した陶製の案である。足の形態は異なるが、上部の縁高は図48とよく似ている。おそらく図48は、七〜八世紀あたりに中国から伝えられた案、または案を模したものである。

　図49は多足几と表記され、この場合は几（つくえ）と訓んでいる。足が合計二八本もある。片側一四本の足には、下部に柎が付けられている。この柎は房俎から継承されていることから、図49は俎の構造を一部取り入れた家具ということになる。房俎の柎は図28の八足案、図33の八足木弧形几にも認められ、漢代にはすでに八足が一つの定番となっていた。八足案は漢代以降、高足案に変化するものが多数を占める。

　先に示した図39の魏・晋時代の壁画に描かれた一〇足案は、足に房俎と同じ曲面を持っている。図38に示した五代期の絵画に描かれた一二足案は、足が直線的になっている。足の数が多い案は、隋〜唐時代の墓絵に描かれた図51[32]のような一六足案が見られる。中国で三〇足の案が存在したかどうかは別としても、図49の多足几は中国から伝来したか、または多足案を参考にしたことは間違いない。

　図49も図48同様、正倉院では几という文字を使用している。中国の家具史において、図49の形式を几と

図48　漆小几
（奈良時代）

図51　十六足案
（隋〜唐代）

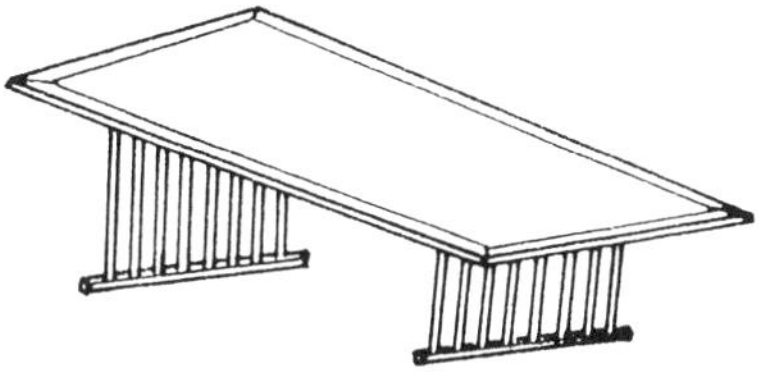

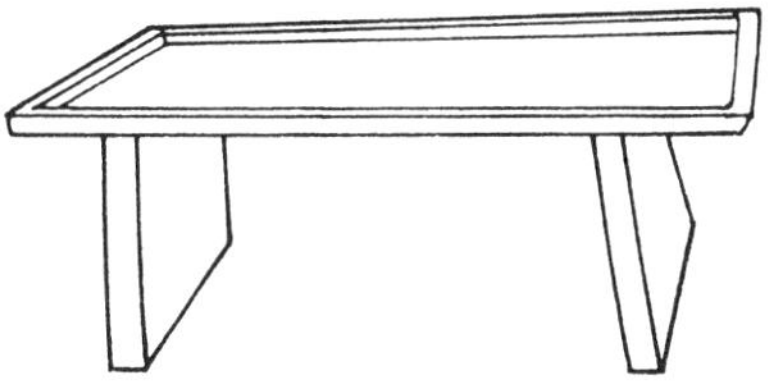

図50　陶製の案
（唐代）

図49　多足几
（奈良時代）

解釈している例はない。つまり正倉院の几という表記は、わが国独自の使用法ということになる。『延喜式』には多種類の案が記述され、高足案もいくつか含まれているが、足の本数は記載されていない。正倉院の宝物に関する名称が奈良時代の記録から変化していないとすれば、案という表記が奈良時代には使用されなかった可能性がある。どうも物を載せる台はすべて几と表記されているようだ。

日本には房俎に見られる曲面のある足は伝来しなかった。仮に伝来したとしても普及はしなかった。高足案も直線状の足しか発達しない。しかしながら、正倉院には猫足のような曲面を持つ四本足の几が多数認められる。こうした足と房俎のもつ足とは、造形の系譜が異なるように感じる。

三　中世の俎・まな板

中世には数多くの絵巻が制作された。中国と比較しても現存する絵巻は多く、中世の俎・まな板を知る上でも貴重な資料となっている。筆者の知る限り、中国の元・明時代の絵画資料に、俎・まな板による調理場面は見られない。ところが、日本の絵巻には、まな板で調理をすることが、一つの生活レベルを示すシンボルとして描かれている。そこには当然中国の食文化とは異なった美意識・作法が確立されており、現在の料理店が客の前で活魚を調理する習慣と共通性が感じられる。

中世は武家の権力が増していく時代である。それまでの公家中心の食文化に対し、武家も新たな食文化を形成していく。その代表的な事例が、まな板とまな箸を使用した専門の包丁師による調理であった。この包丁師の出現は武家の食生活とも連動していく。すなわち、宴会を催す際、包丁師による調理が定番化したのである。武家では数種類のまな板を常備し、魚・鳥を調理することに対応する習慣が確立する。包丁儀式に使用するものは俎、宴会に使用するまな板と区別するが、形態は共通した傾向を示す。

残念ながら、庶民のまな板を示す絵画資料はきわめて少ない。庶民と武家にはまな板の使用にも大きな差があった。それでもその差が近世には小さくなることから、中世後期は武家のまな板が、庶民に影響を与えはじめた時期という見方もできる。中世の俎・まな板を発掘資料と絵画資料・文献史料から見ていく。

(1) 発掘資料から見た俎・まな板

鎌倉時代以降の遺構から発掘されたまな板にも三浦純夫は言及し、桟状の足を持つまな板が、鎌倉時代末期から南北朝時代にかけて存在したことを明らかにしている[33]。桟状の足を二本足と表記する事例も見られるが、二本という表記はどうも違和感がある。桟としての役割も持っていることから、本書では桟足と規定する。三浦の示した鎌倉期から室町期の遺構より発掘されたまな板は四例で、桟足は三例である。その特徴は次のような内容にまとめられる。

- 全体に小型である（長さ一九〜四〇㎝、幅一四〜二二㎝）。
- 板厚、桟足共に薄く、総高で五㎝以下である。
- 足の固定は枘加工ではなく、木釘で行なっている。

小型であるという点は時代の特徴を示しているというより、使用者の生活レベルと関連している可能性が高い。形態の印象からは、地位の高い武家の屋敷で使用したまな板ではないように思われる。

桟足は低く、木釘で固定している。近世末以降の伝世している桟足は、ほとんどが蟻枘《ありほぞ》で固定している。

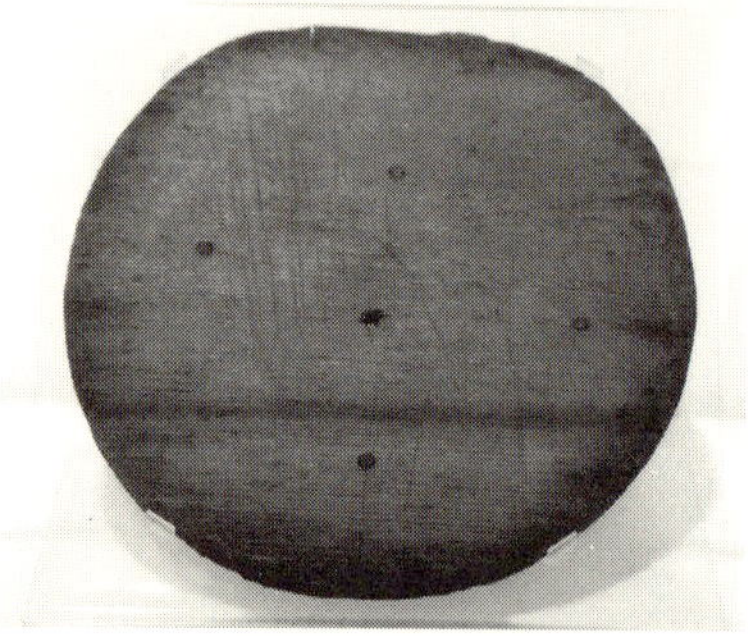

図52　転用物によるまな板
（広島県立歴史博物館）

蟻柄による足の固定には、甲板そのものに二cm程度の厚みが必要となり、それ以上薄い甲板には対応できない。蟻柄は奈良時代以前の木製品にすでに使用されており[34]、十四世紀になぜ蟻柄を使用しなかったのかが理解できない。それにしても、四本足のまな板が成立した後に、甲板と桟足が共に薄いまな板が使用されていたことは意外である。桟足の使用目的は、薄い甲板の補強と共に、低くとも足を付けるという様式上の意識が働いていたように感じる。調理者の作業姿勢を考慮したならば、少なくとも八〜九cm程度の高さを持つ足が必要となる。近世中期になると、桟足のまな板が絵画資料でも急増する。その先行事例を検討する上でも、発掘資料を時系列に列べて考察した三浦の研究成果は高く評価される。

一般の庶民が使用するまな板は、中世においても曲物や折敷《おしき》を転用したものが多い。図52[35]は広島県の草戸千軒遺跡から出土したまな板で、おそらく曲物の底を転用したのであろう。なぜか五つの穴が開けられており、四つは木で埋められているが、中央の一つは穴が開いたままになっている。当然刃物傷が付いている。しかしその傷は少なく、長くは使用されなかったようだ。こうした別な目的で使われていた木製品をまな板に転用した事例は比較的多く出土している。しかし絵画資料で示される大型の俎・まな板は一切出土していない。

(2) 文献史料から見た俎・まな板

『古事類苑』には、次のような文献史料に俎・まな板の記述がある。[36]

① 『吾妻鏡』――十四世紀初頭
② 『源平盛衰記』――十四世紀後半
③ 『下學集』――一四四四（文安元）年
④ 『四条流庖丁書』――一四八九（長享三）年
⑤ 『宗五大草紙』――一五二八（享祿元）年
⑥ 『運歩色葉集』――一五四八（天文十七）年
⑦ 『大草家料理書』――室町時代末期

（史料の詳細については『群書類従』も一部参考にした）

『吾妻鏡』

一一八四（寿永三）年六月十六日の記述に「山村者擬レ戰二遠景一。々々相二隔一ヶ間一。取二魚板一打レ之。山村顚二倒于縁下一之間。遠景郎従獲二其首一云々」とある。[37] この戦話に出てくる魚板（まな板）は、調理に使われているものではない。「取二魚板一打レ之」は、持ち上げることができない大型のまな板では辻褄が合わない。主たる用途が魚の調理であったためか、まな板を魚板という表記にしている。ただし、魚板をマナイタと訓《よ》んだという確証はない。

『源平盛衰記』

俎は「大臣〇平宗盛ノ刎㆑首事不㆓容易㆒トテ、俎上ニ大ナル魚ヲ置、利刀ヲ相具シテ内大臣父子〇宗盛子及清宗ノ前ニ被㆑置タリ、自害シ給ヘトノ謀也」というように、調理そのものを示すのではなく、自害のための演出として用いている。まさに俎上の鯉といったたとえである。

『下學集』

『下學集』は室町期の国語辞書で、「末那板梵云㆓末那板㆒云㆓魚料㆒、　俎板　俎長二尺八寸、高四寸五分」とある。ここでもマナイタという読みと文字表記について記述している。さらに長さと高さの標準的な寸法を記している。十五世紀中葉の武家社会で使用されていた大型の俎・まな板を、具体的な寸法で示したのであろう。高さは一四cmと意外に低い。

『四条流庖丁書』

包丁儀式の元祖ともいえる四条流の基盤となるのが[38]『四条流庖丁書』で、足利義政の時代に成立している。俎に関係する部分は次のような内容になっている。

○俎之事并名所

俎の左上を宴酔、右上を朝拝、左下を五行、右下を四徳と命名している。五行は中国古来の考え方で、天地の間を循環する木・火・土・金・水を示している。四徳も中国の天地の四徳である仁、礼、義、智を示している。朝拝とは朝賀のことだろうか。宴酔に至っては意味そのものがよくわからない。ともかく、まな板の四方になんらかの精神性を持たせて儀式化したことだけは確かである。

○同尺の事。金ノ定。
　長さ二尺七寸五分。廣一尺六寸五分。
　厚三寸　足高二寸五分。
　足廣四寸。　足厚二寸七分。
　足付所切口ヨリ四寸。　平七分口傳在之。
　　木ハ檜ヲ可レ用。

俎の寸法で長さが二尺七寸五分、高さが五寸五分という点は、『下學集』の俎と似ている。厚さは三寸としており、現在の包丁式で使用される俎と共通性がある。また俎の材料として檜を用いている。おそらく俎の材料を示した初見史料であろう。

○一俎之事。八足ト云モノ也。今も神前ニ有之。其後四足ヲ人間の□俎ト號シテ用レ之。同名所ノ事。
　俎ノ面ニアリ。宴酔朝拝四徳五行式是也。厨ヲ守ル六星。此俎ノ上ニ五ノ名所ニ下リテ守護セリ。
　今一ノ名所ヲ口傳トシテ。是ヲ當流ニ秘スル也。仍名所ニ随ヒテ切物ヲ可レ置。上下事在之。

「俎之事。八足ト云モノ也。今も神前ニ有之」という指摘は、室町期には八足案と俎が同じ起源を持つものであるという認識を著したということになる。筆者の俎から家具が発達したという論とは時代が異なるものの、俎と八足という高足案を共通の視点で捉えていたことは注目される。

『宗五大草紙』

『宗五大草紙』は、伊勢貞頼が子供のために武家奉公人の心得、諸作法、礼法などを書いたもので、まな板については「料理の事」の中で、「まな板の寸法の事。長三尺壹寸八分。廣壹尺七寸貳分。あつさ貳寸。足の高貳寸八分。足の付やう切目より内へ壹寸八分入べし。平より内へ八分入て作なり。但しりう〳〵多し、かはるべし、一りうのを注侍也」と記述している。[39] また俎の名所を図解しているが、先の『四条流庖丁書』とよく似ており、宴酔の表記が宴水になっているだけである。

まな板の寸法は『下學集』『四条流庖丁書』に記述されているものよりさらに大きくなっている。この大きさは現代の包丁式に使用されるものにおおむね近い。

『運歩色葉集』

『運歩色葉集』は国語辞書で、「魚板俎」の記述がある。『吾妻鏡』にもまな板を魚板と表記しており、中世においては俎と共に魚板といった表記も広く使用されたようだ。

『大草家料理書』

この料理書に記載されている俎は次のような内容である。[40]

○一俎の寸法事。在ニ（ママ）形。板ノ長サ三尺三寸五分。廣サ二尺一寸五分。厚サ二寸八分。足ノ高サ二寸五分。
足ノ廣サ四寸二分。厚サ一寸八分。
○一足付事。切口より三寸。傍より七分。

俎の寸法は、現在の大草流で使用されるものとおおむね等しい。このことから代々この料理書が引き継がれてきたことが理解できる。足の形状は四寸二分×一寸八分という扁平な材である。この扁平な足は絵画資料でも数多く見られる。

(3) 絵画資料から見た俎・まな板

中世の俎・まな板に関する絵画資料に関しては、三浦がすでに整理しており[41]、その内容を補強しながら検討を加えていく。十三世紀から十六世紀にかけて、まな板が描かれた絵画資料は次のようなものである。

① 『地獄草紙』――十二世紀末
② 『北野天神縁起』――十三世紀前半
③ 『粉河寺縁起』――十三世紀前半
④ 『松崎天神縁起』――十四世紀初頭
⑤ 『春日権現験記』――十四世紀初頭
⑥ 『聖徳太子絵伝』――十四世紀前半
⑦ 『慕帰絵詞』――十四世紀中葉

⑧『弘法大師行状絵詞』――十四世紀後半
⑨『七十一番職人歌合』――十五世紀末
⑩『酒飯論絵詞』――十五世紀末〜十六世紀初頭
⑪『月次風俗図』――十六世紀中期〜後期

『地獄草紙』

『地獄草紙』には図53[42]に示したように三つの俎が描かれている。すべて大きな俎というイメージで描かれている。地獄の描写に俎を盛り込むことは、先の『日本書紀』に記述される、人を殺して膾にするといった表現とはいささか異なる。「作りてはまた、俎を打ち叩きて、活々と唱ふれば、また人となる。成れば又、魚の膾の如くに作る。この苦しみ、譬へむ方を知らず[43]」とあるから、人身御供のような神とのかかわりを目的とするものではない。切り刻まれた人間が蘇生するという表現は、現代の包丁式に見られる魚の調理方法に一脈通じる部分がある。すなわち、一度解体した魚を元の形に戻すという神事の作法は、仏教の蘇生観と共通性を持っているのである。地獄絵は、確かに恐怖感を与えるための演出である。しかしたんに人を膾にするといった恐怖感を与えることを目的としているのではなく。仏教思想の体系の中に位置づけられた表現となっている。

俎の形状の中で、特徴的なのは、甲板が厚く、反り足になっている点である。『延喜式』の切案のような八分の厚みではなく、三寸前後の厚みに描かれている。反り足は、現存する平安時代の唐櫃にも認められることから、中世以前より俎・まな板にも展開されていたと考えられる。十二世紀末には、一つの様式としてすでに確立されている。

描法自体は逆パースになっているが、三つの俎の中で手前左のものは、やや細長く感じる。三つの俎がすべて寸法比が異なるとすれば、俎に関するなんらかの作法がすでに存在し、寸法に反映していたことになる。中世後期の武家社会では複数のまな板を所持しており、そうした習慣は図53の時代にまで遡る可能性がある。

『北野天神縁起』

『北野天神縁起』は、図54㊹に示した。『地獄草紙』と同じように、地獄の恐怖を演出する目的で俎を描いている。まな箸の扱い方は、人を魚に見立てているようにも感じる。四本足の形状は『地獄草紙』のような反り足ではない。断面は完全な四角ではなく、板状の形をしている。全体のイメージとしては足の高さが低い。

『粉河寺縁起』

『粉河寺縁起』では、図55㊺のようなまな板を描いている。猟師が獲物の鹿を調理している場面で、左手に箸を持ち、まな板の右端には包丁が置かれている。まな板の上で鹿を解体したわけではなさそうで、鹿の一部を調理したのであろう。左手で箸を持っていることから、まな箸と包丁で調理したと推察される。まな板は『地獄草紙』『北野天神縁起』よりは小型に描かれているが、相似形に近い。足は垂直に立ち、四角に見える。手前の部分には足に横木が付けられているように表現されている。

『松崎天神縁起』

『松崎天神縁起』には図56(46)のようなまな板が描かれている。大きさは『粉河寺縁起』のまな板を一回り小さくした程度で、足は『地獄草紙』と同じ反り足である。甲板の上部が蒲鉾のような丸みを持っており、こうした形状を三浦は甲丸と規定している。(47)本書でも甲丸という表記を使用する。図56では、魚をまな板に置き、まな箸と包丁で調理している。囲炉裏には五徳の上に鍋が置かれ、すでに魚の切り身を串に刺して焼いている。調理をしている場面を見せて食するという作法が、特別富裕層でもない生活者の中に普及していたのだろうか。仮にそうだとしたら、十四世紀の発掘資料に見られるまな板と整合性がなくなる。図56の場面は、貧しい銅細工師の生活を描いたものだが、使用するまな板と調理方法は、生活レベルとは直接関係なく、なんらかの演出が加えられて立派に見せていると考える。縁起物における生活描写は、絵だけ見るのではなく、詞が示す全体の意図とも関連もあるので注意する必要がある。

『春日権現験記』

『春日権現験記』のまな板は、図57(48)に示したものである。これまでの①〜④とはまるで別物で、獣肉や魚肉を調理するのではなく、蓮根を切っている。描かれた場面の料理自体が精進料理であるらしく、野菜を切るための専用まな板という見方もできる。このタイプのまな板は、図57の事例しか見当たらない。図57の調理者は蓮根を手で固定して包丁で切っており、まな箸は使用していない。野菜を切る際はまな箸を使用しないのである。動物を直接触って調理することは不浄であっても、野菜は関係ないという解釈なのだろうか。

『聖徳太子絵伝』

『聖徳太子絵伝』に描かれた事例は、図58(49)に示した「本證寺本」と「東京国立博物館〈三幅本〉」である。「山猪の献上」という場面を描いたものである。朝臣がまな板の上に置かれた猪を調理している。獣の一頭をまな板で調理する描写は、図58が唯一の例であろう。図58は聖徳太子にまつわる話を描写したもので、猪の調理を詳細に描くことを目的としていない。この「山猪の献上」は、「聖徳太子二十一歳　崇峻天皇殺害」の話に登場するもので、献上された山猪を天皇が見て、この猪の頸を切るように、敵対する人間の首を切ると言ったことに由来する。つまり図58の場面は獣の死＝人間の死を象徴する演出と読み取るべきである。

まな板は甲板が厚く、全体の形はやや細長く描かれている。それにしても正装をした貴族の集う席で、猪をまな板の上で調理する場面を描くことは、きわめて不自然な情景である。

図58の『聖徳太子絵伝〈本證寺本〉』は鎌倉後期に制作されている。描かれた人物の服装は、聖徳太子の生きていた時代とはまったく関係のない後世のものであり、まな板も鎌倉後期に使用されていたものを参考にして描いたことは間違いない。

『慕帰絵詞』

『慕帰絵詞』には、図59(50)に示したまな板が描かれている。甲板が正方形に近い形状をしており、足は低いが反り足のように見える。調理者はまな箸を使用していることから、魚を切っているのであろう。『慕帰絵詞』は覚如上人の一代記という内容の絵巻であるのに、僧俗の歌人が集まる場での食事のためか、特に精進料理を意識して料理をしているわけではなさそうである。

図 53　俎（『地獄草紙』）

図 55　まな板（『粉河寺縁起』）

図 54　俎（『北野天神縁起』）

← 図 58　まな板（『聖徳太子絵伝』本證寺本）

図 57　まな板
（『春日権現験記絵』）

↖ 図 56　まな板
（『松崎天神縁起』）

← 図 59　まな板（『慕帰絵詞』）

『弘法大師行状絵詞』

『弘法大師行状絵詞』のまな板は、図60[51]である。中国における食事場面に二つのまな板が描かれている。まな板は、低い四本足が付けられた小型のものである。一人はまな箸と包丁を使用して調理をしている。もう一人は調理が終わったのか、まな板の上から右手で箸を持ち、食物を容器に運んでいる。図60は中国の風俗を再現することが目的だったことから、室内の意匠、服装、器物には中国風の演出が施されている。しかし、まな板、まな箸、包丁とその使用法、床坐での姿勢は、完全に日本の文化である。中国では唐代以降、立姿勢での調理に移行している。図60の調理作業をしている場所は、磚《せん》を敷きつめているようである。こうした土足で使用する場所で、なぜ調理の場面を座姿勢で描く必要があったのかが理解できない。

『七十一番職人歌合』

『七十一番職人歌合』に描かれているまな板は、図61[52]に示したものである。『七十一番職人歌合』は十五世紀末に編纂されていることから、包丁師は十五世紀後半以前に職業としての地位を確立していたことになる。図61では、まな箸と包丁を使用して魚を調理する場面を描いている。包丁師は武士のような装束を身に付け、まな板の横には中国製と思われる青磁の器が置かれている。

図61は「大鯉のかしらを三にきりかねて片われしたる在明の月　こひ故に包丁刀はをみればほろ〳〵とこそねもなかれけれ[53]」と詠んでいる。鯉の頭を包丁師が三つに切ることをしくじる。また包丁の刃がこぼれるとしているが、なぜ包丁師の不手際を歌に詠む必要があったのだろうか。室町時代には四条流・大草流といった流派も確立している時期であり、こうした流派の批判を表現したとも思えない。『七十一番職人歌合』の編纂にかかわる問題とも関連するのであろうが、包丁師に対しては、なぜか小馬鹿にしたよう

な内容を歌にしている。

包丁師が調理するのは十五世紀以前から鯉が定番であった。この鯉も、まな板の上では血は出さないし、鱗も取らない。下ごしらえをして、まな板に置くのである。ではまな板に置くまでは鯉を手で触っていないかというと、手で内臓を取り出して洗っている。すなわち、まな板の上でまな箸を使用しているにすぎない。このあたりの考え方は、一つの作法として捉えるしかない。図61も鮭のような顔形をしているが、当然鯉である。まな板の甲板は厚く、四本足もすこし扁平なように見えるが、太く低く描いている。

『酒飯論絵詞』

『酒飯論絵詞』には、図62・63[54]の二つの場面にまな板が描かれている。いずれも原本ではなく、後世の写本である。図62には、まな板が三つ置かれている。手前で作業をしている人物は、縁側に腰を掛けて鳥の羽をむしっている。まな板の上には小型の包丁が置かれており、内臓も取り出したと推察される。つまりこの作業者は、床上でまな箸と包丁で調理する者の下働き的な仕事を行なっているのである。

図62の部屋では宴会の食事を作っている。左側の包丁師は鳥を調理し、右側の包丁師は魚を調理している。魚は包丁師の横に下ごしらえがされている。すなわち、内臓を取り出し、鱗も事前に取られているのである。注意しなければならないのは、二人のまな板の手前側左には紙が置かれていることだ。このようにまな板の上に紙（板紙）を置く習慣は、現在でも包丁式で見られる。その詳細については後の章で述べる。

図62の包丁師が使用する二つのまな板は、ほとんど同じ大きさで、甲丸になっている。この図は『三時知恩寺本』だが、『茶道資料館本』では甲板に丸みはない。このことから、原本では甲板をどのように描いていたかは判断できない。共通しているのは、まな板の幅が広くなり、甲板の面積が増していることで

図 61　まな板（『七十一番職人歌合』）

図 60　まな板（『弘法大師行状絵詞』）

図 62　まな板（『酒飯論絵詞』三時知恩院本）

図 65　まな板
(『月次風俗図』)

図 64　まな板
(『故事類苑』)

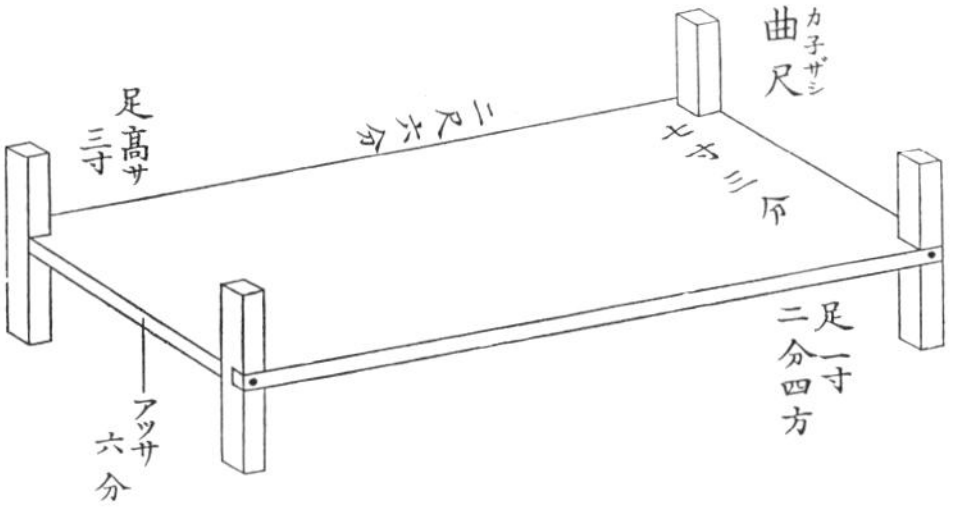

図 63　まな板 (『酒飯論絵詞』
茶道資料館本)

ある。この点も現在継承される包丁式のまな板と類似性が感じられる。図62では、下ごしらえをしている人物が使用しているまな板は、なぜか甲丸に削られていない。

図63には、これまでにない不思議な構造を持つまな板が見られる。精進料理を作っている場面であることから、肉を切るものではない。甲板が薄く、小型である点は、先の『春日権現験記絵』に見られたまな板と共通した要素も認められる。ただし、図63では使用する包丁の幅が広くなっており、従来の包丁刀とは区別されなければならない。見方を変えれば、図61以前にも肉を切る以外の目的で使用するまな板が存在し、そのための包丁も確立していた可能性がある。

図63に見られるまな板は『古事類苑』に寸法が記載され、小型のものは江戸時代にも使用されていたと栄久庵憲司は指摘している。[55]『古事類苑』に示されたまな板は図64[56]である。まな板の寸法は長さ二尺六分、幅七寸三分、板厚六分、足は一寸二分角で高さ三寸とかなり大きい。この図の出典は山東京伝が一八一六（文化十三）年に著した『骨董集』である。

『古事類苑』では「文明時代の酒食論といふ畫巻、又寛永時代の繪に、此魚板見えたり、これ式正のものにはあらざるべけれども、魚板の一種の古制を見るべし、今も京師の舊家にはまれにあるよし、好事の人文臺などにしてもたるもありとぞ、又甲州の民家には、今もこれを用るよし、表にて魚類を切、裏にて菜類を切る、便利よきものとぞ聞ける」と解説している。確かに両面の使用が可能ではあるが、鉋などによる表面の削りは構造上不可能である。また板厚が六分に設定していることから、この種のまな板は、両面を有効に使用する使い捨てのまな板であった可能性もある。

『酒飯論絵詞』は地位の高い武士層の生活を描写したものであり、図63のまな板が両面を使用できたとしても、その利便性がさしたる経済効果を生みだしているとは思えない。魚や鳥の肉は大きなまな板で切っているのである。庶民の生活の場にあってこそ、両面使用が可能なまな板に経済効果があると言っても過言ではない。『古事類苑』では明治後期においても京都の旧家に稀にあり、また甲州の民家では使用されていると記している。前者の旧家とは必ずしも庶民の生活を示しているとは限らず、図64のまな板の生活における位置づけは明確に規定できない。

『月次風俗図』

『月次風俗図』では、図65[57]のようなまな板が描かれている。『月次風俗図』の正式な成立年代は確定されておらず、室町末期の作風と解釈されている。図65では『酒飯論絵詞』でも見られる柳樽が使用されており、近世の定番となる屋外での宴とまな板での調理という取り合わせが、遅くとも十六世紀後半には確立していることを示す貴重な資料となっている。

図65では、包丁師はまな箸と包丁で調理を行ない、刀を腰に差している。こうしたいでたちは職人ではない。筆者は、職業としての包丁師が魚を調理しているのではなく、武家が催した宴で、武士がみずから調理していると解釈する。

(4) 中世の案、几、机、卓と俎・まな板との関連

中世の案、几、机、卓については、国の重要文化財に指定されている次の内容を通して、俎とまな板の関係を検討する。

①案（阿須賀神社伝来、京都国立博物館所蔵）――中世前期

②前机（円覚寺所蔵）——鎌倉時代
③卓（東福寺所蔵）——南北朝時代
④机（近畿日本鉄道株式会社所蔵）——室町時代

案（阿須賀神社伝来、京都国立博物館所蔵）

この案は図66[58]に示したもので、製作年代は中世前期あたりとされている。長さ一七七㎝、幅四四・二㎝、高さ四五・六㎝という比較的大型のものである。足は八本で、中国の戦国時代に製作された図28と共通する部分が多く、やはり房俎の形態・構造を基本として展開した家具ということになろう。

図67[59]は東晋時代の墓から出土した陶案である。東晋は四〜五世紀という時代であり、当時は床坐での家具が多数を占めていた。この図67の案と図66はよく似た形状をしている。異なるのは、図66の案には足に曲面がないという点だけである。日本には房俎のような曲面のある足は古代より普及しなかった。

中世には、床坐で使用する図66の八足案と共に、絵画資料では鎌倉末期に制作された『絵師草紙』にも図68[60]のような八足案が見られる。このタイプは平城京跡でも出土しており、奈良時代にはすでに国内で製作されている。先の正倉院の多足几と同時代に、すでに八足案は都で普及していたのである。八足案は『地獄草紙』『春日権現霊験記』にも描かれていることから、当初は仏教・神道に共用されていたが、現在は神道にはなくてはならない用具となっている。図69[61]は現在神社で使用されている白木の八足案である。この八足案の原型が、中国の漢代以前に確立した房俎であることを、日本人はほとんど意識していない。

図66　案
(中世前期)

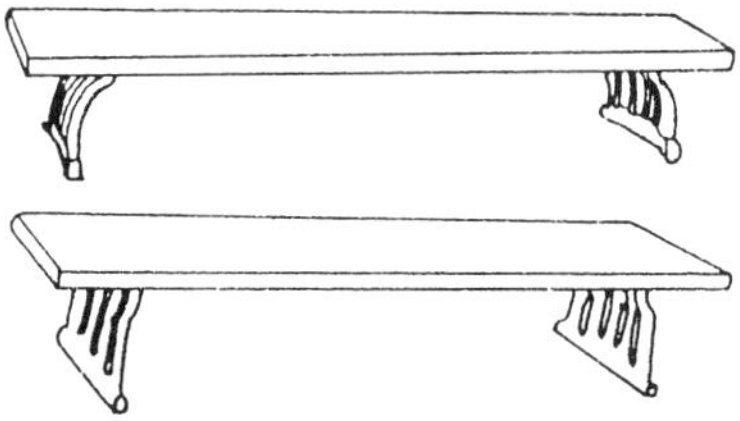

図67　案（東晋時代）

図69　八足案（現代，福岡市）

図68　八足案（『絵師草紙』）

前机（円覚寺所蔵）、卓（東福寺所蔵）

②の前机は、鎌倉の円覚寺に伝わる図70[62]である。前机という名称は須弥壇前机という意味で、須弥檀を基盤とした表記ということになる。図70に似た案は図71[63]に示したように、中国唐代の絵画資料に見られる。図71は唐代の案としては特殊なタイプに位置づけられている。図70は禅宗と共に日本に持ち込まれたものである。

③の東福寺に伝わる図72[64]の卓も、図71と同じ系譜の案で、おそらく中国で製作されたものであろう。②には机、③には卓という名称が付けられている。机は日本で勉強机というように、現在も広く使用されている家具用語だが、中国での使い方とは必ずしも整合性を持っているわけではない。中国において、当初は几の中で楡《にれ》に似た木材を使用したものを机と規定していた。後には几と机の区別が不明確になったようだ。唐代から宋代の家具史で机という表記は目にしない。その意味では、日本の机という表記は独自の展開をしたことになる。卓は漢代には使用されない家具で、唐代あたりから富裕層に普及する。正方形のものを方卓、長方形のものを長卓と区分している。卓は腰掛けとセットで普及し、食事に使用することが主たる目的である。日本でも食卓という表記が現在も使用されている。③に卓という表記が使われることが理解できない。複雑な意匠を取り込んでいても、③は案と規定しなければならない。巻耳を付けた卓は中国にも存在しない。案と腰掛けというセットは、唐代の遺構に一例認められる[65]。それでも、仮に③を重要文化財の表記である卓と規定したならば、須弥壇の前に置く目的とは乖離する。

②と③に共通するのは上部の両端に、漢代の図35に見られる巻耳が付けられている点である。図35の巻耳は几に付けられているが、なぜか巻耳は唐代においては几に継承されず、案の意匠として組み込まれていく。このあたりの家具の展開は、中国の家具史でもきわめて難しい問題の一つといえよう。図73[66]は明代

後期に刊行された『忠義水滸伝』に描かれた案である。この大型の案の前には人が椅子に座し、日本人が使う机と同じような機能を感じる。図73は、案と机との区別がきわめて難しくなっている好例である。

机（近畿日本鉄道株式会社所蔵）

室町時代に製作された④の机は、図74[67]に示したものである。文机としての形態に製作されている。しかし、蒔絵を施した工芸品的な机が、実際に使用されたかどうかは疑わしい。機能は別としても、図74は図35に示した漢代後期の巻耳几とよく似た形状をしている。足の形状だけに限れば、房俎に見られる柎の影響を間接的に受けていることになる。すなわち、漢代以前に確立した俎の一形式である房俎が、漢代の几に影響を与え、その几の意匠と構造が図74に継承されたと推察する。また足には横木が付加されており、㯶俎の足と共通性を感じる。

中国で案の意匠に取り込まれた巻耳は、先の『新定三礼図』によれば、明時代には俎にも付加されたと記述している。巻耳は唐代以降、案の意匠の定番となり、明代には俎の意匠にも影響を与えた。

図75[68]はロンドンのビクトリア&アルバートミュージアムに展示されている中国の案である。明代から清代にかけて制作されたもので、中国を代表する家具の意匠として紹介されている。巻耳は案の意匠というだけでなく、中国を代表する意匠となった。巻耳は現在も中国の伝統的意匠として継承されている。図76[69]は、雲南省昆明市のホテルに置かれた家具に見られる巻耳である。おそらく明代の案をコピーしたのであろう。欧米の机類と中国の案の相違は、この巻耳にあると言っても過言ではない。

日本では巻耳が室内の意匠に中世より取り入れられる。図77[70]は十五世紀に制作された『君台観左右帳記』に描かれた室内設計図である。中央の棚に巻耳が見られる。この巻耳は、十六世紀以降、書院の違い棚に

図70 須弥壇前机（鎌倉時代）

図71 案（唐代）

図72 卓（南北朝時代）

図73 案（明代末）

図74　机
(室町時代)

図75　案
(明～清代)

図76　案（現代，中国雲南省
昆明市）

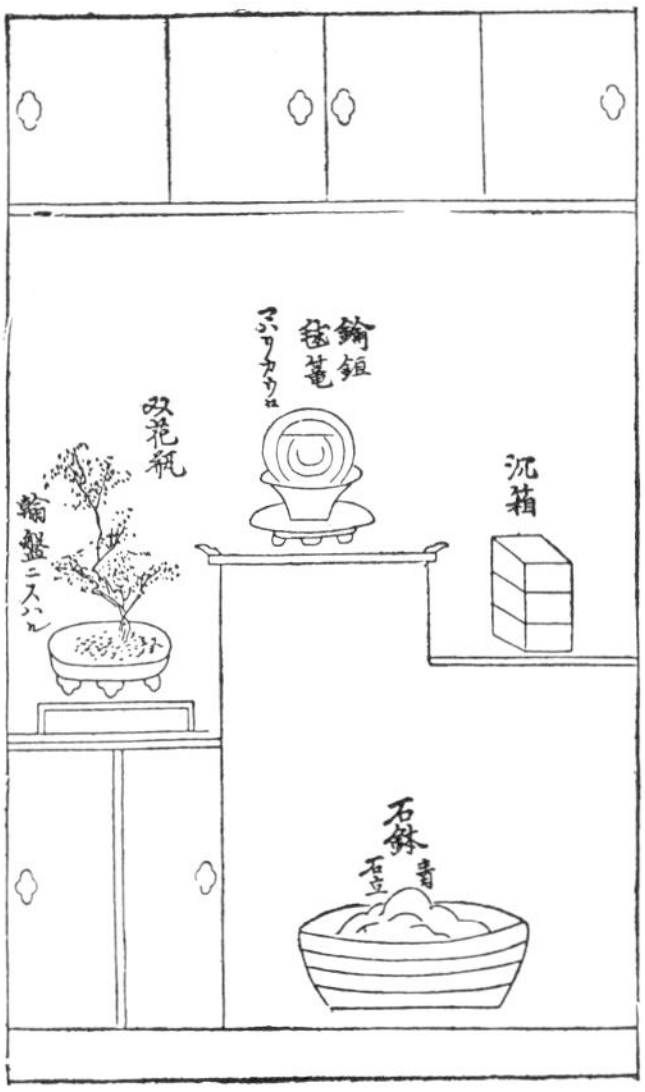

図77　飾り棚（『君台観左右帳記』）

付けられた筆返しの原型となったと考えて間違いない。筆返しはその後全国に普及し、書院の意匠として現在も継承されている。この筆返しが、中国の几、案に見られる巻耳の応用と認識している日本人は数少ない。

第三章　日本の近世に使用された俎・まな板

一　はじめに

十六世紀後半にはヨーロッパ人が渡来し、十七世紀初頭までは貿易も盛んに行なわれ、ヨーロッパの文化がダイレクトにわが国へ伝えられた。しかし、徳川幕藩体制ではキリスト教の布教を禁止し、貿易も限定してヨーロッパの文化流入を抑制する。そうした外来文化の抑制効果もあってか、日本の起居様式は大きな変化を示さず、近世は床坐の文化が継承されていく。しかし床坐の文化も近世後期には大都市を中心にすこし変化も見られ、立姿勢でまな板を使用する場面を描いた絵画資料もいくつか認められる。立姿勢での調理作業は、必ずしも明治以降の欧米文化が影響を与えたとは限らない。

調理作業の姿勢と食事の姿勢は、同じような発達をしているわけではない。われわれが見るテレビや映画の時代劇では、板前がまな板の前で立姿勢で調理作業をする。また長方形の卓と腰掛けを使用して、町人や武士が飲食をしている。しかしながら、板前の立姿勢の可能性は江戸後期にはあっても、椅子坐での飲食は、幕末まで一般庶民の生活では見られなかった。少なくとも画像資料には、現在の居酒屋のような椅子坐は一切見当たらない。近世においては、縁台のように腰を掛けるか、上がって座して飲食する。または縁台を大きくしたような座具を設営し、その上で畳と同じように膳を使用して飲食をした。調理者もたいていは座して作業を行なった。

本章では画像資料と文献史料をできるだけ併用しながら、俎・まな板と生活との関連について検討していく。

二　専門の包丁師が使用したまな板

専門の包丁師を描いた絵画資料は、近世初頭においても多数認められる。中世は武家社会を中心に専門の包丁師による調理場面を描いていた。近世にはいると富裕な町人層にも包丁師をかかえる習慣が確立していく。ところが、そうした習慣は長く続かなかったようで、十八世紀の後半には包丁師そのものが衰退していく。

『貞丈雑記』では【包丁の故実の廃れたる事】の中で「いにしえは殿中を始め諸家にても、酒宴の時、包丁人出て魚鳥を切りて御目に懸くる事有り。その切り様、包丁方の作法あり。まな板持参し様の法も旧記に有り。その比は包丁を習う人も多かりしなり。今は包丁の法知りたる人少なし。包丁の故実世にすたれたる故、食物も古法を知りたる人少なき故、調理のしかたも新しき事のみ多く、あらぬ事ども多し」と記述している(1)。

上記の内容を見る限り、十八世紀中葉には包丁師および包丁式はいちじるしく衰退したということになる。ここでは包丁師の全盛時代である十七世紀の絵画資料を中心に、まな板と調理の実態を探る。

『洛中洛外図（舟木本）』

十七世紀初頭に制作されたとされる『洛中洛外図（舟木本）』では、図78[2]に示した専門の包丁師による調理が描写されている。図78の場所は二条城内で、三つのまな板にて鯉、鯛、鳥を調理している。鯛を調理する際に使用する包丁は、鯉に使用する包丁に比較して幅広に描かれている。まな板は鯉を調理しているものが最も厚く感じる。使用している三つのまな板は、それぞれ独立した調理物専用のものかもしれない。

これまでの絵画資料では、俎・まな板の上で調理する魚はすべて鯉であった。ところが図78では鯛が描かれており、魚に対する嗜好に多少変化が生じたとも受け取れる。鯉と鯛の調理における割合については、室町期の代表的な文書である『山科家礼記』を通して考えてみたい。『山科家礼記』における一四一二（応永十九）年から一四九一（延徳三）年までの魚類および水産物に関する記述は、次のような内容である。[3]

○海魚類（一二三三）〔（　）の中は記述の回数〕

たい（六九）、こたい（一四）、大たい（一二）、たいのかしら（一）、たこ（四六）、大タコ（一）、くもたこ（一二）、さけ（一八）、はむ（一六）、うを（九）、ゑひ（八）、かつお（八）、たら（七）、すゝき（五）、いわし（四）、いか（四）、なまこ（四）、さはら（三）、氷魚（二）、くらけ（二）、ゑそ（二）、ふり（二）、いとひき（一）、さは（一）、さより（一）、めち（一）

○川魚類（八六）

こい（三八）、ふな（二八）、小ふな（一）、あゆ（一〇）、小アイ（一）、鰍（四）、なまつ（三）、かわうを（一）

十五世紀の京都で生活する公家が食する魚は、鯛が八六例、鯉が三八例ということから、圧倒的に海水魚である鯛が多く食されている。意外に多いのは蛸《たこ》で、鯉より食する頻度が高い。記述の頻度で見る限り、鯛、蛸、鯉、鮒、鮭、鱧《はも》の順で多く食されている。京都では鱧を現在も夏場に食するが、十五世紀より人気があったことは興味深い。では鯉がなぜ包丁式の代表的な魚となり、現在まで継承されているのだろうか。こうした疑問を持つが、決定的な論拠はなかなか見つからない。

包丁式の起源もよくわからない。史料から見る限り、京都から普及したことは明らかである。京都は大坂からすこし内陸に入った盆地で、鮮度の良い海産物を求めるのはすこし難しい。魚も干物、荒巻、塩漬けなどに加工したものが多かった。先の『山科家礼記』においては、干物で最も多いのが干鯛（三二）で、(4)とにかく海魚は根強い人気があり、その代表的な魚が鯛であった。中世は鯉、近世になると鯛が好まれたという話を、どこかで聞いたか、刊行物で読んだような記憶がある。そうした魚に関する嗜好の具体的な変化は『山科家礼記』には見当たらない。

十五世紀の生活においては、川魚を現在より多く食している。特に鯉、鮒、鮎、鯰《なまず》が好まれている。戦後の食生活を振り返ってみても、昭和四十年代あたりまでは川魚店が市場や商店街にたいていあった。筆者が昭和三十年代に生活した大阪でも、鮒を食べる習慣はなかったが、鰻の蒲焼き、泥鰌《どじょう》の八幡巻き、鯉の洗い、鮎の塩焼きは川魚店で買っていた。鯉は活魚が前提で、中国では現在も生きている鯉を主体に売買している。

われわれが現在見る包丁式では、生きている魚を俎上に置かない。ところが『貞丈雑記』の【活鯉の取扱の事】には「活たる鯉のはぬる時は、目を紙にて張り、尾を包むなり。板〈まないたなり〉の上にてはぬる時は、尾を切りたるがよし。かようの事を知るを、包丁人の秘事故実というなりと『四条流献方口伝書』に見えたり」と記述し、活きた鯉も扱うとしている。(5)このことから、鯉は包丁式の直前まで生かしておくことが可能で、生活で多く食する海の魚と同一視することはできない。淡水での管理が容易で、生命力が強い鯉だからこそ、包丁式の魚に選ばれたのではないだろうか。

鯉が選ばれた理由は、農耕社会と食生活の観点からも検討されなければならない。稲作文化は河川の中流域から発達したもので、当然淡水魚とのかかわりも深い。鮒や鮎を発酵させて熟《な》れ鮨とすることも、河川の中流域と、そこに連なる湖沼との関連から発達したと思われる。(6) そうした水田を基盤とした稲作文化の中で、最も大型で美味な魚が鯉であった。長野県佐久地方では水田を利用した鯉の養殖が現在も行なわれている。この養殖は稲作文化の一環として展開しているという見方もできる。仏教の発展だけが、生贄を獣から魚へと変化させたのではなく、わが国が河川や湖沼とかかわった稲作文化を仏教伝来以前から行なっていたからこそ、中世以前より京都では包丁式に鯉が用いられたと考えられる。

鯉から鯛へ食文化の嗜好が移ったのではなく、包丁師による調理の対象に、もともと人気の高かった鯛も加えられたか、当初から鯛も対象とされていたが、代表的なものが鯉であったために、絵画資料には鯉が象徴的に描かれていたとすべきである。

『豊国祭礼図』

この祭礼図は十七世紀初頭に制作され、一六〇四（慶長九）年八月の豊国臨時祭を描いたものである。(7) 図79はその一場面で、酒宴の場を設営している。包丁師による鯉の料理が行なわれ、四本足のやや幅の広い大型のまな板を使用している。この場面に描かれているのは富裕な町人層で、包丁師も儀式的な振る舞いをしているわけではない。

図 78　まな板（『洛中洛外図』舟木本）

図 79　まな板（『豊国祭礼図』）

図 80　まな板（『東山遊楽図』）

図 81　まな板（『四条河原遊楽図』）

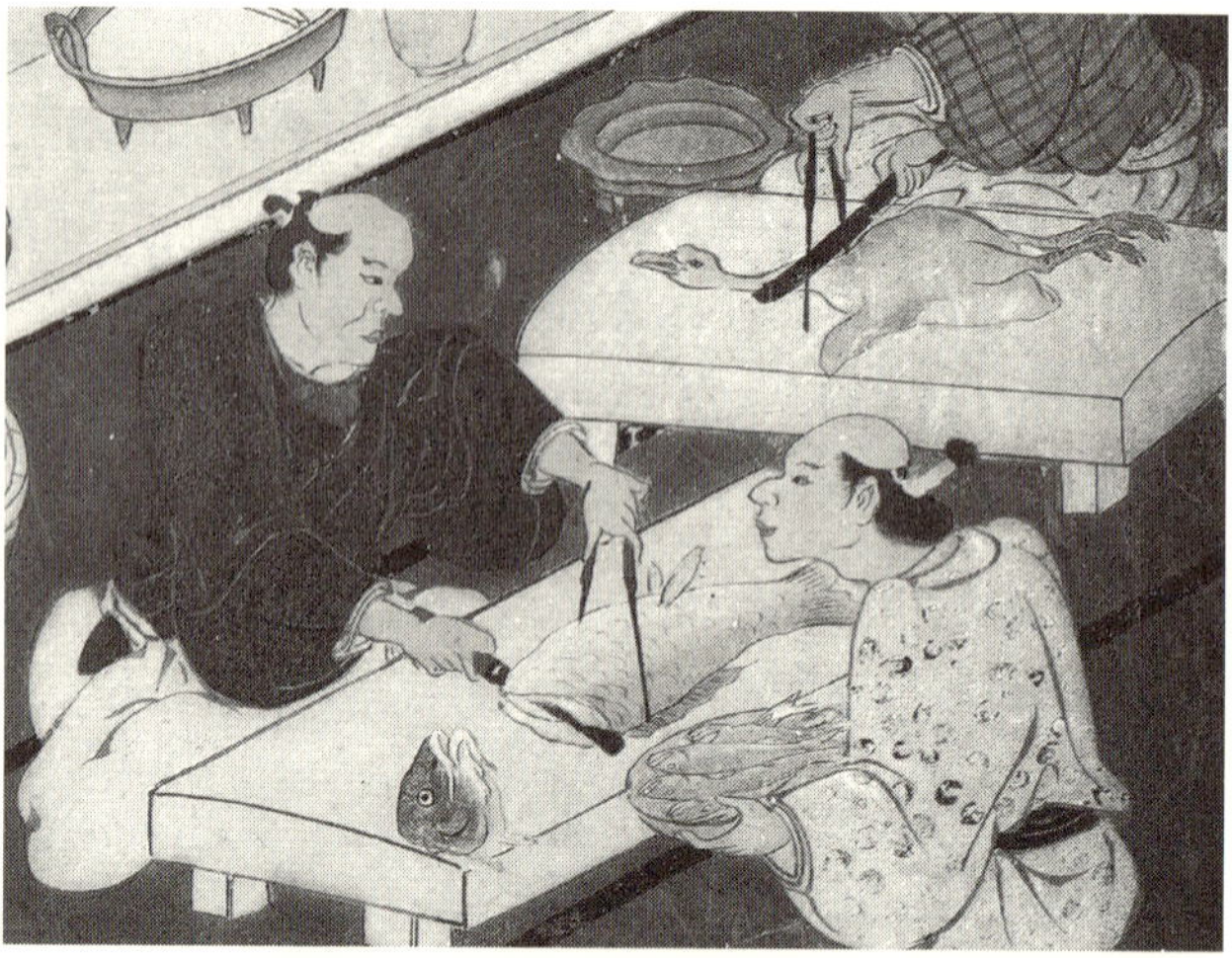

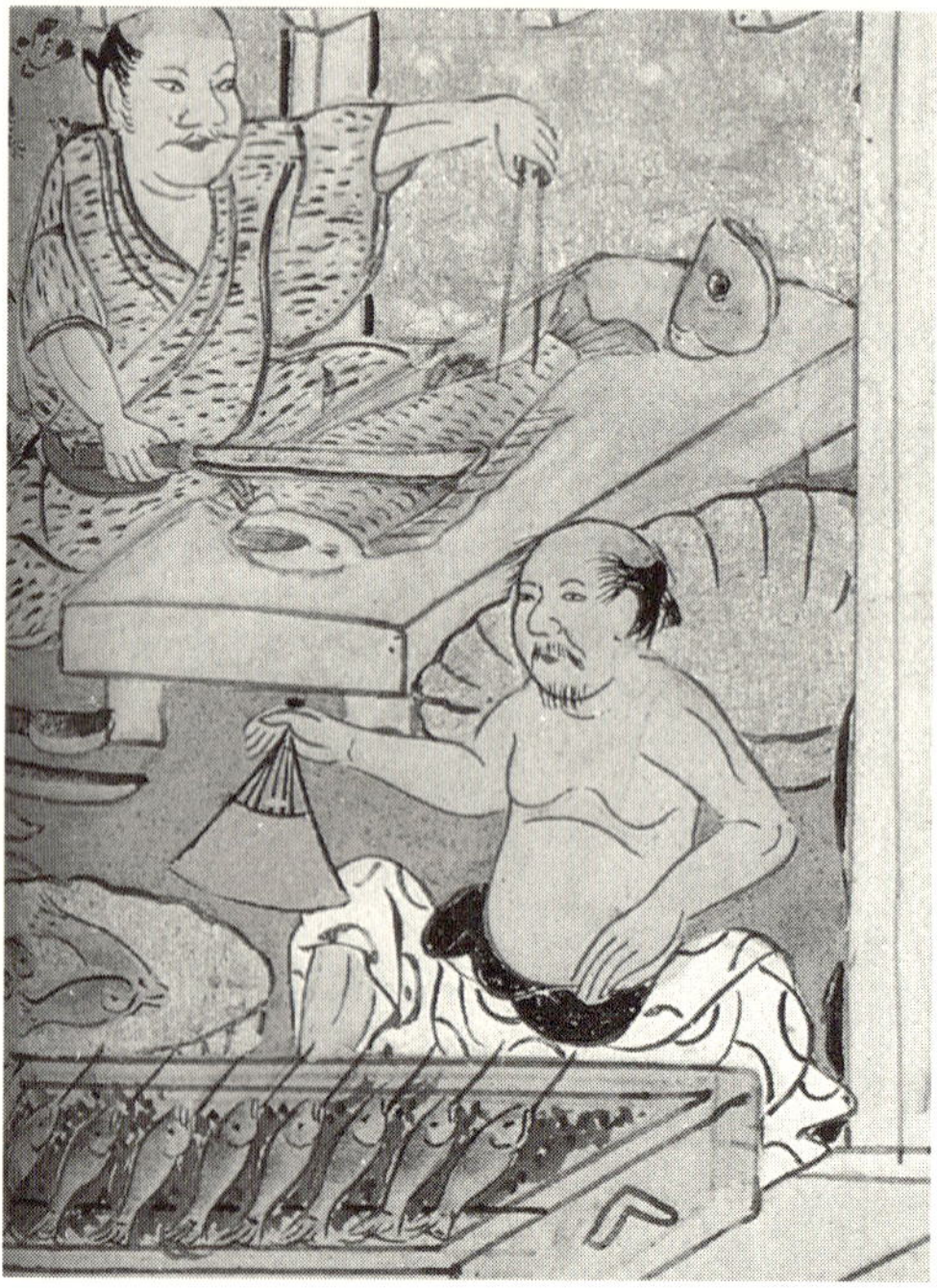

図82　まな板　↗
(『邸内遊楽図』)
図83　まな板　➡
(『川口遊廓図』)

↖図 84まな板
(『川口遊郭図』)
←図 85まな板
(『川口遊郭図』)

『東山遊楽図』

図80[8]は『東山遊楽図』の一場面で、武士による酒宴の様子を描いている。まな板は四本足で甲板はきわめて厚く作られている。このまな板も幅が広く、図78・79と似ている。こうしたまな板の形状は、包丁師の各流派で使用する俎と共通している。

まな箸と包丁で料理する魚は身が赤い。この色だけ見れば鮭のようだが、魚種に関しては判断しかねる。図80では魚を三枚におろしている。まな板の左手前には板紙が折って置かれ、また魚の頭を立てるなど、包丁式と同じような作法が見られる。

『四条河原遊楽図』

十七世紀前半に描かれた『四条河原遊楽図』には、図81[9]のような四条あたりの鴨川で宴を楽しむ様子が描かれている。囲碁を打っている男が宴を主催しているのであろう。漁師の身なりをした男は投網を持ち、これから投げようという瞬間を鮮やかに表現している。包丁師は鯉を調理している最中で、四本足のまな板はやや細長く、足は扁平な形状に描かれている。切り取った鯉の頭は横に寝かされており、図80とは作法が異なる。

鴨川に網を打たせて魚を獲り、その魚を調理して川辺でゆっくりと食事をしながらくつろぐ。近世初頭における富裕層の豊かな生活文化が、図81の画面から伝わってくる。

『邸内遊楽図』

図82[10]は『邸内遊楽図』における調理の場面である。『邸内遊楽図』は十七世紀前半から中葉にかけて制

作されたもので、寛永期の風俗を表現したものといえよう。図82では鯉と鳥を調理している。まな箸を使用していることから、専門の包丁師ということになる。まな板の甲板には厚い板を使用している。甲板上部は丸く削り出され、四本足も太く、まな板全体に重量感がある。手前の包丁師は鯉を調理し、切り取った頭をまな板の上に立てている。こうした調理法は、先にも述べたように現在の包丁式と同じ作法である。つまり儀式であろうと、宴席での調理であろうと、似たような作法で包丁師は調理をしていたということになる。二つのまな板を比較すると、鯉を調理するまな板が細長く描かれている。遠近法との関連もあろうが、まな板の長さと幅の寸法比に差があるように思えてならない。

『川口遊郭図』

十七世紀中葉の大坂木津川河口の繁栄を描いた『川口遊郭図』には、まな板が九例描かれている。一つの画像資料に、これだけ多くのまな板が描かれた事例はきわめて珍しい。図83・84・85[11]はその一部で、いずれも専門の包丁師がかかわっている。ただし、こうした調理人は包丁式を行なうような包丁師ではなく、宴席での料理を専門に扱う包丁師である。いでたちも、武士に似た装束ではなく、他の調理人と変わるところはない。こうした包丁師も当時はまな箸を使用していた。

図83では鯉を調理しているのだろうか。甲板上部にすこし丸みを付けた四本足の細長いまな板に、切った魚の頭を立てている。

図84では二つのまな板が見られる。左のまな板では大きな魚を調理をし、右のまな板では根菜類を切っている。まな板はいずれも四本足で、甲板上部は平らに見える。根菜類を切っている包丁は幅が広く、魚を調理する包丁とは形態が異なる。

図85では魚用のまな板と、一回り小さなまな板の二つが使用されている。いずれも四本足で、甲板の上部に丸みはない。このことから、当時のまな板は、甲板上部に丸みのあるタイプと、丸みのないタイプの二種類が存在した。図85ではうどんを打っているように見える。まな板で切っているのがうどんであるならば、裁ち切りうどんの技術は、十七世紀中葉以前に成立していたことになる。うどん、冷や麦、そうめんは、先の『山科家礼記』にも記述がある。こうした麺類は、すべて手延べ加工で作られていた。裁ち切り蕎麦、うどんの出現に、まな板は不可欠な道具であった。

『和国諸職絵尽』、『江戸名所図屏風』

菱川師宣は十五世紀末に制作された『七十一番職人歌合』を再構成して一六八五（貞享二）年に『和国諸職絵尽』を編纂する。図86[12]はその中の包丁師を描いた場面で、鯉を調理している。奥の鉢には鮑が入っている。また手前の籠には蛸が入っている。菱川師宣は蛸を題材とすることを好んだようだ。まな板は大型で細長く、甲板上部は平面である。四本足は扁平で、『江戸名所図屏風』『江戸四季風俗図巻』と共通している。包丁師は、武士のいでたちをし、後ろには刀も置かれている。いかにも武士社会の作法らしく包丁師を表現している。

菱川師宣によって一六九五（元禄八）年に制作された『よしはらの躰　台所』には、図87[13]のようなまな板が描かれている。同様の構図は、師宣作の『江戸名所図屏風』、菱川派の『江戸四季風俗図巻』にも見られることから、当時の吉原では似たような調理方法が用いられたのであろう。とにかく大きなまな板である。包丁師のいでたちは、羽織を身に付けているといった違いがあるだけで、先の『川口遊郭図』の包丁師と共通性が認められる。遊郭という共通の要素もあり、武家の文化とはいささか趣が異なる。簀の子の上では大きな盥で蛸を洗い、また魚の鱗を取り除いている。包丁師は畳の上で、下ごしらえの済んだ魚をまな箸を使用して調理している。

図87のまな板は、甲板の上部が平面なのか曲面なのかが判然としない。しかし『江戸四季風俗図巻』では曲面に描いているため、緩やかな曲面があったとすべきである。四本足の形状はすこし扁平に描いている。『江戸名所図屛風』や『江戸四季風俗図巻』では、ことさら四本足を扁平に描いており、四本足の形状も十七世紀後半になると扁平なタイプが増えてきたように感じる。こうした足の形状は、現存する江戸末期から明治期のまな板にも見られ、一つのスタイルとして長く継承された。

『人倫訓蒙図彙』

一六九〇（元禄三）年に刊行された『人倫訓蒙図彙』には料理人、割肴師という二つの生業にまな板が使用されている。

料理人の説明には「料理を藝として身を立てるを料理人とも、包丁人とも號す。其者を召抱るはいふに及ず、貴賤の人弁知べき道也」とあり、料理人と包丁人とは同じとしている[14]。

図88[15]が料理人＝包丁人を示したもので、一人は魚や蛸の下ごしらえをしている。まな板は厚く甲板上部に丸みがある。四本の足は真四角ではなく、すこし扁平に見える。料理人の横には二種類の包丁が畳の上に置かれている。長さと幅が異なることから、用途別に使用していたのであろう。料理人のいでたちは武士と共通しており、『人倫訓蒙図彙』という辞典的な刊行目的もあって、あえて中世以来の伝統を示したのである。

割肴師は図89[16]に示したもので、まな板の大きさは包丁人に比較して小型である。やはり甲板上部に丸み

図 86　まな板
（『和国諸職絵尽』）

図 87　まな板（『よしはらの躰　台所』）

↑図 88　まな板
（『人倫訓蒙図彙』）
↖図 89　まな板
（『人倫訓蒙図彙』）

図 90　まな板
（『人倫重宝記』）

がある。この丸みは縦横の二方向に対して付けられている。四本足は反り足に描かれており、図88の足と区別している。使用している包丁は短く幅が広い。また刃に強い反りが認められる。「諸の精進物并割昆布」という記述があることから、[17]調理する肴は精進料理の類であった。肴のルーツが酒菜とすれば、もともとは精進料理であったということになる。

『人倫重宝記』

図90[18]は、一六九六（元禄九）年に刊行された『人倫重宝記』における「魚屋のはじまり」の挿し絵として描かれたものである。『人倫重宝記』の内容は、先の『人倫訓蒙図彙』を参考にしていることは明らかで、物事の由来を脈絡としながら、当時の風俗を話の中に盛り込んで描写している。まな板の甲板上部は丸みがあり、四本足は角柱状で太いが、真四角かどうかは判断できない。図90は専門の包丁師を描いたものではない。しかしながら、庶民の生活描写ではないことから、専門の包丁師という分類に便宜上入れた。僧が魚を調理している表現の意図はさておき、図88・89と同様に、畳の上で直接まな板を置いて調理するという習慣があったことに驚かされる。

『雑画巻』

図91[19]は、懐月堂安度が十八世紀初頭に描いた『雑画巻』に見られるまな板である。「鍾馗の西瓜割り」を表現したもので、まな板の上に西瓜を置いている。この絵も専門の包丁師が調理をしている場面ではないが、大型で包丁師が使用するまな板が描かれていることから、便宜上この分類に加えた。まな板は甲板上部に強い曲面があるため、鍾馗は左手で西瓜を固定しなければならない。これだけ厚い甲板の上部に強

い曲面を持たせたまな板はきわめて稀である。四足は真四角ではなく、すこし扁平に見える。図91は想像上の場面である。しかしながら、まな板は当時の包丁師が使用する格式のあるタイプを参考にしたと推察される。

『和漢三才図会』

寺島良安が一七一二（聖徳二）年に著した『和漢三才図会』には、図92[20]のようなまな板の解説がある。絵はまな箸、包丁、まな板をセットで示している。特に専門の包丁師の使用するまな板を解説しているわけではないが、まな箸や包丁もまとめて解説しているのでこの分類に入れた。文章として記述される内容の現代語訳は、次のようになる[21]。

木砧　百味　棚几　割刀【俗に庖丁という。これは庖刀というべきか。】　魚箸【よみは末奈波之】

『本草綱目』（器具・服帛・故木砧・主治）に、砧の上の垢を用いて卒心（心筋梗塞）腹痛を治す、とある。

△思うに、木砧とは魚板である。官女は魚のことを末奈と呼ぶ。『和名抄』（廚膳具）に俎【和名は末奈以太】を廚膳の具としているのは間違いである。俎は祭器【机の一種】で、つまり、『論語』の序に俎豆を陳ねる、とあるところのものである。どちらも形は似ているが、用い方は異なっているのである。

割刀【今、波宇天宇という】『荘子』（養生主）に次のようにいう。庖丁が文恵君のために牛を解体して言った。わたしは十九年間同じ刀を使って数千の牛を解体しました。しかも刃はいつも研ぎ下ろしたばかりのように冴えています、と。そもそも庖丁【久里夜乃与保呂】とは俗にいう料理人のことである。【今割刀のことを庖丁と呼ぶのは誤りである】魚箸は鉄で作る。長さ六寸、柄は四寸ばかりで、左に肉を挟んで抑え持つのである。

図92では、まな板の足が低い桟足になっている。中世の出土品でも桟足について触れたが、『和漢三才図会』では四本足ではなく、桟足を標準的（代表的）なものとして掲載している。これまで見てきた十七世紀の絵画資料は、すべて四本足のまな板であった。では百科事典の類である『和漢三才図会』は、どのような根拠で桟足を示したのであろうかという疑問が生じる。図92の絵がまな箸とセットでなければ、庶民の生活で使用するまな板に桟足が付けられていたという見方も可能である。ところが、まな箸の寸法や持ち方なども記述しており、庶民のまな板という観点で寺島良安が終始一貫して解説しているわけでもない。木砧という中国で使用される表記も含め、和漢の書物を参考にしてまな板、包丁、まな箸のルーツとその継承を論じている。筆者は、寺島良安が畿内の標準的なものを参考に桟足のまな板を示し、包丁・まな箸を組み合わせた、すなわち、包丁師の使用する道具のセットではなく、三つの道具をバラバラに示したと考える。まな板については、桟足で小型のタイプが庶民に普及していたからこそ、一般的な形態として図に示したと読み取りたい。

『和漢三才図会』では俎豆について、巻十九の神祭に関する事項で解説している。[22] 俎豆は、俎と豆という別々の道具を、セットとして祭器に使用している。この俎は図93に示したように、巻耳を付けた案几類のように表現されている。俎は牲体を盛る机に似たもの、また『新定三礼図』でも記載されている朱と黒の漆を塗布しているといった内容で論じている。記述された内容の精度はともかく、まな板と俎の機能を区別している寺島良安の考察力は高く評価できる。

図 91　まな板（『雑画巻』）

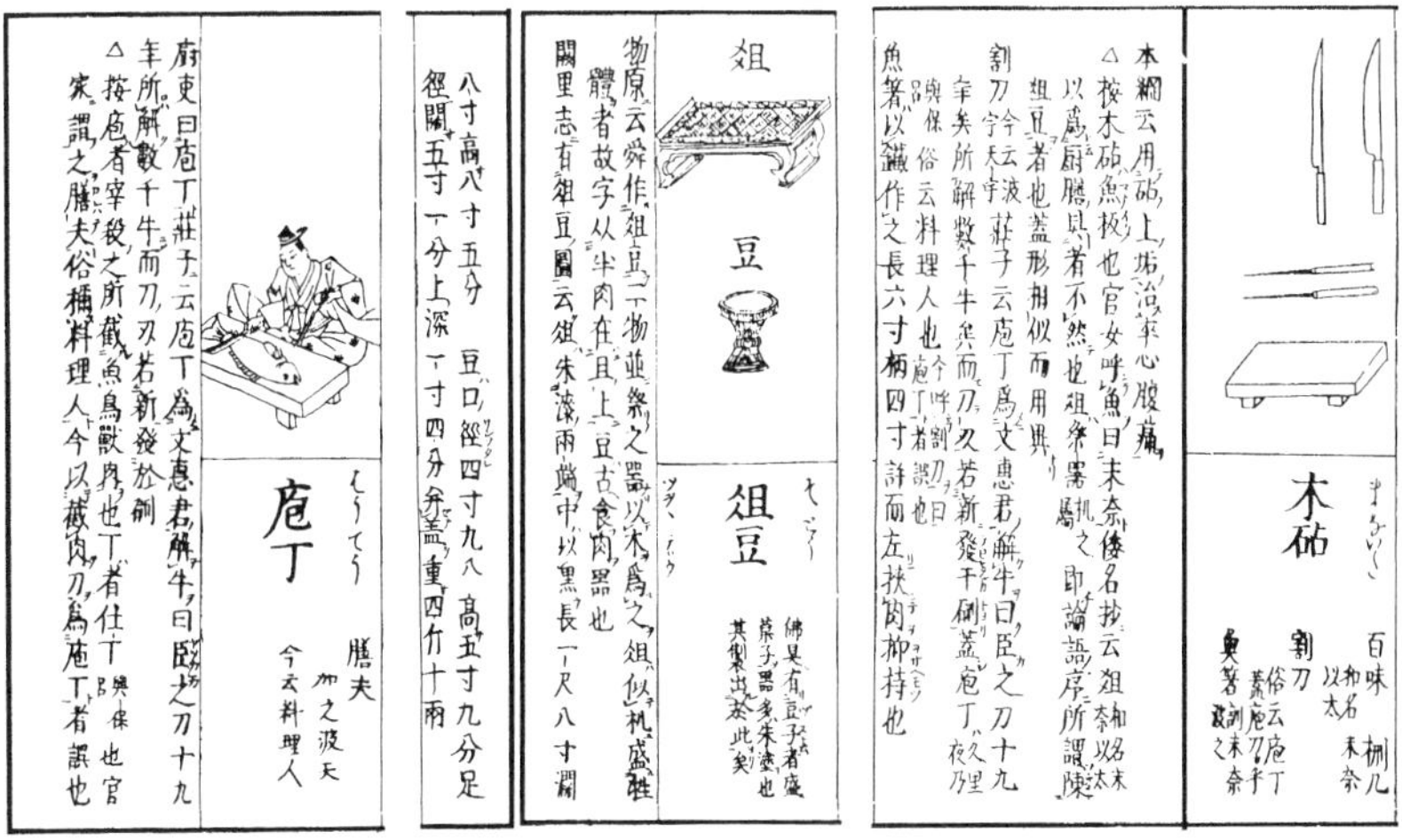

（右から）図 92　まな板，図 93　俎豆，図 94　包丁とまな板（『和漢三才図会』）

『和漢三才図会』ではさらに図94[23]に示したように、包丁の解説においても、まな板を画像として提示している。武士のいでたちをした包丁師が、厚い四本足のまな板を使用している場面は、中世の『七十一番職人歌合』の包丁師と共通している。つまり『和漢三才図会』におけるまな板は、図92が庶民用、図94が専門の包丁師用、さらに図93を祭祀的な俎と表現したことになる。

四条流や大草流といった包丁式を行なう流派の書物は別としても、『和漢三才図会』の絵画資料には具体的に神事としての包丁式を示してはいない。包丁式が中世以来行なわれていることは事実であり、そうした格式のある調理文化が、宴席の調理を担当する包丁師に受け継がれてきたことは言うまでもない。俎豆に示された俎は、中国の文献と日本の史料から得た知識であって、包丁式の実態について寺島良安は言及していない。

十七世紀には包丁師の需要が高かった。ところが十八世紀後半には『貞丈雑記』でも触れたように、包丁師の需要が減っていく。当然絵画資料の中にも十八世紀になると包丁師の描写が少なくなる。一方江戸時代には、板前という用語も使われるようになる。この板とは、まな板のことである。包丁を主体に表現した専門の調理師が、まな板を主体にした表現へと移行していく。武士の社会で発達した包丁師が、町人社会の中では次第に板前という職制へと変化したということになる。十七世紀中期の『川口遊郭図』、十七世紀末の『江戸名所図屛風』に描かれた包丁師は、板前と言ってもおかしくない。包丁師の需要は減ったが、それでもまな板上での包丁による調理技術は、近世においても料理の中心に位置していた。このあたりに日本の料理文化における特性がある。

三　家庭生活で使用したまな板

庶民の生活で使用されたまな板は、十七世紀前半の絵画資料にはほとんど見かけない。絵画資料の多くが富裕層の生活を描写したもので、商業活動の活発な庶民の賑わいを表現した資料であっても、家庭用のまな板は描写の対象にはならなかった。

十七世紀後半になると『女諸礼集』が刊行されるなど、女性を対象とした教養本が出回るようになる。しかし十七世紀の絵画資料にも、女性が調理をしている場面は描かれていない。中国の廚娘に相当するような女性の包丁師は存在しなかったようだ。包丁人が少なくなる十八世紀中期以降、富裕層においても家庭の料理は徐々に女性が受け持つようになる。ここでは十七世紀後期以降の絵画資料を中心に、まな板と生活のかかわりを見ていく。

『女諸礼集』、『女諸礼綾錦』、『女寿蓬莱台』

一六六〇（万治三）年に『女諸礼集』が刊行された。その中に図95(24)のような武家の台所が描かれている。台所の特徴は次のようにまとめることができる。

①土間における井戸の設置
②土間における箱形流しの設置
③竈の床への設置
④大きな収納スペースを持つ棚の設置

①のような井戸は、明治期のモースのスケッチにも認められる。井戸が土間に設置されたことにより、台所における水仕事がすべて屋内で行なわれている。このことは家事の動線と深く関連し、家事労働自体の軽減につながる。

②の箱形流しは、立姿勢で作業を行なうことを前提として設置されている。図96を見る限り、京坂の富裕層では十七世紀中葉に箱形流しが成立していたと考えられる。

③の竈には大小があり、小型のタイプが床に設置されている。こうした工夫も台所仕事の動線と関連しており、防火への対応方法と共に、作業の機能性から進展したものである。

④の収納棚は移動可能な家具ではなく、室内設計の一環として検討されたものである。棚に置かれている品々はハレの場で使用されるものもあり、流しの前に掛けられた道具類とは質がすこし異なる。棚には二つのまな板が置かれている。いずれも四本足で、甲板は厚く幅が広い。また甲板上部を丸く削っている。右のまな板の上にはまな箸・包丁がケースに収納されており、まな板の使い方を示唆している。

一七五五（宝暦五）年に刊行された『女諸礼綾錦』は、先の『女諸礼集』を基盤にして書かれたもので、図96[25]のような調理場面がある。ここでの調理は、竹の簀の子にまな板を置き、水を横の容器に引き込んで作業をしている。まな板の上では、まな箸と包丁で調理をしていることから、刺身を作っているのであろう。使用するまな板は四本足で、甲板上部に丸みがある。[26]一七六六（明和三）年に刊行された『女教訓鑚嚢』にも図96に似たような場面があり、十八世紀後半には、武家社会で女性がまな箸を使用することがすこしずつ定着しているように感じる。

女性がまな箸を使用して魚を調理する習慣は、十七世紀まで遡れるかどうかは疑問である。図96の調理は武家社会を対象とした礼法であって、必ずしも一般の女子用往来と同一視はできない。

貝原益軒が一七一〇（宝永七）年に著した『和俗童子訓』巻之五「教女子法」では、女性のつとめとしての四行は一に婦徳、二に婦言、三に婦容、四に婦功と規定し、婦功については「婦功とは、女のつとむべきわざなり。ぬい物をし、紡み・績ぎをし、衣服をととのえて、専らつとむべきわざを事とし、たわぶれ・あそび・わらう事をこのまず。食物、飲物をいさぎよくしてしゅうと・おっと・賓客にすすむる、是れ皆、婦功なり」と論じている。[27]確かに食事の支度をするのは女性としているが、図97のようなまな箸の使用という作法を含んでいるとは思えない。

一七一六（享保元）年に刊行された『女大学宝箱』では、妻が家の中で務むべき仕事を「下部余多めしつかうとも、万の事自ら辛労を忍えて勤むること女の作法なり。舅・姑の為に衣を縫い、食を調え、夫に仕えて、衣を畳み、席を掃き、子を育て、汚れを洗い、常に家の内に居て、猥りに外へ出ずべからず」と論じている。[28]ここでも女性の仕事は調理の作法まで言及していない。

『女寿蓬萊台』は一八一九（文政二）年に刊行され、図97[29]に示したように、板の間で女性がまな箸と包丁で魚を調理している。さらに図98[30]のように、男性が土間で魚の下ごしらえをしている場面がある。図97は、図98の後に行なうまな板での調理を表現したものと思われる。当時の上流の家庭では、使用人に魚の下ごしらえをさせ、主の妻がまな板の上で魚を調理していたのである。すなわち、家庭における調理の主体が、主婦の役割に変化したということになる。図97で調理している魚は鯛であろうか。まな板は厚く、反り足のように見える。このまな板は、甲板の上部より下部が小さく描かれており、甲板の側面にテーパーがある。

女性が大きなまな板でまな箸・包丁を扱うことは、武家を中心とする上流社会における作法の一つとして、十八世紀以降取り入れられた。図98のように手を使って魚の下ごしらえを包丁でしておいて、その後

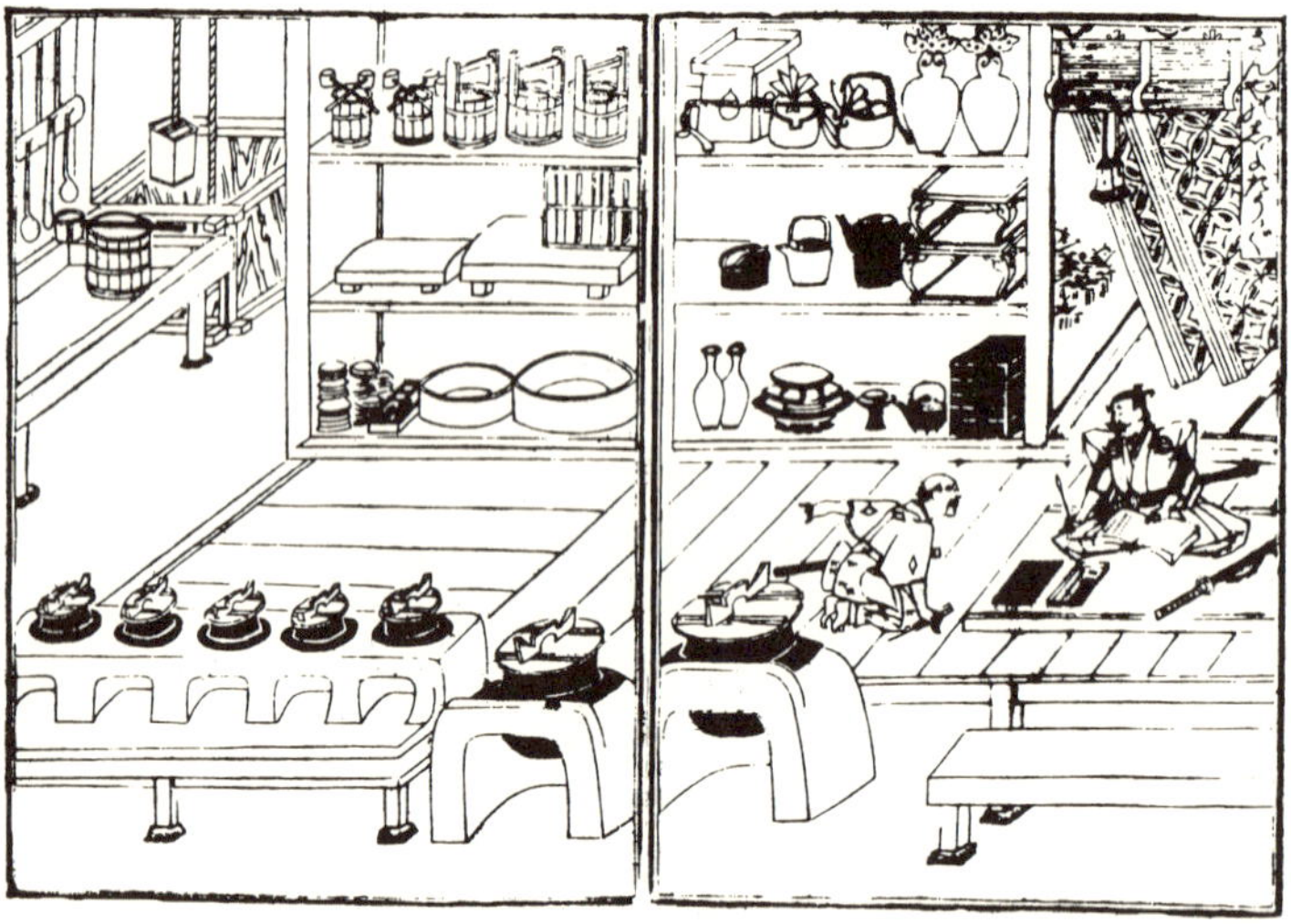

（上から）
図 95
台所とまな板
（『女諸礼集』）

図 97
まな板
（『女寿蓬莱台』）

図 98
まな板
（『女寿蓬莱台』）

図 99　まな板叩き（『絵本江戸爵』）

図 96　まな板（『女諸礼綾錦』）

図 101　まな板（『七草の囃図』）

図 100　まな板叩き（『絵本吾妻抉』）

にまな箸を使って料理としての体裁を調えている。こうした中世以来の調理のあり方に、上流社会における階層的な作法の一端を垣間見ることができる。

庶民の生活では、図95・96のような四本足の大型まな板は使用していない。女子用往来に記されているように、妻が一家の料理を作ってはいるが、礼法としての調理を習得しているわけではない。

『絵本江戸爵』、『絵本吾妻抉』、『七草の囃図』、『東海道五十三次』

まな板叩きという年中行事は現在も各地で行なわれ、七草粥に使用する七草を、まな板の上で囃し立てて恵方に向かって叩く。『絵本江戸爵《すずめ》』は喜多川歌麿が一七八六（天明六）年に描いたもので、図99[31]はまな板叩きを表現した場面である。まな板叩きには、包丁、擂粉木《すりこぎ》、火箸、杓子《しゃくし》などを使用する。図99では杓子を使用しているように見える。まな板は桶の上に置いて使用し、桟足を付けている。甲板は薄く、上部は平面で丸みはない。まな板を桶の上に置いた理由は、作業に適した高さ、叩いた七草を入れる、音の共鳴といういくつかの要素が考えられる。

図100[32]は『絵本吾妻抉《あつまからげ》』に描かれたまな板叩きである。このまな板は四本足で反り足になっている。甲板はすこぶる厚く、上部に強い丸みを持っている。まな板の前にしゃがんでいる男は包丁師なのだろうか。まな板は専門家用のもので、まな板叩きに使用している道具は貝杓子である。

図101[33]は、窪俊満が十九世紀初頭に制作した『七草の囃《はやし》図』で、図100と似たような貝杓子を使用してまな板を叩いている。まな板は桟足で、甲板は厚く、上部に丸みがある。包丁師の使用するまな板が四足であるのに対し、日常に使用される庶民のまな板は、桟足が主体になっている。図94の掛け軸上部には「まないたの　こくちにはれる　青帋の　色も若菜に　及ものかは」と記している。まな板の木口面に青い帋《かみ》を

貼る習慣があったのだろう。建築では紙を木口面に貼ることもあるが、筆者の知る限り、まな板では本事例しか見当たらない。

まな板叩きは、江戸時代後期には年中行事を示す定番となっている。一六八〇（延宝八）年に刊行された『難波鑑』にも描かれていることから、桶の上にまな板を置いて七草を叩くという習慣は、近世以前に遡る可能性が高い。江戸後期の『女教大全姫文庫』でも土間で七草を叩いている。

一八八九（明治二十二）年に刊行された『徳川盛世録』では、

前夜六ツ時家々にて七種の囃子をなす（七種の囃子は、小桶に俎板を載せ、上に菜および薺《なずな》を置き、包丁、火箸、雷木、杓子等にて恵方に向い拍子を取りて菜および薺を打《たた》きて歌をうたう。その歌は「たうどの鳥とにほんの鳥とわたらぬさきに七種なづな手につみいれて亢觜斗張となる」これなり。鎌倉時代よりの習慣なりという）

と記述し[34]、江戸城内においても七草の節として確立されていたことがうかがわれる。

まな板叩きの習慣は近年まで広域にて継承されており、各地に共通した叩き方と囃詞が見られる。代表的なものを下記にまとめた。

○宮城県（船形山麓）「包丁で切り叩く」、「唐土の鳥と田舎の鳥が、渡らぬ先に七草たたく、七草たたく[35]」

○福島県（福島北部盆地）「包丁で切る」、「日本の国と唐土の国を渡らぬうちに何草ただく、七草ただく[36]」

○栃木県（那須野ヶ原）「包丁できざみこむ」、「七草なずな、菜っ切り包丁、まな板、唐土の鳥が、日本の国に、渡らぬさきに、合わせてばったばた[37]」

○群馬県（吾妻）「せりをたたく」、「七草なずな、唐土の鳥が日本の土地へわたらぬうちに、はしたたけはしたたけ[38]」

○埼玉県（川越）「包丁できざむ」、「七草なずな、唐土の鳥と日本の鳥が、渡らぬさきに、すととんすととんすととんとん[39]」

○東京都（山の手）「包丁の峰でとんとん叩く」、「唐土の鳥が日本の土地に渡らぬ先に、七草なずなのせりたたき[40]」

○新潟県（岩船）「片手に包丁、片手にすりこぎを持って七草をきざむ」、「せんたるたたき、からたたき、よいのとりも、よなかのとりも、うたわぬうちに、はよたたきましょう[41]」

○福井県（若狭中山間）「七草をきざむ」、「七草なずな、唐土の鳥と日本の鳥と渡らぬ先に、七草なずな[42]」

○長野県（佐久平）「七種をきざむ」、「七種なずな、唐土の鳥が日本の橋を渡らぬさきに、すっとん、すっとん[43]」

○静岡県（富士山麓）「つくる前に、まな板、包丁、じゅうのう、火鉢など、七種類の勝手道具を並べてお礼をする。その後包丁で叩く」、「七草なずな、唐土の鳥が、日本の国に渡らぬ先に、合わせてばたばた、合わせてばたばた[44]」

○愛知県（堀川端清洲越）「包丁の峰でとんとんと叩く」、「唐土の鳥が日本の土地に渡らぬ先に、七草なずなのせりたたき[45]」

○三重県（紀伊山間）「神棚の前に火箸、じゅうのう、火吹き竹、しゃもじ、すりこぎ、まないた、ながたなの台所用品七種類を飾る。包丁できざむ」、「七草何草、とうどの鳥が渡らぬ先に、垣をして、かたかたかた(46)」

○滋賀県（湖南米どころ）「すりこぎで叩く」、「たんたんたらふく祇園の鳥と八坂の鳥と(47)」

○大阪府（船場）「台所の七色の道具を片手に持ち、歌いながら七草をとんとんときざむ」、「唐土の鳥が日本の土地へ渡らぬ先に七草なずな(48)」

○和歌山県（熊野山間）「しゃくしなをきざむ」、「鳳凰の鳥が、日本の土地へ渡らんまあに、かけあえ、かけあえ(49)」

○鳥取県（大山山麓）「しゃもじとすりこぎを持ち、切り板に交互に打ちつける」、「さあー、とんとん、しゃん、唐土の鳥が、日本の土地に渡らぬ先に、ピストルさして、七草そろえて、はんにゃ、ほい、ほい(50)」

○島根県（出雲平野）「すりこぎと杓子で叩く」、「唐土の鳥が日本の土地へ渡らぬ先に七草たたいてやーほやーほ(51)」

○徳島県（吉野川北岸）「包丁できざむ」、「七草なずな、唐土の鳥が日本の土地へ渡らぬ先にすっとんとん、すっとんとん(52)」

○愛媛県（高縄山塊）「右手にすりこぎ、左手に包丁を持って、包丁で叩く」、「なずな七草、唐土の鳥が、日本の土地に渡らん晩にかちかち(53)」

○福岡県（博多）「包丁とすりこぎでとんとんと叩く」、「七草なずな　唐土の鳥が　日本の空に　渡らぬうちに(54)」

まな板叩きという年中行事は東北から九州まで広く見られる。まな板を叩くという行為は、包丁できざむ時に音を出す、包丁の峰で叩く、擂粉木で叩く、擂粉木と杓子で叩くという方法が見られる。囃については「唐土の鳥が日本の土地に渡らぬ先に」という部分が各地で共通している。鳥追の行事との関連性は今後の課題とするが、基本的には同じような厄除けを行なっている。どのようにして囃が成立し、伝播したかについては民俗学の専門家に任せるとして、共通した文言を全国各地で伝承してきたことは興味深い。鳥取県の「ピストルさして、七草そろえて」といった表現が成立した時代は明治以降である。古くからの年中行事に、ピストルという新しい外来語が加えられたことは珍しい現象だ。

まな板叩きは、近世に江戸城内から庶民の年中行事として広く普及した。その共通する道具は包丁ではなく、まな板と桶である。

図99、101に見られる桶上にまな板を置く目的を検証するために、図102-アのように桶とまな板を再現して、音に関する実験を九州大学芸術工学研究院の尾本章助教授に依頼した。使用したまな板はイチョウ材で、長さ四五cm、幅二四cm、板厚三cm、桶はスギ材で上径三〇cm、高さ三五cmである。実験の結果および尾本章助教授の見解は下記のような内容である。

①擂粉木を叩いて得られた波形は、図102-イに示したように、桶の上に置いた方が若干長めに響いている。

②響きの長さを定量的に扱うために、Schroeder の逆二乗積分という方法で、図102-イの波形からエネルギーの減衰曲線を求めた。これはいわゆる残響時間を算出する際に用いる手法で、結果は図102-ウに示した。明らかに桶の上にまな板を置いた方がエネルギーが長めに残存していることがわかる。

③それぞれの波形を周波数分析すると、図102-エのような結果となった。横軸は周波数で、左側が低

い音、右側が高い音を示す。桶の上に置くことで明らかに周波数特性も変化し、四〇〇ヘルツなどの特徴的な周波数で大きなレベルが観測されることがわかる。

以上の結果を総合的に判断すると、桶の上にまな板を置くことによって音色が変化することは明らかなので、意図的に桶の上にまな板を置いて使用した可能性がある(55)。

図103(56)は北斎の『東海道五十三次』に描かれたまな板である。この場面は、琵琶湖に近い石部の宿を表現したもので、女性が片膝を立て、まな板の上で野菜の類を調理している。まな板の下には桶があり、図99・101と同様の使用方法が見られる。図103が七草のまな板叩きを描いたものであるなら特に問題はないが、日常での調理作業に使用したのであるならば、桶を使用する理由は作業における高さの調整ということになる。

『日本山海名産図会』

一七九九(寛政十一)年に刊行された『日本山海名産図会』には、土佐の鰹の挿し絵に図104(57)がある。漁村では総出で鰹を調理しており、この場面で使用されているまな板は調理専用のものではなく、多目的に使用する板と記述されている。桶の上に板を渡し、ある人は小型の桶を逆さまにして腰掛けとし、またある人は低い腰掛けを使用して魚を調理している。桶は台としての役割だけでなく、調理後の容器としても利用されている。まな板にしている板は特に厚いわけでもない。大量の鰹を短時間で調理するのに、伝統的なまな板の形状は特段必要なかったのである。台所空間とはまったく異なった浜辺での共同作業には、屋内で使用する身分主義をともなった道具観はない。

図 102-ア　まな板叩きの実験装置

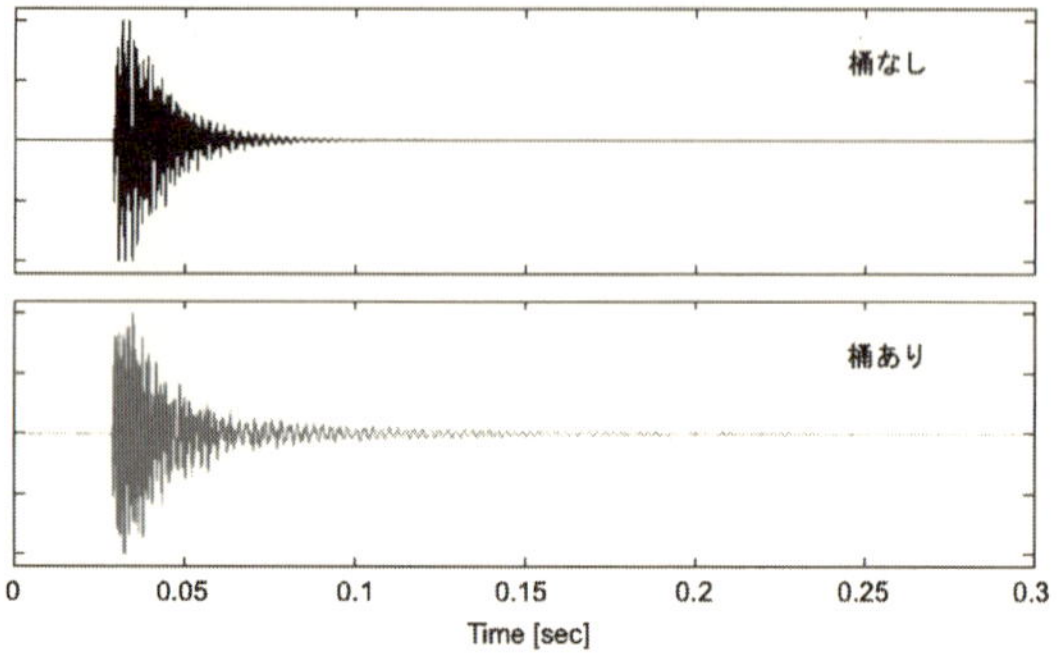

図 102-イ　まな板を叩いた際の波形

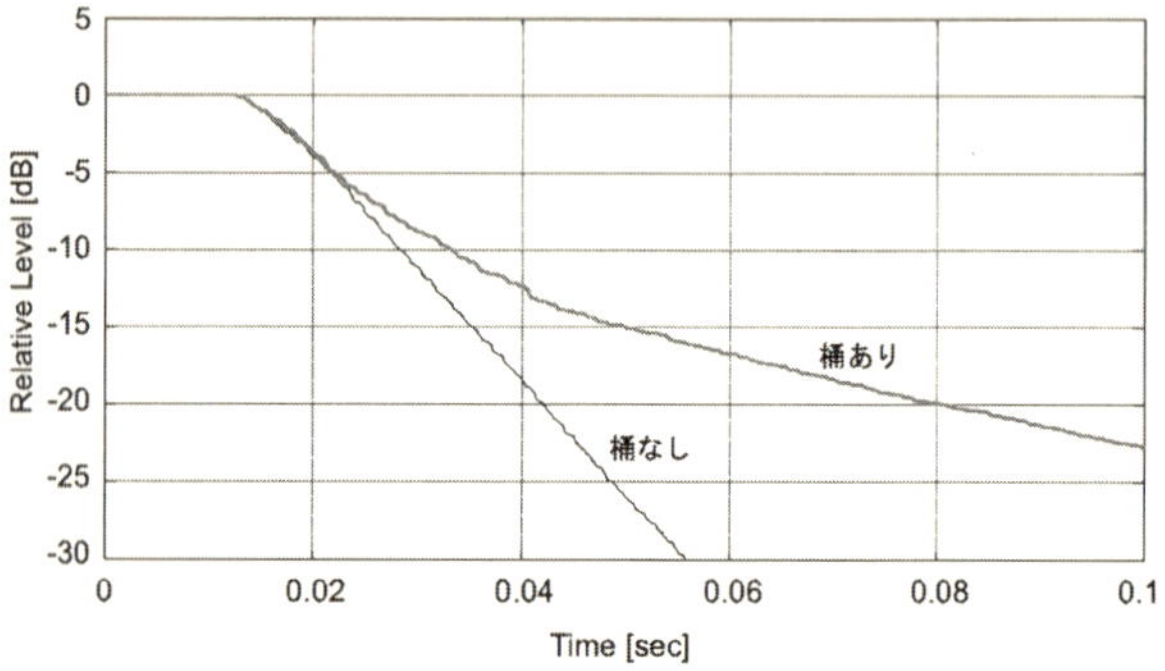

図 102-ウ　エネルギーの減衰波形

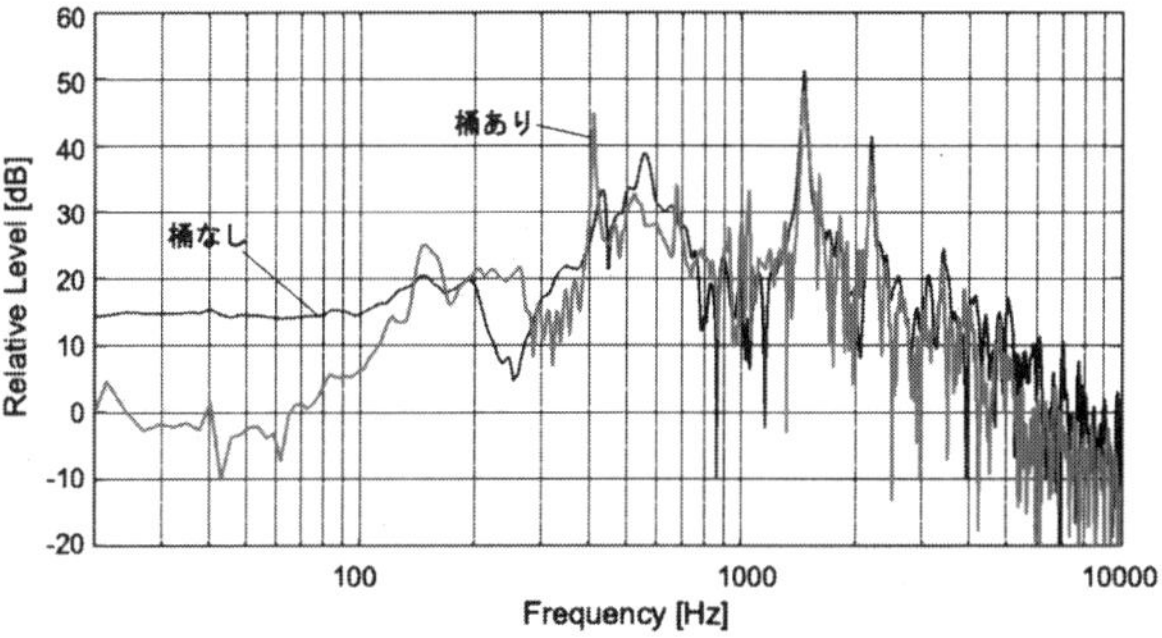

図 102-エ　周波数特性

←図 103　桶の上に載せたまな板
（『東海道五十三次』）
↓図 104　まな板（『日本山海名産図会』）

図 105　魚売りのまな板
（『四季交加』）

図 106　魚売りのまな板
（『類聚近世風俗志』）

➘図 107　まな板
（『日用助食　竈の賑ひ』）
➚図 108　まな板（『漬物早指南』）

『四季交加』、『類聚近世風俗志』

山東京伝が一七九八（寛政十）年に刊行した『四季交加《しきのゆきかい》』は、江戸の四季を表現したもので、図105[58]は旧暦の四月における初鰹売りを描いている。天秤棒で桶や籠を担っており、籠の上には足のないまな板が置かれている。出職《でじょく》としての魚売りは、重いまな板を持ち歩くことが難しい。板の厚みが薄く、足のないまな板を桶の上に置いて持ち歩き、調理に使用している。この桶の上にまな板を置いて調理をする方法は、明治以降も箱形流しで継承された。

大坂の魚売りは、天秤棒の両端に籠をつり下げて歩く。江戸の魚売りは、浅い桶と籠をつり下げて歩く。だとすると図105は江戸の典型的な魚売りの風情を描いたということになる。

喜多川守貞の遺稿をまとめた『類聚近世風俗志』には、まな板に関する記述はない。換言すれば、喜多川守貞の研究テーマである江戸と大坂の風俗における相違点が、まな板にはなかったということになる。図106[59]も江戸の初鰹売りを示したもので、桶の上に足のないまな板が置かれている。この図では天秤棒の両端に浅い桶をつり下げている。

魚を売り歩くのに桶に入れることは、鮮度を落とさないための工夫とされている。現在も高級魚は桶に入れて運搬している地域がある[60]。

江戸庶民は初鰹を楽しみにし、初鰹売りは江戸中期より初夏の到来を表現する格好の画題となった。

『日用助食　竈の賑ひ』、『漬物早指南』

一八三三（天保四）年に初版が刊行された『日用助食　竈の賑ひ』はその後も長く出版され、図107[61]は一八八五（明治十八）年に刊行されたものである。土間には箱形流しが設置され、床の上では女性が芋の皮を剥いている。女性の姿勢は、しゃがんでいるだけで、正座をしているわけではない。まな板は小型で、板の厚さも薄く、栈足である。こうしたまな板が庶民の生活で使用されていた。

図108[62]は、初版が一八三六(天保七)年に刊行された『漬物早指南』の一部で、女性がしゃがんだ姿勢、または片膝を立てた座姿勢でまな板上の大根を刻んでいる。女性がまな板を使用する際の座姿勢は画一化されておらず、男性に比較して多様である。まな板の形状はやや小型で細長い。栈足が付けられ、甲板の上部は平面になっている。

図107・108は典型的な庶民の生活を表現したもので、まな板も専門の包丁師の使用するものとは比較にならないほど小型である。絵画資料に描かれることが少ない小型のまな板が、実は庶民の生活の実態であった。

四　調度として備えられたまな板

永田恵子は、中世末から近世に著された建築書系道具雛形に記載されたまな板を分析し、まな板の設計寸法を割り出している[63]。永田の分析結果では、まな板は「末那板」「鶴板」「鯉板」「白鳥板」「小高板」「中板」「上板」「小板」「下の板」「大末那板」「雁の板」の一一種類があり、多くは三種類をセットとしていた。その代表が鯉板、鶴板、白鳥板であると解説している。では一一種類の名称を持つまな板が、すべて異なる使用目的であったかというと、どうも判然としない。鯉板は鯉の調理にしか使わないのであれば、鯛板、鱸《すずき》板もなければならない。鶴板が鶴専用のまな板であるなら、雉板、山鳥板もなければ辻褄が合わない。

白鳥板では白鳥だけ料理したということになる。一一種類のまな板の中で、先のセットとなっている三種類以外では、雁の板が食物を示す表記となっているだけで、他は食物と直接関係のない表記となっている。

室町後期に著された『大草家料理書』(64)には、数多くの料理に関する事項が記載されている。その中に次のような鳥の料理法も見られる。

生白鳥料理、鹽白鳥料理、鹽鳥肴、鹽鳥汁、眞雁料理、鹽鳥鶴、生青鷺料理、肥生鳥、雉の青かち、野鶏、焼鳥、鶉汁、雁の鳥、雁のいで鳥、鴨、鴨のいで鳥

以上のような鳥に関する料理と、まな板の呼称がどのように関与するかについては検証する術がない。「鶴板」「白鳥板」「雁の板」が特定の鳥を調理するまな板であったとしても、それだけのために使用したとは断定できない。

図109(65)は、一七九三（寛政五）年に記された『婚禮道具圖集』に掲載されているまな板である。四種類があり、それぞれ寸法が次のように記されている。

①白鳥之板	栈足	長さ三尺三寸	幅二尺	甲板厚二寸八分	足高三寸二分
②真那板	栈足	長さ三尺二寸	幅一尺八寸	甲板厚二寸八分	足高三寸二分
③鶴之板	栈足	長さ五尺	幅二尺五寸	甲板厚五寸	足高五寸
④ 〃	猫足	長さ四尺五寸	幅二尺五寸	甲板厚四寸五分	足高四寸五分

（③・④の表記は鶴の異体字であるため、鶴之板とした）

図109のまな板は、栈足が三で、四本の猫足が一となっている。専門の包丁師、武家の作法で使用するまな板は、十九世紀初頭においても四本足を基本としているのに、栈足が多いのはやや意外である。まな板の甲板上部はすべて平面に描かれており、曲面はまったく示されていない。①の白鳥之板は寸法が大草流

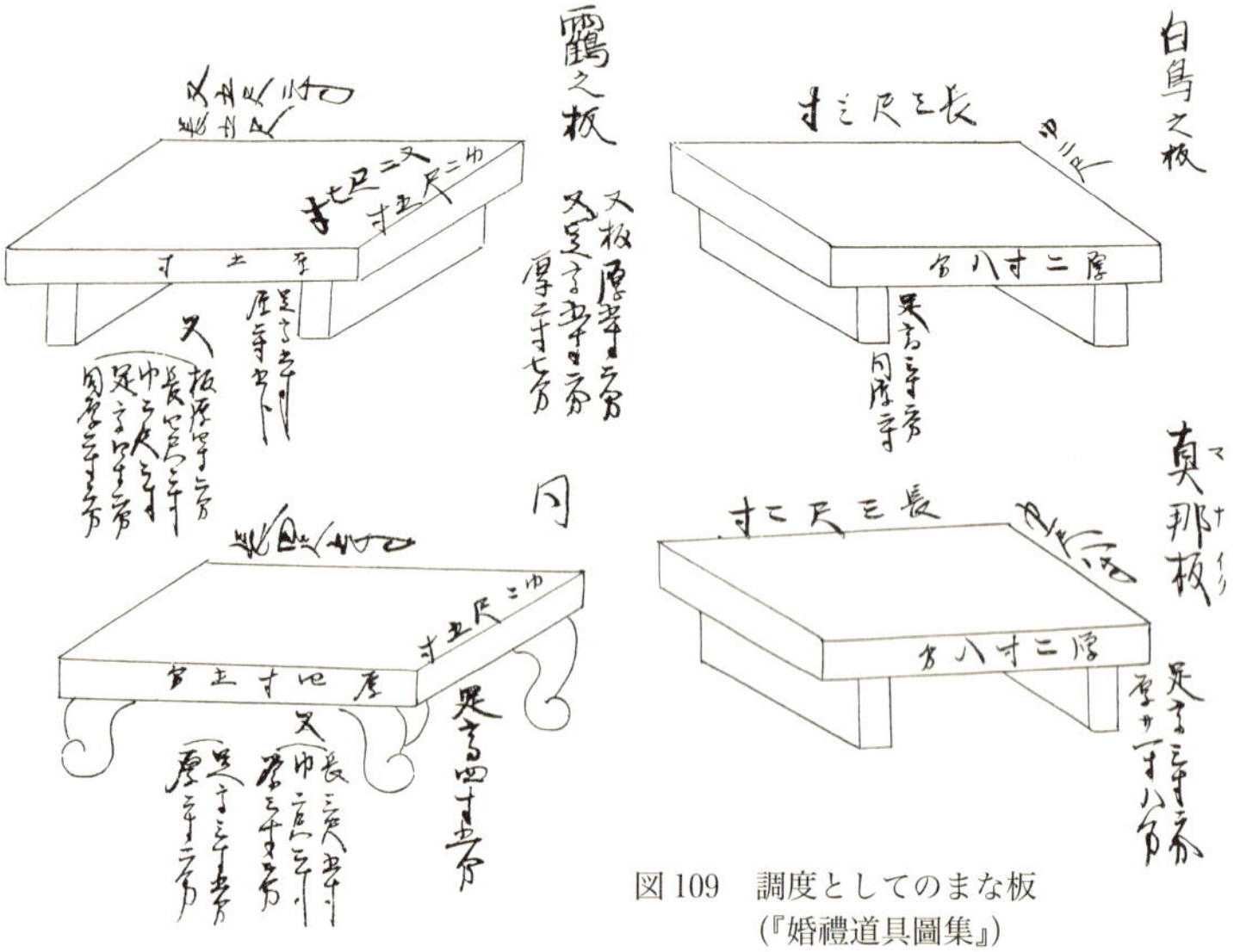

図 109　調度としてのまな板
(『婚禮道具圖集』)

の俎に類似している。それにしても、鶴之板の長さ五尺で甲板の厚さ五寸は、とにかく想像を絶するほど大きく重い。おそらく一人の人間では持ち上がらない。③と④のまな板は、共に鶴之板という種類であるのに、全体の大きさと足が異なる。印象としては、④の鶴之板の方が高級なイメージを与えている。おそらくなんらかの格式を示しているのであろう。

図109に見られるまな板の形状と寸法は整合性を欠くので、寸法を基礎とした外形図を作成し、図110として示した。

図109は武家における婚礼道具の一つである。だとすると、嫁いだ先で新妻が使用するまな板ということになるが、このすべてのまな板を新妻が自身で運んで使用したとは思えない。白鳥之板、真那板は使用できたとしても、他の二つは日常生活では使用されない。大きさからして、祝宴のような大人数の調理と関連があったと推察する。

大型で格式のあるまな板を武家の道具として使

図 110　『婚禮道具圖集』に記載されたまな板の寸法比較

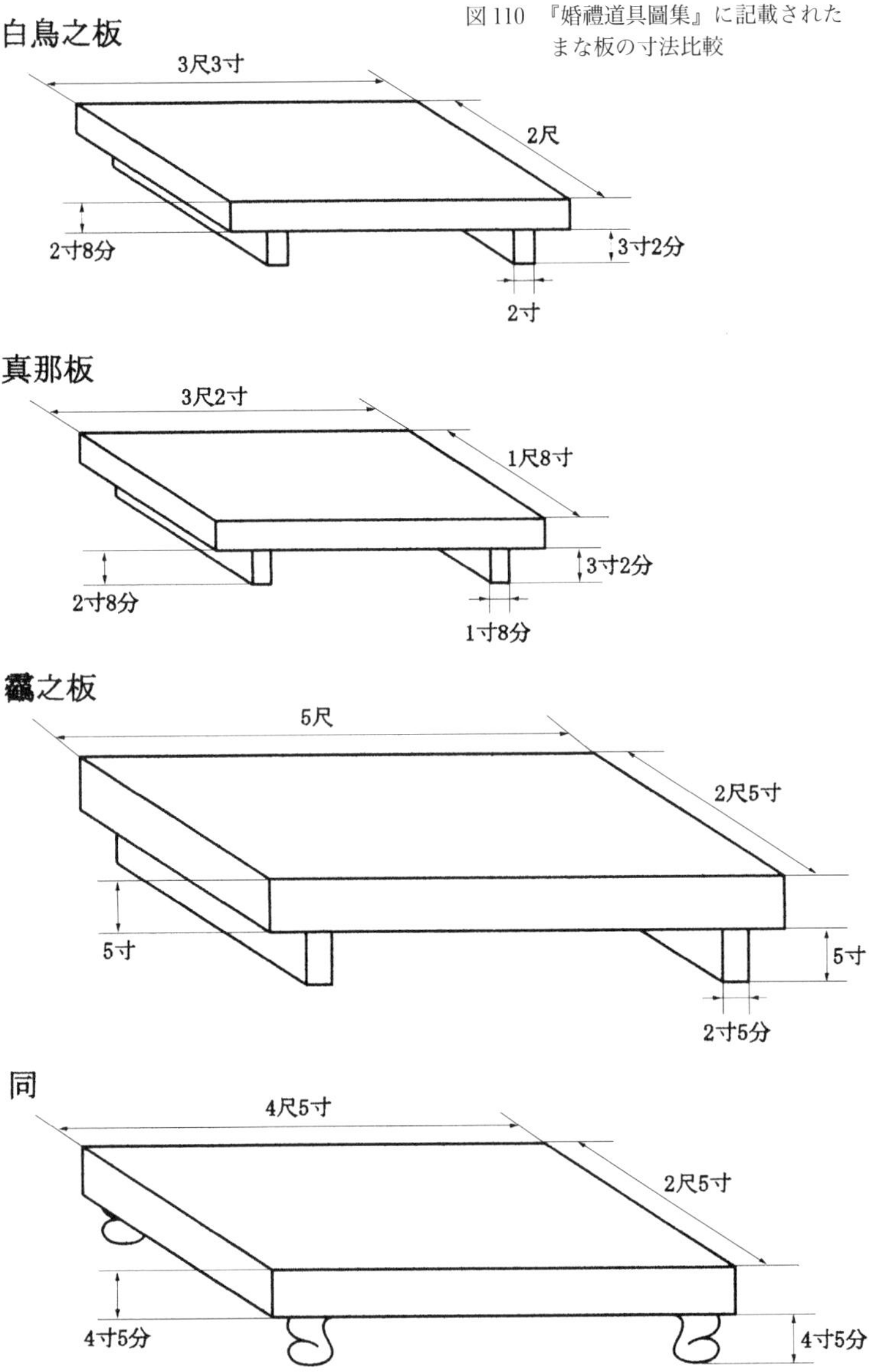

用する習慣は、近世以前に遡るようだ。永田の報告に示された『寿彭覚書』は、十六世紀後半の史料であることから、(66)十六世紀には一部の武家で確立していたことは間違いない。ただし、武家の常備する道具としてのまな板と、婚礼道具としてのまな板を同一視することはできない。一六八七（貞享四）年に刊行された『女用訓蒙図彙』には、まな板は記載されていない。『女用訓蒙図彙』は結婚の儀礼などに深くかかわった内容であるので、婚礼道具にまな板を含めるという習慣は、十七世紀末には確立していなかったということになる。

五　座姿勢から立姿勢への変化とまな板

明治時代以前の生活は、長崎のような西欧や中国文化を取り入れた一部の地域を除けば、座姿勢を基盤に食文化を展開したとこれまで捉えられていた。確かに江戸後期までは、まな板も座姿勢で使用するのが一般的であった。ところが、立姿勢での台所作業、そしてまな板での調理も少数だが絵画資料に見られる。近世後期のこうした姿勢の変化に着目する。

『女教草大和錦』

初版は一八〇六（文化三）年に刊行され、『百人一首女教草大和錦』という表記であった。発行人は今井喜兵衛とされている。(67)図111・112(68)という二つの台所に関する絵が、一八八一（明治十四）年に刊行された『女教草大和錦』に掲載されている。一八〇六（文化三）年の初版本との比較はしていないが、仮に絵の内容に変化がなかったとすれば、図111は先行する事例から理解できても、図112の立姿勢によるまな板の調理は画期的な発見ということになる。

台所における流しの発達は京都が早く、大河直躬は、十七世紀後期の町屋には、土間に箱形流しが使用されていたと論じている。[69]十七世紀後半の『女諸礼集』にも立作業用の流しが設置されているので、流しの出現時期は十七世紀中葉以前に遡る可能性があると先に述べた。図111では、女性が立姿勢で洗い物をしている。桶は流しに置かれていると考えて間違いない。『百人一首女教草大和錦』は京都で刊行されているため、図112は京都の町屋を表現したものということになる。十九世紀初頭の京都では、屋内の土間で立姿勢にて使用する流しが広く普及していた。

立姿勢で流しを使用することと、図112のような立姿勢でまな板を使用することを同次元で論ずることはできない。流しは十七世紀より使用されていることがすでに確認されているが、筆者の知る限り、まな板の作業についてはこれまで一切論じられていない。図112では土間に立って、床の上に置いたまな板で野菜を調理している。まな板は甲板が平面で、桟足には厚い板を使用している。床の高さが四五㎝、まな板の高さが一五㎝程度とすれば、約六〇㎝というかなり低い高さで調理をしていた。図112が一八〇六（文化三）年の初版と同じ内容であるなら、京都では十九世紀初頭より立姿勢でまな板を使用する習慣が成立したことになる。

『傾城水滸伝』

一八二六（文政九）年に刊行された『傾城水滸伝』には、図113[70]のような山くじら屋が掲載されている。この場面では、机のような台の上に、上部に強い曲面を持つ足のないまな板が使用されている。江戸後期

図 112　立姿勢によるまな板の作業
(『女教草大和錦』)

図 111　流しにおける作業
(『女教草大和錦』)

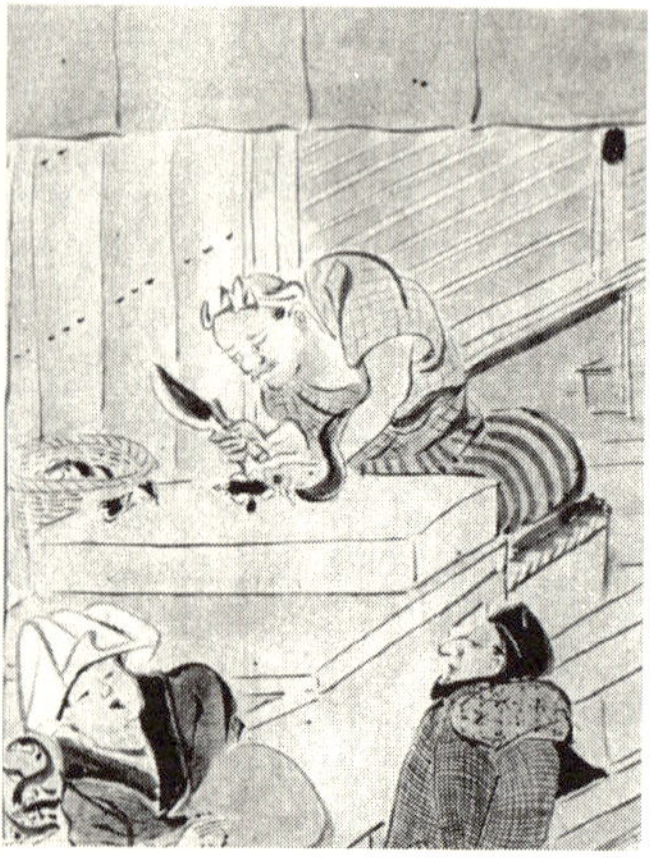

図 114　足のない厚いまな板
(『江戸職人づくし』)

図 113　立姿勢でのまな板の作業（『傾城水滸伝』)

⬆図 115　立姿勢によるまな板の作業
（『経済をしへ草』）

⬉図 116　箱形流し
（『串戯しつこなし』）

図 117　箱形流し
（『双蝶色成曙』）

においては、専門の調理師であっても、職種によっては足のない厚いまな板を使用している事例がある。図114(71)は文化年間に描かれたとされる『江戸職人づくし』の鰻屋の場面である。調理には図113に似た足のない厚いまな板を使用している。魚売りとは異なった足のない厚いまな板を、十九世紀前期には専門の調理職人が使用している。

図113は料理人が下駄を履き、立姿勢でまな板を使用している。まな板上部の高さは、図112よりすこし高いように感じる。『傾城水滸伝』は滝沢馬琴の原作で、絵は歌川国安であることから、十九世紀前期には、間違いなく江戸でも立姿勢にてまな板を使用していた。

『経済をしへ草』

図115(72)は、一八三三(天保四)年に刊行された『経済をしへ草』の台所風景である。土間では調理師がすこし大きな桶の上に足のないまな板を乗せ、魚を調理している。まな箸は使用していない。桶の上にまな板を置くといった方法は、まな板叩きに見られたが、ここでの使用は明らかに立作業への対応である。包丁の形も、現在の出刃包丁を細くしたような形状のものを使用している。まな板は上部に曲面があり、厚くて大型のものである。立姿勢の調理師の横では、女性がしゃがんで炭火でなにやら焼いている。土間での作業では、立姿勢と座姿勢が混在しており、鍋・釜での煮炊きも含め、調理作業は総体として実に不思議な姿勢を展開している。

『串戯しつこなし』

『串戯《じょうだん》しつこなし』は、一八〇五〜〇六(文化二〜三)年に十返舎一九が書いたもので、画工は喜多川月麻とされている。この中に図116(73)のような箱形流しが描かれており、江戸の流しを表現したと読みとれる。

大河直躬は「箱形の台所流しを立った姿勢で使うようになった時期は、資料的に確かめられるのは、一七世紀後期の京都の町屋がいちばん早いが、おそらく本当の使用開始はそれよりももう少し早く、一七世紀前期までさかのぼるであろう。しかし、それが江戸をはじめとする他の地方の都市に普及するのは意外に遅かった。明治時代、あるいはそれより遅い都市もあった」と論じている(74)。

『串戯しつこなし』には、図116以外にも同じような箱形流しがもう一カ所描かれている(75)。この箱形流しは高さが低く感じられるので、必ずしも立姿勢で使用したとは限らないが、その可能性は否定できない。

『双蝶色成曙』

図117(76)は江戸末期の一八六四(元治元)年に制作された『双蝶色成曙《ふたつちょうちょういろのできあい》』の部分で、箱形流しが描かれている。絵師の国周は江戸の歌川派に属している。絵の題材の一つになっている「大日お竹」は、嘉永期に実在した人物である。大河は、江戸をはじめとする京都以外の都市では立姿勢で箱形流しを使用する時期が遅いと論じているが、幕末以前より江戸では立姿勢で箱形流しを使用している。

図117では流しの前に包丁が置かれている。また流しの中には桶とたわしに似たようなものが置かれている。だからといって、包丁を流しの上で使用したという根拠にはならない。まな板は流しの前には置かれておらず、床の上で主たる作業を行なったと思われる。箱形流しの中で食材を洗い、台所の床上に食材を運び、座姿勢でまな板を使用して調理をしたとすべきである。調理作業の動線からすれば、いちじるしく非能率的な作業をしていた。こうした能率を無視した調理作業がなされた要因として、高床の坐に関する精神性があったと考えられる。土間で下ごしらえはしても、最後の調理は床の上で行なうという方法は、

床の生活と土間の生活に異なった精神が存在したことを示している。まな箸を使用する調理に至っては、畳の上に大型のまな板を置いて調理をしていたのである。

まな板の使用は、出職の魚売りや野外での宴を除けば、基本的には床坐で使用されてきた。十九世紀初頭になると、図113・114・116に見られるように、土間での立姿勢で対応する作業も見られる。調理に関する動線が短くなり、作業がすこし合理的になった。しかし、こうした土間での立姿勢によるまな板の使用は、京坂や江戸の一部に限られており、特に地方の家庭で普及したとは思えない。

六　中世から近世の絵画資料に見られるまな板の形状

中世から近世の絵画資料に見られるまな板を中心に、まな板の発達を考えると、次のような分類になる。この分類を系譜的にまとめたのが、図118である。
①A——平板タイプ
②B——蒲鉾形甲板反り足タイプ
③B1——蒲鉾形甲板垂直足タイプ
④B2——蒲鉾形甲板四方転び長足タイプ（絵画資料には見られない）
⑤B3——蒲鉾形甲板桟足タイプ
②C——平板形甲板反り足タイプ
⑦C1——平板形甲板垂直足タイプ

⑧C2――平板形甲板四方転び長足タイプ
⑧C3――平板形甲板栈足タイプ
⑨D――平板形甲板板足棚式タイプ
⑩E――平板形甲板垂直足柱立タイプ

A平板タイプ

Aの平板タイプは、建築材の二次利用も含め、板を利用した単純なまな板である。当然両面の利用が可能で、薄くなるまで使用された。B1、B3、C1、C3タイプも足がなくなって、結果的にはAの平板タイプになった。ただし、その場合はまな板が厚く、過去の薄い平板タイプと類型的には同じでも、区別しておく必要がある。特にまな板の上面に丸みのある厚いタイプはBタイプとの関連も考慮しなければならない。

B蒲鉾形甲板反り足タイプ、C平板形甲板反り足タイプ

反り足は、平安後期の唐櫃に認められる。(77) 十二世紀末に制作された『地獄草紙』では、すでに反り足のまな板が描かれており、Cタイプに属する。富裕層のまな板については、わが国の独自性が強い反り足が中世初期に定着していたと考えられる。

蒲鉾型甲板反り足タイプの初見は、鎌倉後期に制作された『松崎天神縁起』である。このタイプは絵画資料ではCタイプより百年以上遅く出現する。蒲鉾型甲板は中国の俎には見られないため、日本の独自文化と位置づける。反り足は中世前期の特徴である。その後反り足は徐々に衰退するが、江戸期のまな板にも少数認められる。唐櫃や荷唐櫃という収納具の文化にも同様の傾向があることから、足を付加した用具

全体における意匠性の変化と捉えることもできる。

B1蒲鉾形甲板垂直足タイプ、C1平板形甲板垂直足タイプ

C1タイプは十三世紀前半の『北野天神縁起』『粉河寺縁起絵巻』に描かれている。この垂直の足は必ずしも四角柱とは限らない。『北野天神縁起』の足はかなり扁平に表現されている。こうした傾向は近世のまな板に多数認められる。

B2蒲鉾形甲板四方転び長足タイプ、C2平板形甲板四方転び長足タイプ

これまでのまな板研究では指摘されなかったタイプとして、B2、C2を挙げた。このタイプを四方転《ころ》び長足タイプと規定しておく。絵画資料においては、C2タイプが江戸時代前期に制作された『洛中洛外図屏風(旧池田本)』に一例認められる。[78]この描写場面では、井戸端で大型魚を立姿勢にて調理するのに用いたと判断した。絵の精度が低いので断定できないが、足の高さは立姿勢への対応と推察される。屋外での魚の下ごしらえに使用したと見ることも可能で、屋内で使用するまな板とは機能が異なるように思える。

B2タイプは、中世および近世の絵画資料からは見いだすことができない。しかしながら、現存する民俗資料には、図119[79]のような上部にすこし丸みのある長足タイプがある。このまな板は大分県の玖珠町で昭和二十年代まで使用されていたものである。長さ六〇cm、幅二八cm、高さ二八cm、甲板の厚さ四cmである。甲板の中央部は端部より五mm程度高く、丸く削りだしている。自宅で飼育する鶏を野外で調理する際に使用したもので、ハレの行事には欠かせない調理用具だった。少数ではあるが、B2タイプも近世より実在したと想定した。

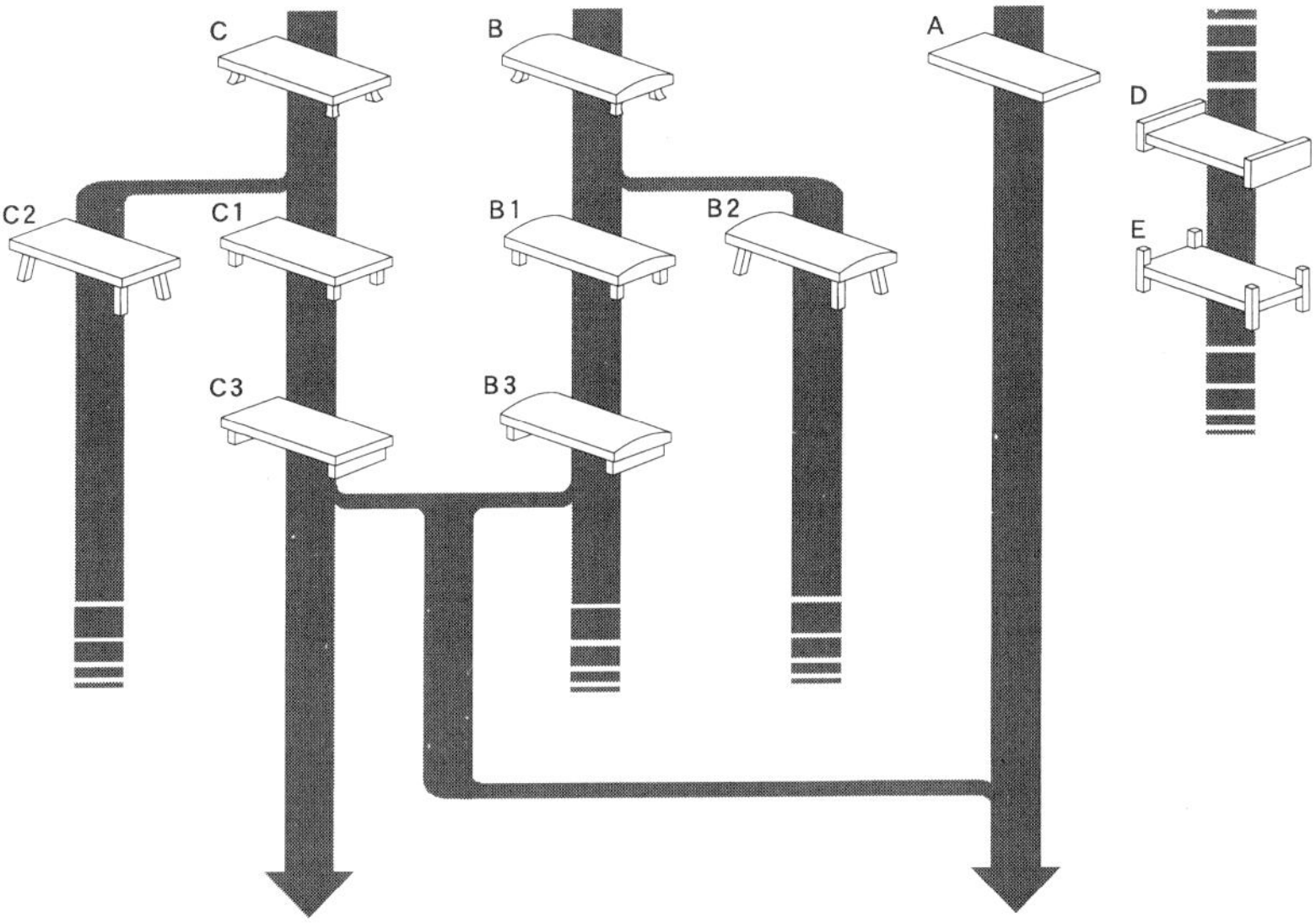

図118　絵画資料に見られるまな板の形状

図119　蒲鉾形甲板四方転び長足タイプのまな板（大分県日田郡玖珠町）

B3蒲鉾形甲板栈足タイプ、C3平板形甲板栈足タイプ

栈足が絵画資料に登場するのは十八世紀初頭である。発掘資料では低い栈足が中世前半の遺構から出土している。この発掘品は木釘を使用したもので、蟻接合を施した近世のタイプとは意匠面に類似性は認められても、木材の接合方法が根本的に異なる。四本足から徐々に栈足が主流となった理由がよくわからない。一種の流行と言ってしまえばそれだけのことだが、四本足より接合面の大きい栈足の方が、甲板の変形を防ぐ力があることは間違いない。しかし、そうした強度面だけの理由で、足の変化を論じることはできない。構造と意匠の両面から検討することが今後の課題となる。

D平板形甲板板足棚式タイプ、E平板形甲板垂直足柱立タイプ

Dタイプは『春日権現験記絵』（十四世紀前半）、Eタイプは『酒飯論絵詞』（十六世紀初頭）にそれぞれ一例しか認められないことから、継承性がないと見ていた。しかしながら『酒飯論絵詞』のまな板でも述べたように、『古事類苑』での指摘から、実際には近世においても一部の地域で使用されていた。D・Eタイプは、共に両面の使用が可能である。ところが、描かれている場面は、ことさら生活の経済性をまな板を通して示しているわけではない。このことから、当初は小型の調度性を兼ね備えたまな板として、DおよびEタイプが出現し、その後Eタイプは一般の家庭にも普及したと考えられる。

図118で示した発達過程は、先行するタイプがすべて新しいタイプに席巻されるというものではなく、一部は現在まで継承されていることを前提としている。ほとんど見られなくなったのがBの甲丸タイプとB・Cの反り足である。

第四章　日本の近代に使用されたまな板

一　はじめに

明治期になると、新たに設置された学校では椅子と机で学習する習慣が確立し、官公庁も職場では椅子坐を採用する。住宅内においても椅子坐が応接間を中心に明治後期より徐々に増加するが、これは上流社会に限られていた。

第三章において、江戸時代後期にまな板を立姿勢で使用する絵画資料を紹介した。必ずしも明治時代より欧米の影響によって、立姿勢でまな板を使用するようになったわけではないが、富裕層を中心に次第に欧米の生活文化を受け入れ、明治中期以降になると立姿勢でまな板を使用する人が都市部で増加したことは事実である。しかしながら、日本人の大半は、明治期の後半においても床坐でまな板を使用していた。

明治後期あたりから台所の改善が主張されるようになり、女性の研究者による啓発活動がなされる。大正期以降の女性誌には、女性の家事労働の軽減のため、台所における立作業、作業動線、衛生についての記事がめだつようになる。

本章においては、雑誌に記載された調理作業を紹介しながら、明治、大正、昭和前期におけるまな板の変化について考察する。

二　明治時代のまな板

(1)　これまで紹介された明治時代のまな板

既存の刊行物に掲載されている明治期のまな板は意外に少ない。また単独でまな板を解説してはおらず、あくまでも台所文化の一環として位置づけているだけである。まな板を含む台所の画像資料は次のような内容となっている。

①『日本人の住まい』[1]
②『厨房心得』——一八八〇（明治十三）年[2]
③『東京風俗志』——（明治三十年代）[3]
④『おもちゃ絵』——一八九六（明治二十九）年[4]
⑤『台所の改良』——一九〇七（明治四十）年[5]
⑥「日本女子大学寮の食事準備」（写真）——一九〇九（明治四十二）年[6]
⑦『四季料理』——一九一〇（明治四十三）年[7]

明治前期に日本を三度訪れたモースは、東京周辺の台所を観察し、何枚かのスケッチを遺している。モースのスケッチは『日本その日その日』『日本人の住まい』に収録されており、まな板は『日本人の住まい』

に二例認められる。[8] 描かれているまな板にはいずれも二本の栈足が付けられ、似たような形状をしている。この二つのまな板の事例は特に富裕層の台所を対象とはしておらず、中流の生活をスケッチしたものと推察される。モースはスケッチと共に生活品の収集を行ない、現在アメリカでモースコレクションとして保管されている。そのコレクション中に、スケッチと同様の栈足が付けられたまな板が認められる。モースのスケッチや収集品を通して見た場合、明治前期では栈足のまな板が、東京周辺の生活者が使用する一般的な形態だったということになる。まな板の甲板の大きさ自体は、現在使用される木製タイプと大差なく、すこし甲板が厚い程度である。

上記の資料で際立って大型のまな板を描いているのは『厨房心得』『四季料理』である。前者は江戸後期の生活文化と共通した要素も多く、座姿勢でまな板を使用している。後者は明治末期の生活を表現したもので、立姿勢で主婦がまな板を使用している。後者のまな板に付けられた栈足はかなり低くなっている。この足の高さに関する変化は立姿勢への対応と読み取れる。

『東京風俗志』は、いくつかの刊行物に明治中期の生活を示す資料として掲載されている。箱形流しの前に小さなまな板が立て掛けられている。このまな板は床坐で使用されたと思われる。

『おもちゃ絵』は子供の遊び用に作られた木版画である。明治二十年代末でも、勝手道具は江戸末期と共通するものが多数ある。まな板は甲板の上部が蒲鉾形に削られており、いせ辰の勝手道具では、まな板は栈足で、足の高さが三寸程度ありそうだ。まな板はすべて床坐を対象としたものに描かれている。

『台所の改良』では、ある家庭の台所に、流しの横に二つのまな板が掛けられている。しかしながら足の有無や使い方については触れていない。

「日本女子大学寮の食事準備」は、明治末の寮生活を紹介している。流しは立って使用するが、まな板は板の間に置いて使用している。新しい女子教育の場においても、作業姿勢は新旧の方法が入り交じっていたようだ。

⑵　婦人向け刊行物に掲載された明治時代のまな板

明治中期あたりから婦人用図書の刊行物が見られるようになり、明治末には婦人用雑誌も都市部を中心にすこしずつ読まれるようになった。こうした婦人向け刊行物に示された台所とまな板は次のようなものである。

①『通信教授女子家政學　前編』――一八九〇（明治二十三）年
②『DOMESTIC JAPAN, JAPAN DAILY LIFE VOLUME 1』――一八九五（明治二十八）年
③『家庭寳典　臺所改良』――一九〇七（明治四十）年
④『婦人画報』――一九〇九（明治四十二）年六月号
⑤『婦人画報』――一九一一（明治四十四）年九月号
⑥『婦人画報』――一九一二（明治四十五）年一月増刊号

『通信教授女子家政學　前編』

①の『通信教授女子家政學　前編』では、図120[9]のような台所の設計案を提示している。この台所は中央に竈があり、アメリカで台所改善を提唱したキャサリン・ビーチャーが『アメリカ女性の家庭』に示した台所の設計案[10]を邦訳したものである。『通信教授女子家政學』そのものがビーチャーの研究を紹介したも

のであり、日本の家政学構築のお手本にしている。原著の cook をなぜかマナイタと訳している。

『DOMESTIC JAPAN, JAPAN DAILY LIFE VOLUME 1』

②の『DOMESTIC JAPAN, JAPAN DAILY LIFE VOLUME 1』[11]は、海外に日本の文化を紹介することを目的としたものであり、婦人向け刊行物ではないが、貴重な資料なのでここに加えた。図121が台所を紹介した部分で、土間には箱形流しが置かれている。まな板は Fig.17 のようなもので、甲板上部に丸みがあり、桟足になっている。このまな板は、当時の都市部における標準的なものであったようだ。その根拠は『普通木工教科書』に見られる図122[12]のまな板を通して考えてみる。

『普通木工教科書』は一八九七（明治三十）年に刊行されたもので、和家具の製作に関する教科書である。図122のまな板は、長さ四五・五cm、幅二四・二cm、甲板厚三cm、高さ九・一cmとなっている。甲板上部に丸みがあり、甲板の両端を中央より六mm低く削っている。足の高さについては、江戸時代後期のものや、同時代の『厨房心得』『おもちゃ絵』に見られるタイプよりすこし低く感じる。図122は教科書に掲載されている図であることから、少なくとも特殊な形態ではなく、一般の家庭用まな板を想定したものである。すなわち、まな板の標準化が都市部では進行していたことになる。実は図122の甲板の寸法は、現在の市販される木製まな板とよく似ており、百貨店で売られる木製まな板では、大きなサイズに相当する。

筆者の知る限り、明治初期以降の一般的なまな板に対して、図122のような上部に丸みを付けていたことに着目した研究は一例もない。江戸期には多数見られた蒲鉾形の甲板は、明治中期においても継承され、標準的な仕様として広範な地域で認知されていた。こうした表面に曲面のある図121 - Fig.17 のまな板を外国人に紹介していた日本人は、百年後にはそのようなまな板が存在したことさえ知らない。

図 120　キャサリン・ビーチャー設計の台所
(『通信教授女子家政學　前編』)

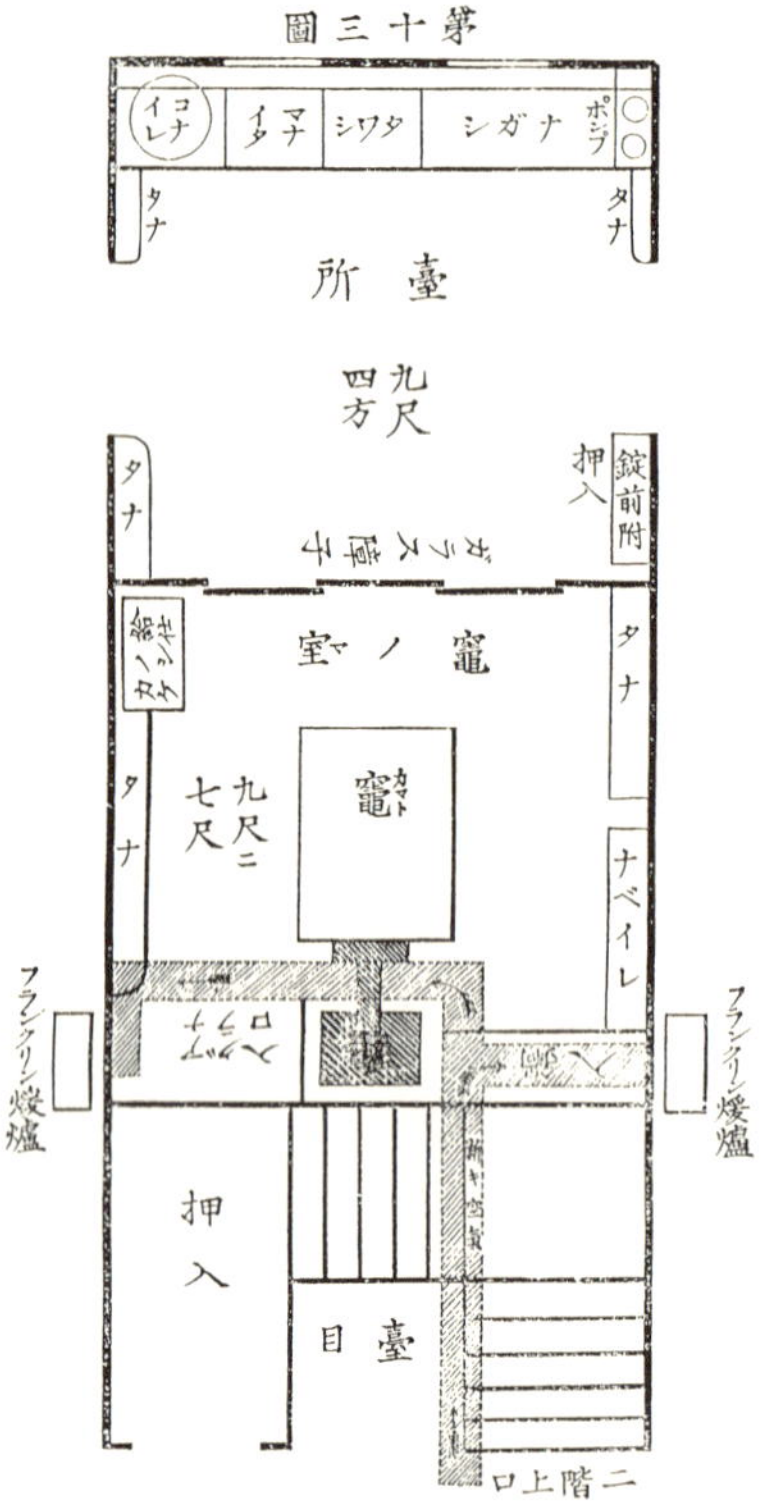

図 121　明治中期の台所
(『DOMESTIC JAPAN, JAPAN DAILY LIFE VOLUME 1』)

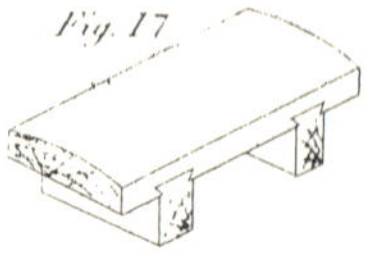

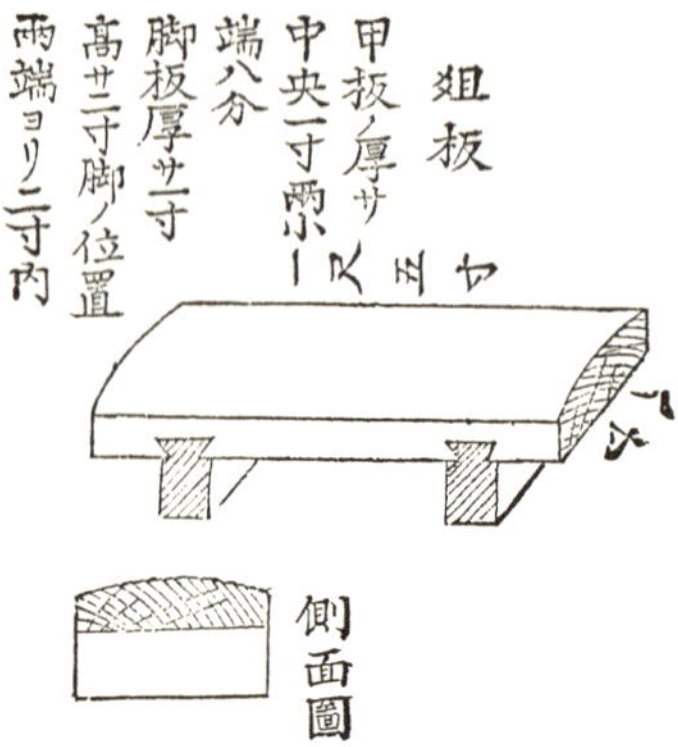

図 122　まな板（『普通木工教科書』）

図 123　まな板の改良（『家庭寶典　臺所改良』）

図 124　上流家庭の台所とまな板（『婦人画報』明治 42 年）

図 125　流しの角で使用するまな板（『婦人画報』明治 44 年）

図 126　上流家庭の台所とまな板（『婦人画報』明治 45 年）

『家庭寶典　臺所改良』

③には図123-ア・イ・ウに示したように、まな板に関する画像資料が三つ認められる。『家庭寶典　臺所改良』の目的は、衛生的で能率的な台所仕事の改良にあった。その一つがまな板の形態、構造や使用法に関する改良である。アは足の部分を金属にし、使用しないときには折り畳めるという可変式にしている。似たような構造が他の刊行物にも見られることから、おそらくこのまな板は特許を申請していたと思われる。イは立姿勢による作業が、身体動作としても合理的だと説いている。ウは井戸の脇で大量の水を使用して衛生的に魚の調理をすることを奨励している。おもしろいのは、アのまな板に関する改良の根底に、既存の栈足に関する構造を肯定的に受け入れている点である。約百年前の明治末においては、台所の改良を提案する知識人でも、まな板に足が必要であると考えていた。(13)

『婦人画報』明治四十二年六月号

④は一九〇九（明治四十二）年の『婦人画報』に掲載された図124の台所とまな板である。「三井三郎助氏の瓦斯庖廚」という紹介があることから、当時の最先端の台所ということになろう。まな板はアイランド型の調理台の上に置かれている。足はなく、長さ一五〇cm、幅四五cm、厚さ六cm前後というかなり大型のものである。三井家では、一流の料理店で使用する業務用タイプに匹敵する高級なまな板を使用していた。

『婦人画報』明治四十四年九月号

⑤は図125の場面である。「女子美術学校に於ける割烹講習會（鳥の料理）」という記事で、二人の女性が流しの角にまな板を置いて調理をしている。こうした使用方法は、足のないまな板しかできない。流しの

角を利用したまな板の使用方法は、どこまで遡ることができるのだろうか。箱形流しは江戸期にも使用されるが、流しの中や角でまな板を使用する場面は描かれていない。明治期になるとしゃがんで使用する流しで、桶の上にまな板を置いた図がある[14]。このことから、立姿勢に限らず、座姿勢でも流しを利用してまな板を使用する方法は、明治後期にはすでに定着していたといえる。

『婦人画報』明治四十五年一月増刊号

⑥は「上流家庭の若妻の生活」というタイトルで掲載された図126の記事である。若妻とは左の女性で、早い話が台所に立って調理作業を見ているだけで何もしていない。料理をしているのは女中さんである。やや甲板が厚く、桟足のまな板を調理台の上で使用している。調理台がすこぶる高く、まな板のてっぺんまでは地上九〇㎝近くありそうだ。当時の女性の平均身長が一五〇㎝程度であるとすれば、このような高さでは力の必要な包丁さばきは難しい。確かに慣れるという問題もあるが、よくこれだけの高さで調理を毎日したものである。悪い勘繰りかもしれないが、写真取材用に普段は使用しない調理台の上で、新品の足付きまな板を使用した可能性もある。

明治中期から末期までの六例の資料を通して、台所とまな板を概観した。明治末期の東京市では、大型の足付きまな板を床坐で使用するといった習慣は減少していたように思える。女子の高等教育では家政学の基礎を欧米の先進文化圏に求め、日本の床坐文化の改良を目標に据える。この改良という精神が生活の近代化を進めるキーワードとなっていった。

三　大正時代のまな板

大正期は十五年という短い期間ではあるが、生活史の上では近代化に関する大きな転機となった時代であった。大正中期は第一次大戦によって社会全体が好景気に沸き、教育においても自由な気風が盛んに啓発され、デモクラシーを基盤に新たな思想の形成が知識人を中心に繰り広げられる。明治後期より実践されるようになった生活の改良は、婦人雑誌でも数多く取り上げられ、台所もその中心的な対象となった。

大正後期は一九一八（大正七）年の米騒動に象徴されるように、庶民の社会に対する不満がエスカレートしていく。労働争議が各地で勃発し、デモやストライキが繰り広げられる。そうした情勢下にあっても、サラリーマン層を軸とする新たな市民層が台頭し、生活の都市化、すなわち洋風化が進行する。婦人雑誌はこの新たな市民層を取り込み、発行部数も増加する。ここでは婦人雑誌・教科書に掲載された台所とまな板を下記のようにまとめ、大正期の生活の改良について考える。

①『婦人之友』――一九一三（大正二）年六月号
②『婦人之友』――一九一三（大正二）年十月号
③『婦人画報』――一九一四（大正三）年四月号
④『家事教科書　高等小學校理科　第二學年教師用』――一九一五（大正四）年
⑤『高等女學校　家事教科書　上巻』――一九一六（大正五）年
⑥『應用　家事教科書　上巻』――一九一七（大正六）年
⑦『婦人之友』――一九一七（大正六）年三月号

⑧『主婦之友』──一九一七（大正六）年十一月号
⑨『主婦之友』──一九一八（大正七）年七月号
⑩『主婦之友』──一九二三（大正十二）年九月号
⑪「戦後改革以前の武蔵野の民家」──大正中期
⑫『婦人公論』──一九二五（大正十四）年十二月号
⑬『婦人之友』──一九二六（大正十五）年一月号

『婦人之友』大正二年六月号

①は「今晩の御馳走」と題する図127のイラストで、床に正座をしてまな板を使用している。豆腐のようなものを切っているのであろうか。包丁は菜切り包丁のように見える。まな板は大きくはないが甲板が厚く、栈足になっている。高さはおそらく一〇cm程度で、甲板の厚みに対して足の高さがやや低い。台所の印象としては江戸後期の生活スタイルといまだ共通する部分が多い。

『婦人之友』大正二年十月号

②には、水町たつ子が設計した図128のような調理台が掲載されている。部屋の端に置くタイプではなく、アイランドタイプになっている。水道とは直結していないため、台上に桶を用意している。大きさは二種類設定されていて、大（二尺四寸×三尺五寸×一尺六寸）、小（二尺四寸×二尺八寸×一尺四寸）となっていた。高さは二尺四寸（七二・七cm）ということから、当時としてもそれほど高くはない。ところが図128は平均的な女性の身長（一五〇〜一五二cmと仮定して）からすれば、ずいぶん調理台が高く描かれている。まな板

は足のない小型のもので、長さはおそらく四〇cmにも満たない。

図129-ア〜オは、[15]図128のイラストがどうも七二・七cmより高く見えることから、調理台と同じ高さの台、さらに三寸（九・一cm）高い八一・八cm、四寸（一二・一cm）高い八四・九cmの台を再現し、身長が一五三cm、一六一cmの女性にモデルとなっていただき、図128のイラストを検証した。

ア・イ・ウは一五三cmの女性を撮影したもの、またエ・オは一六一cmの女性を撮影したものである。この五通りの写真により、図128は身長一五三cmの女性が高さ八五cm程度の調理台を使用していることになり、人体と装置の関係を示す設計案としては、整合性に欠ける内容となっている。また調理台の幅を一尺六寸（四八・五cm）としているが、図128ではかなり広く感じる。この点も納得できない。

図128では足のないまな板が、かなり小さく表現されており、どうもその理由がわからない。台所の改良は総じてまな板を小さく設定する傾向にあった。

『婦人画報』大正三年四月号

③は「當世奥様うらおもて」という特集に見られるもので、図130に示した。典型的な床坐の台所を紹介している。土間には竈・箱形流しがあり、主婦はまな板の前に座して調理をしている。まな板は栈足で小型である。こうした台所が都市圏においても大正前期では多数あった。図130を見る限り、江戸後期の台所とそれほど大きな変化は感じない。

『家事教科書　高等小學校理科　第二學年教師用』、『應用　家事教科書　上巻』

④の『家事教科書　高等小學校理科　第二學年教師用』と⑥の『應用　家事教科書　上巻』は、図31[16]と

図 128　調理台とまな板
（『婦人之友』大正 2 年 10 月号）

図 127　まな板
（『婦人之友』大正 2 年 6 月号）

図 130　台所とまな板（『婦人画報』大正 3 年 4 月号）

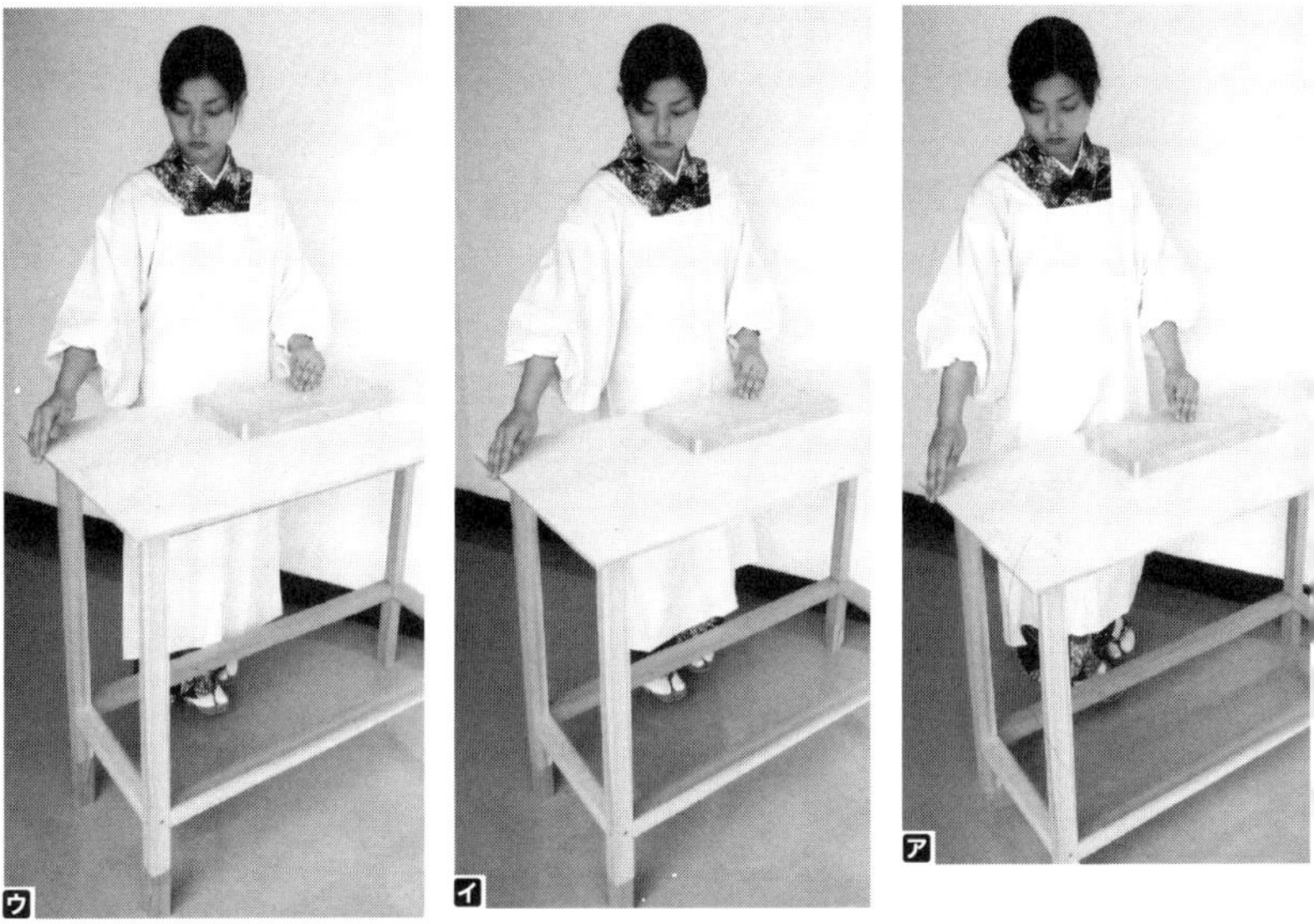

図 129　調理代の高さと人体寸法との関係

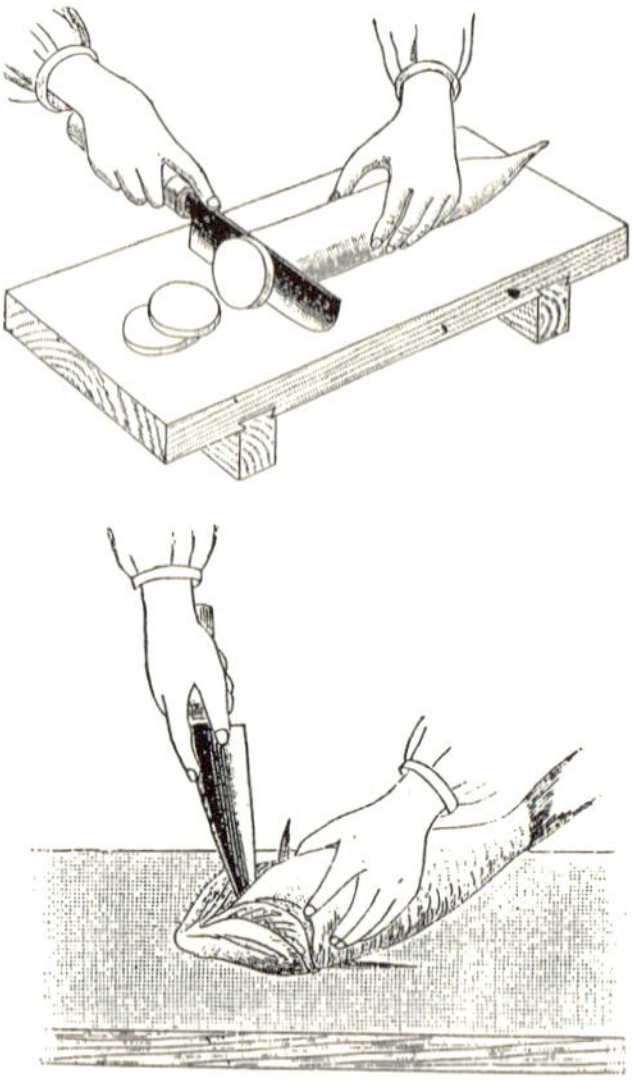

（方 り 取 の 鰓）

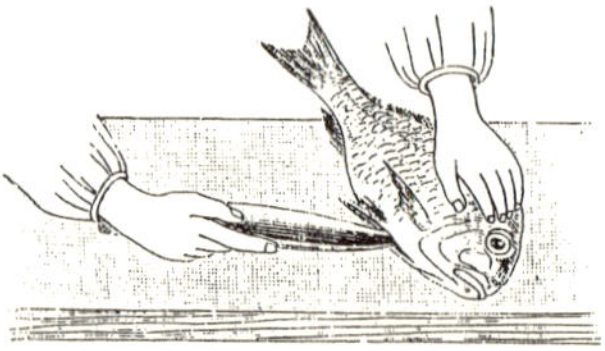

（方 り 取 の 腸）

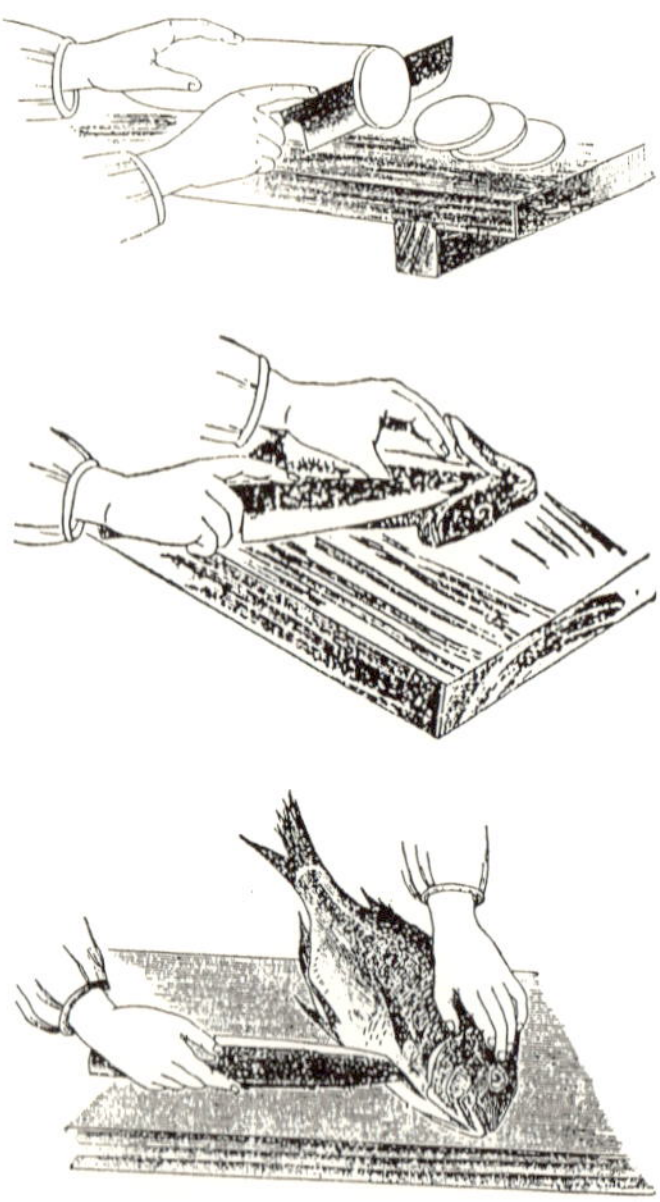

↗図 131 まな板での調理
（『家事教科書　高等小學校理科』）
⬆図 132 まな板での調理
（『應用　家事教科書　上巻』）

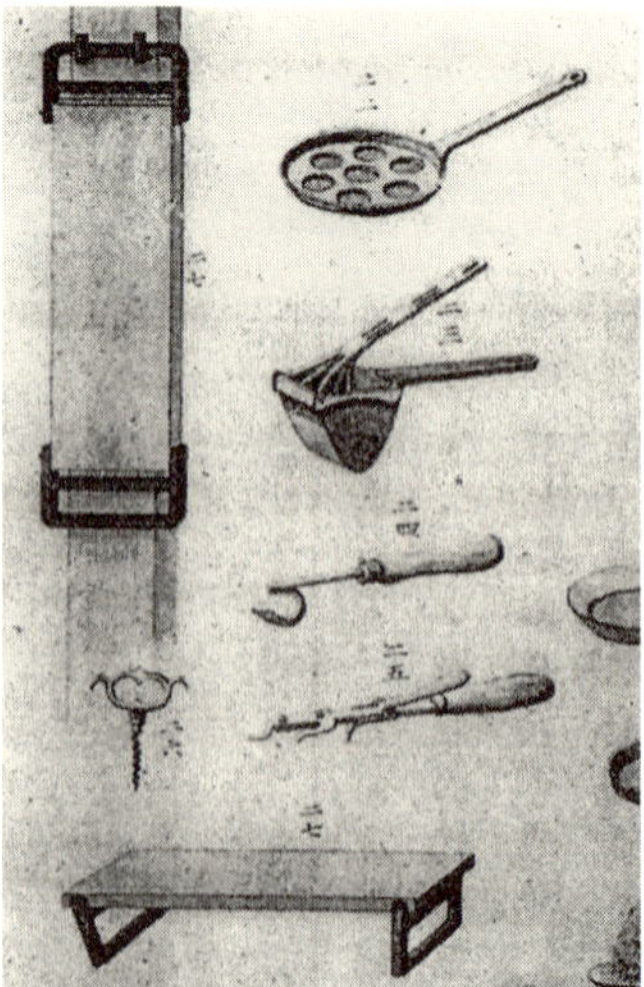

図 133　改良まな板
（『高等女學用　家事教科書　上巻』）

図 134　まな板（『婦人之友』大正 6 年 3 月号）

図 135　まな板（『主婦之友』
大正 6 年 11 月号）

図 137　まな板
（『婦人之友』大正 12 年 9 月号）

図 136　まな板
（『主婦之友』大正 7 年 7 月号）

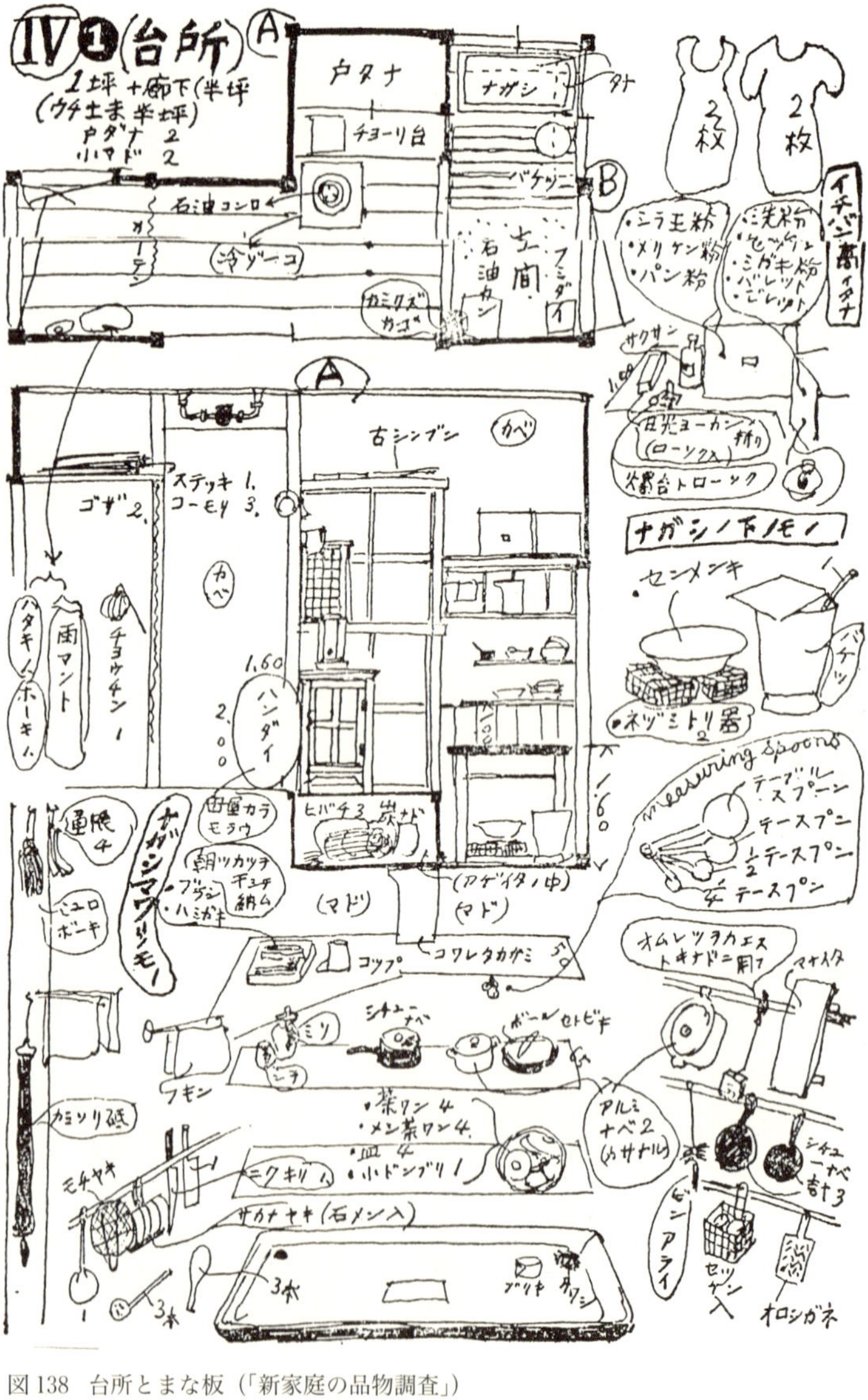

図 138　台所とまな板（「新家庭の品物調査」）

図132⑰に示した。共に野菜と魚の調理方法を解説したもので、野菜は桟足のついたまな板で調理をし、魚は足のないまな板で調理している。つまり二種類のまな板を使用している。魚と野菜という用途でまな板を変えるならば、同じ足付きのまな板でよいはずである。あえて魚を足のないまな板にしたのは、箱形流しのような、常に水をふんだんに使える場所を想定したためと筆者は考える。図128のような水を少量しか使えない調理台で魚を調理するのとは、基本的に考えが異なる。鰓《えら》や腸を切り取った後で、日本人は魚を必ず洗う。流しの角を利用してまな板を使用するには、どうしても足がじゃまになる。まな板の足が廃れていく要因の一つとして、流しを利用した魚の調理方法を挙げることができる。

『高等女學校　家事教科書　上巻』

⑤の初版は一九一一（明治四十四）年であることから、図133⑱に見られるまな板は、それ以前に開発されたものである。先の図123-アに示した『家庭寶典　臺所改良』は一九〇七（明治四十）年に刊行されているので、こうした可変式の足は一九〇七（明治四十）年以前に考案された可能性が高い。高等女学校の教科書では、従来の足付きまな板とは形態が異なっていても、やはり足の付いたまな板を奨励していたことになる。すこし疑問なのは、まな板が極端に細長い形状をし、板厚が薄いので、一定期間使用した後に表面を削ることが難しいという点である。どうも図133は、まな板という道具の本質からすこし外れたデザインを展開しているように思えてならない。換言すれば、近代化や改良という視点は、必ずしも機能や合理性の的を射ていないという指摘もできる。

『婦人之友』大正六年三月号

⑦は図134に示したように、料理講習会の一場面である。机のような台を調理台に見立て、すり鉢、皿、小鉢、まな板が置かれている。まな板の甲板上部は平らで桟足は高く、全体としては大型の類に入る。この場面で使用されるまな板は、もともと机（調理台）とセット化されたものではなく、講習会のために用意したものと思える。足の長さ自体が座姿勢用のものであり、座姿勢用の道具が立姿勢の作業に間に合わせで使われたというのが実態ではなかろうか。

『主婦之友』大正六年十一月号、『主婦之友』大正七年七月号

⑧は図135のイラストである。「いつまでも獨身ではをられないので今は貧乏世帯の世話女房で滿足」という文章が見られる。まな板の上で大根を調理することによって、貧乏世帯の世話女房と表現したのである。桟足のあるまな板、幅の広い包丁を座姿勢で使用している。貧乏所帯は、都市部においても床坐での生活が主体であった。

⑨は図136に示したもので、炭の買いだめをしようかと考えている場面を描いている。やはり庶民の生活を描写しており、桟足のまな板で大根を刻んでいる。調理する女性は正座ではなくしゃがんでおり、こうした姿勢でもまな板を使用していた。

『主婦之友』大正十二年九月号

⑩は図137に示したように、有名人の料理場面を企画したものである。モデルとなっている割烹着の女性はテニスの選手で、美人で知られた梶川久子嬢を起用している。箱形流しには水道の蛇口があり、流しの

角に足のないまな板を置いて調理している。この流しの角を利用する使用方法が、大正期には上流の家庭にも普及した。普及した理由は、水道の発達で流しの中と角で調理すると作業能率が高いと考えたからである。また図137では流しが床の上に備えられており、衛生的な面でも向上した。

「戦後改革以前の武蔵野の民家」、『婦人公論』大正十四年十二月号、『婦人之友』大正十五年一月号

大正期に今和次郎が行なった生活調査の中にも、まな板の形態と生活とのかかわりをうかがうことができる。大正中期あたりに調査を行なった⑪の「戦後改革以前の武蔵野の民家」では、坐姿勢で使用する流しの絵が描かれており、流しの中に桟足が付いたまな板のようなものが置かれている。[19]

⑫の「本所深川貧民窟付近風俗採集」では、「本所深川　女に入用な品物　附値段」と題したイラストの中に、桟足のまな板（値段三五銭）を描いている。[20] 貧乏な所帯でもまな板は必需品であった。

⑬の「新家庭の品物調査」では、若い夫婦の住む住宅調査で桟足のまな板をやや小型に描いている。[21] このイラストは図138に示した。まな板は洗った後に壁面に立て掛けられている。大きさは小型の類である。

⑪・⑫・⑬から見る限り、大正期には東京市の郊外の農家においては、坐姿勢にて桟足のまな板が使用されるが、都市部では立姿勢にて小型で低い桟足のまな板を使用していたことが理解できる。

四　昭和前期のまな板

①『主婦之友』――一九二七（昭和二）年四月号

②『主婦之友』——一九二七（昭和二）年八月号
③『住宅』——一九二八（昭和三）年四月号
④『主婦之友』——一九三〇（昭和五）年三月号
⑤『主婦之友』——一九三〇（昭和五）年七月号
⑥『住宅』——一九三三（昭和八）年二月号
⑦『住宅』——一九三三（昭和八）年十一月号
⑧『家の光』——一九三七（昭和十二）年三月号

『主婦之友』昭和二年四月号

①では図139に示したように、箱形流しの角に足のないまな板を置いて使用している。明治期の図125、大正期の図137と徐々にこうした流しの角でまな板を使用する習慣が定着する。立姿勢でまな板を使用する方法は、専用の調理台で行なうことと、流しを利用することの二つに大別されるようになる。現在は流しと調理台をセット化することが多い。ところが明治末の図126、大正初期の調理台のデザインである図128は、流しとは別に設置している。こうした二つの使用法は現在まで一部継承されている。

『主婦之友』昭和二年八月号

図140は「元ソプラノ歌手早川美奈子の新妻ぶり」というタイトルの記事に見られる台所風景である。台所にはやや低い小型の流し（ブリキ製?）が設置され、まな板はその前に掛けられている。使わないときは、衛生上からも風通しの良い場所にまな板を掛けておくという習慣は、日本全国で定着していた。まな板の

桟足は、掛けておくには好都合な形態をしていた。図140では桟足のあるまな板をどの場所で使用したのかがわからない。手前の台が食卓なのか、それとも調理台なのかが判別できない。仮に調理台であったならば、そこで桟足のまな板を使用した可能性もある。

『住宅』昭和三年四月号

③では図141-ア・イのような炊事台とまな板が掲載されている。[22] 大正後期あたりから、現在のキッチンシステムに似た炊事台が発売された。その代表的なものが鈴木商行の製品であった。図141-ア・イは昭和初期の炊事台で、流しと調理台がセット化（一体化ではない）されている。このような形式が、欧米の影響を強く受けて成立していることは言うまでもない。アは欧米スタイルを色濃く繁栄させており、アイランド型の調理台も配している。イは従来の流しに調理台をセット化したもので、比較的大きな足のないまな板を調理台に置いている。まな板の中央に俎という文字が見られる。大型まな板の使用を前提として調理台のスペースを検討した炊事台は、筆者の知る限り図141-イだけである。日本人の伝統的な調理作法をこの時期に取り込んだ発想は興味深い。

『主婦之友』昭和五年三月号

④は図142に示したもので、「令嬢の紹介――料理の練習」というすこし生活の実感に乏しい内容である。図142では包丁で何かの皮を剝いている。まな板は調理台の上に置かれ、足は付けられていない。先の図141のような炊事台は売り出されていたが、中流以上の家庭においてもさほど普及はしなかったようだ。図142のような独立した調理台が広く使用されていた。

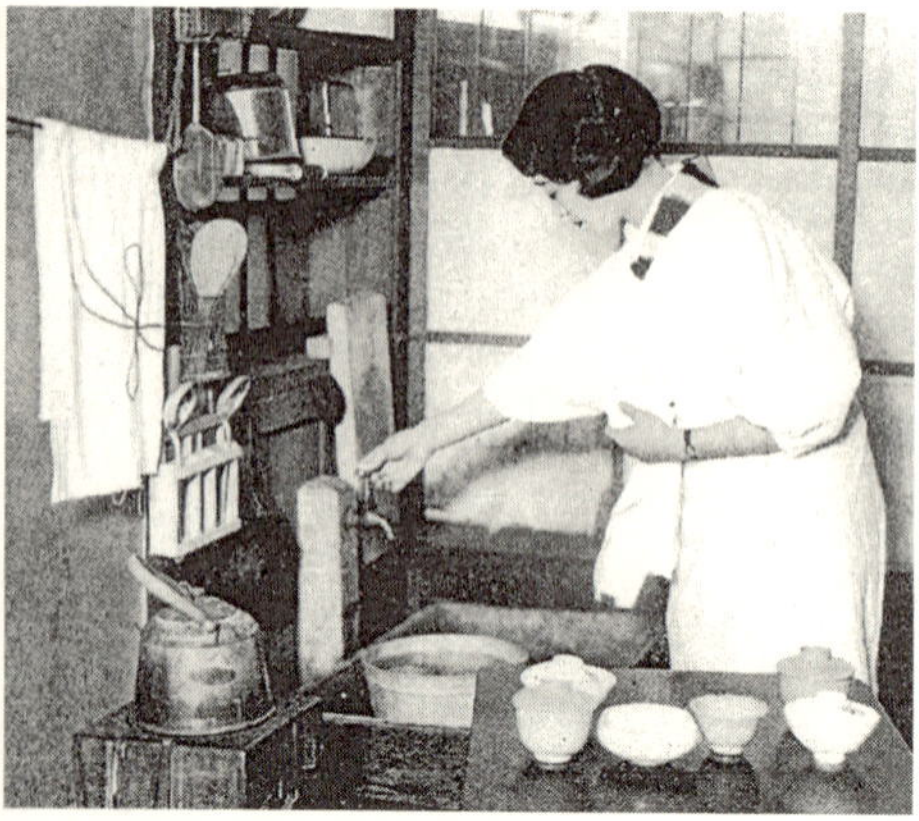

図 140　台所とまな板
(『主婦之友』昭和 2 年 8 月号)

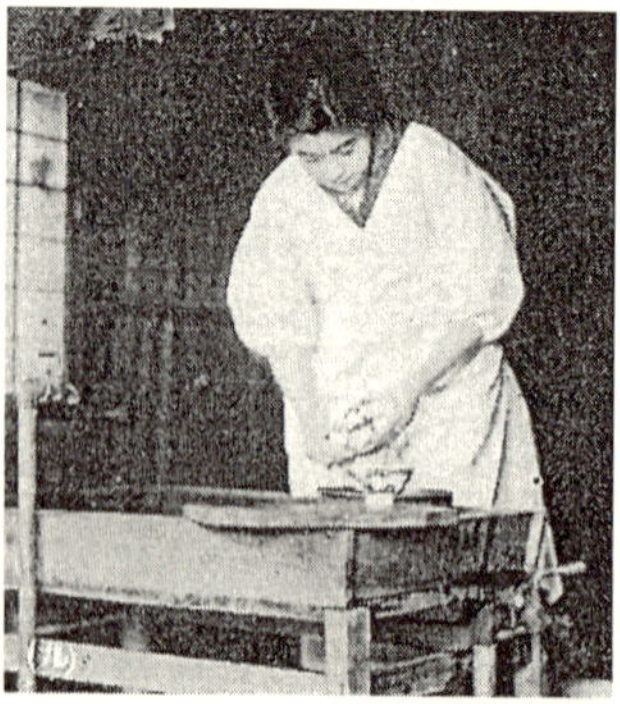

図 139　まな板
(『主婦之友』昭和 2 年 4 月号)

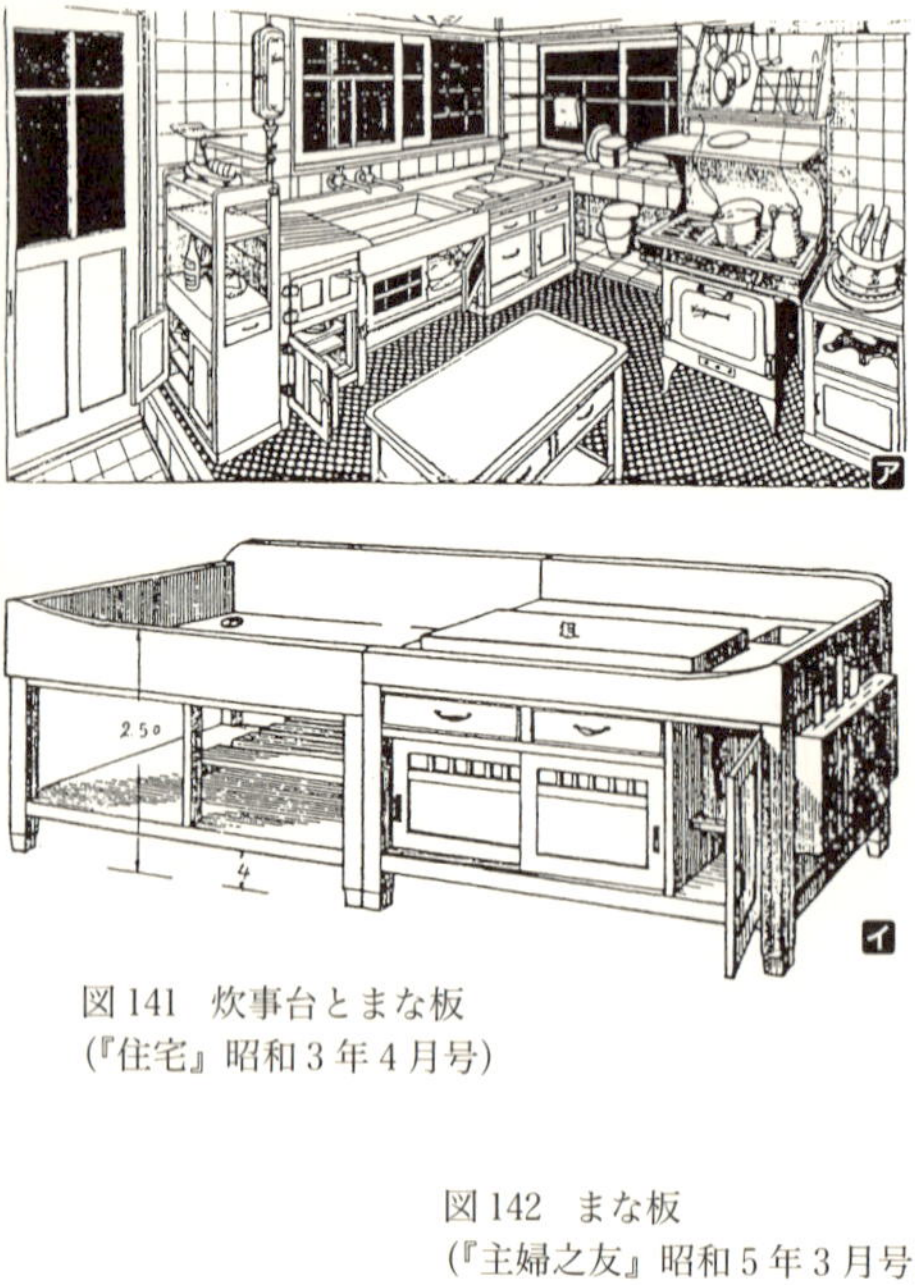

図 141　炊事台とまな板
(『住宅』昭和 3 年 4 月号)

図 142　まな板
(『主婦之友』昭和 5 年 3 月号)

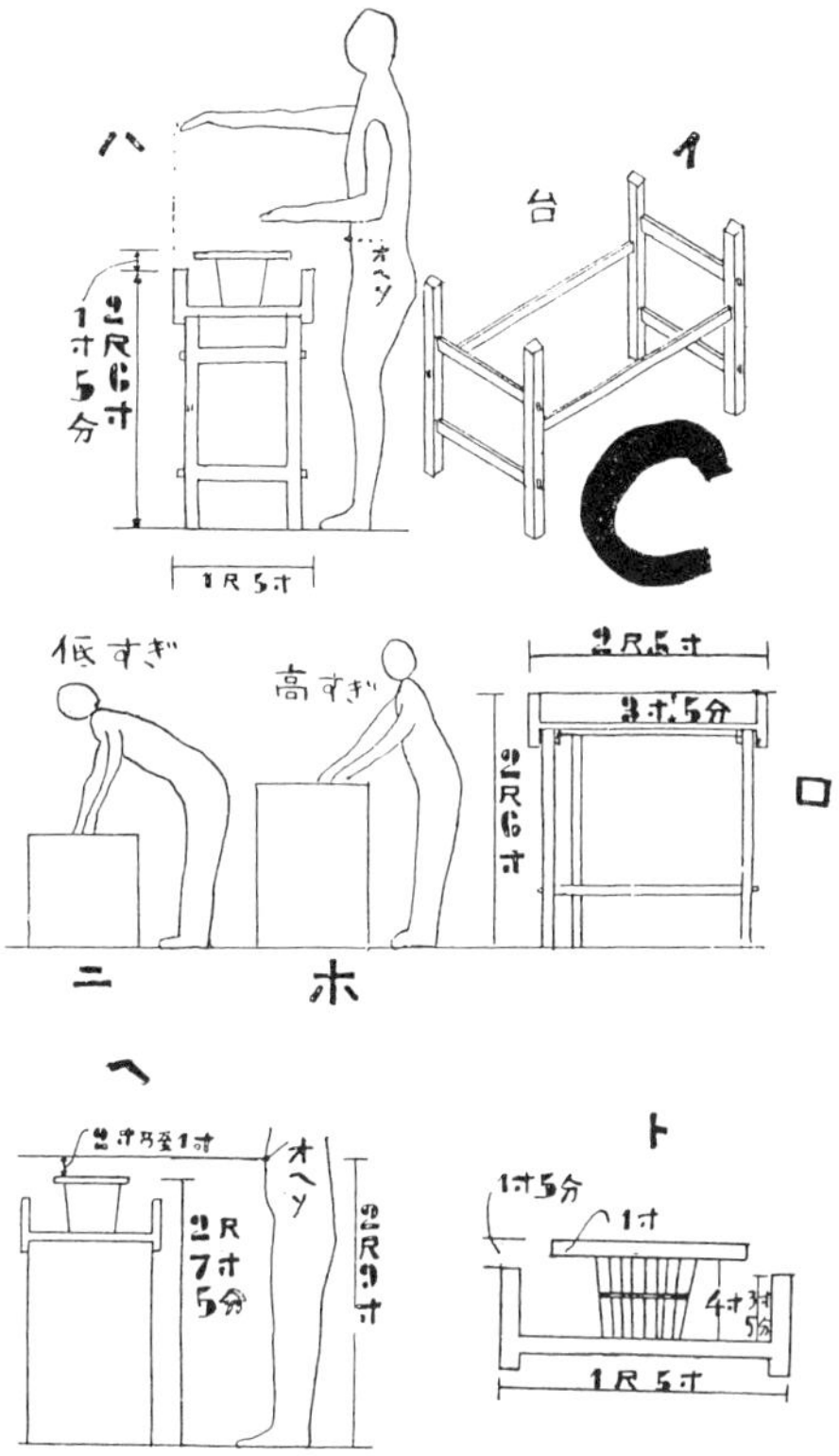

図 145　流しとまな板の関係
(『住宅』昭和 8 年 11 月号)

⬆図 143　台所とまな板
(『主婦之友』昭和 5 年 7 月号)

図 144　台所とまな板
(『住宅』昭和 8 年 2 月号)

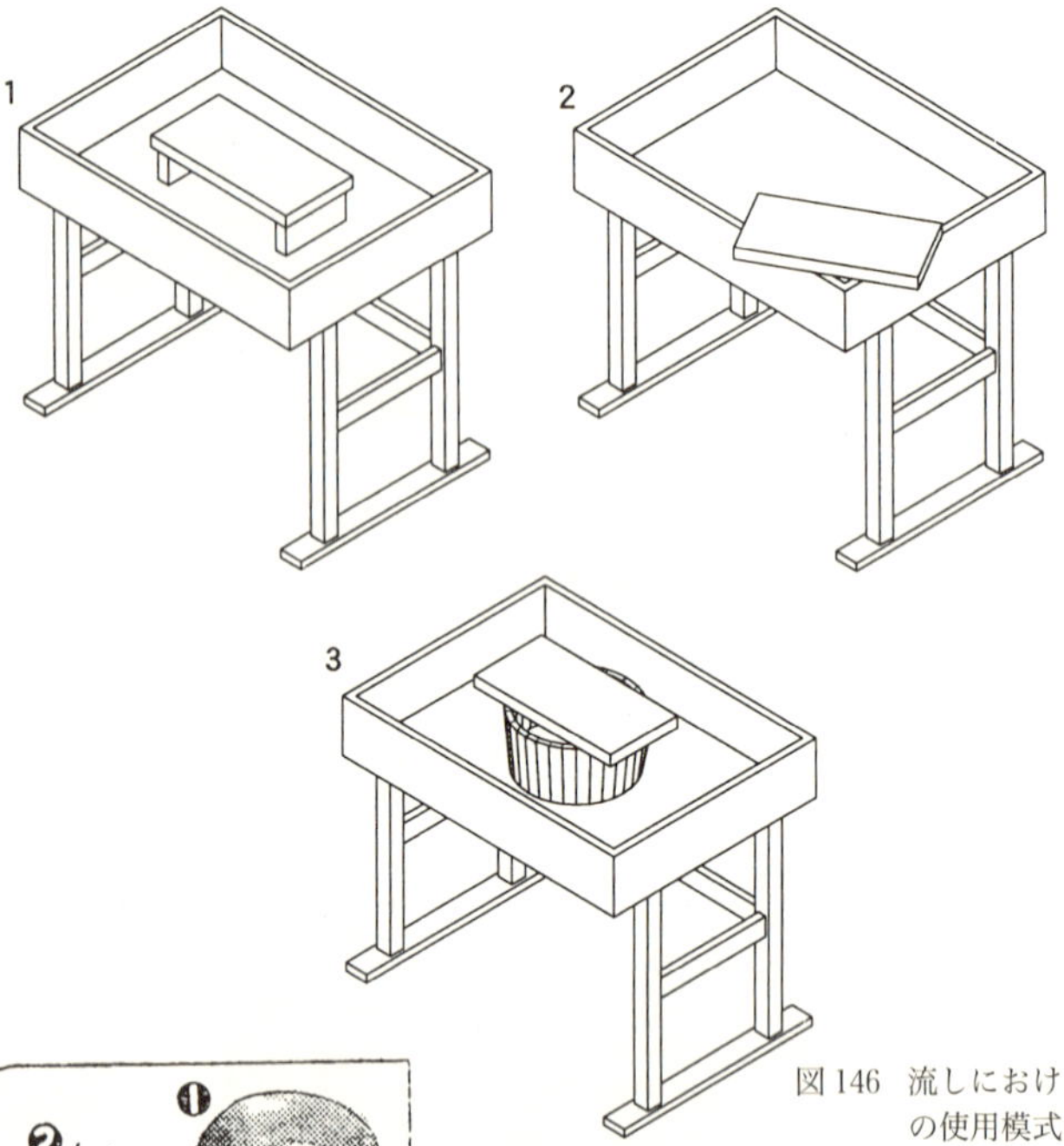

図 146　流しにおけるまな板の使用模式図

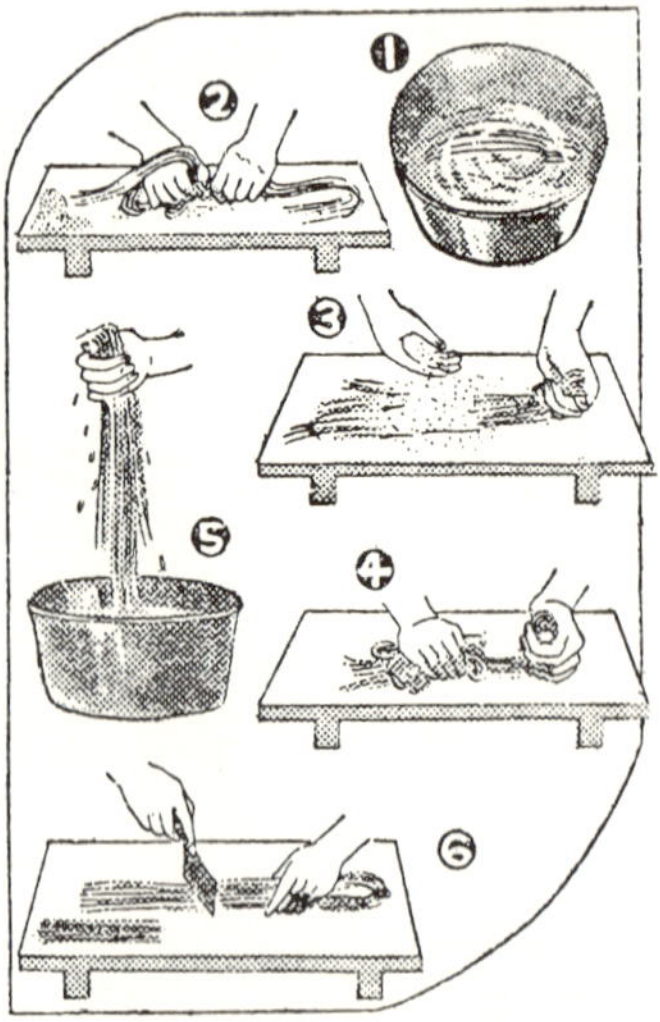

図 148　干瓢の調理とまな板
(『家の光』昭和 12 年 3 月号)

図 147　流しの角を利用したまな板
(福島県郡山市)

『主婦之友』昭和五年七月号

この内容は図143に示した。④と同様の連載記事で、能楽の梅若家に嫁いだ梅若薫子夫人を取材したものである。婦人雑誌の定番として有名人を台所仕事という日常生活の場に登場させ、読者に夢を提供している。「お食事の出来上るまで」という見出しが示すように、料理自体の内容に重きを置いた記事ではない。美人の新夫人が調理しているのは魚のように見える。流しはコンクリート製で、流しの中に栈足のまな板を置いている。簀の子の上に置いているのか、または直に流しの上にまな板を置いているのかは判断できない。いずれにしても、流しの中で足のあるまな板を使用する貴重な事例である。

『住宅』昭和八年二月号

図144は、あめりか屋大阪店が設計・施工したもので、和洋折衷的なダイニングキッチンとなっている。手前左にはタイル張りの流しがあり、その脇は調理台となっている。栈足のまな板が調理台に置かれているが、スペースにゆとりがある。奥には冷蔵庫が収納されており、全体として作りつけの収納スペースが多い。食器棚を置くのではなく、当初から食器収納スペースを設置する考え方は、江戸時代の『女諸礼集』にも見られることから、古い和風の伝統も取り込んだ設計という指摘もできる。栈足のあるまな板も和風のイメージを醸し出している。

キッチンセットを部屋に置き、そのセットを箱状に構成して収納スペースを作るという設計方法は現在も台所設計の主流になっている。この方法は、特に合理的でもなく、台所全体の空間を狭くすることになる。図144は台所の設計というよりは、台所の機能を活かした住宅設計というべきであろう。

『住宅』昭和八年十一月号

図145[23]に示したように、川喜多煉七郎は「一疊半の標準台所」の中で、流しの高さと調理の基盤になるまな板上部の高さについて言及している。川喜多の主たるねらいは、高さ自体の標準化ではなく、個々の使用者に適合する高さの算出方法を客観的な数値で示すことにあった。すなわち調理の高さに対する個別対応を、強く主張しているのである。

図145によると、使用者の臍《へそ》までの高さが二尺九寸であるならば、まな板の上部は二尺七寸五分でよいとしている。この場合のまな板は足のないもので、桶の上に置くことが前提となる。また桟足のあるまな板も工夫によって対応できると解説している。こうした川喜多の台所観は、狭い小住宅の生活者には大変参考になったと思われる。

川喜多は建築学を専門とするが、仲田定之助、水谷武彦、山脇巖・道子夫妻とバウハウス教育に関する接点を持つなど、デザインに関する造詣も深い。図145は調理と道具のかかわりを考える上で、ユニバーサルデザインの先駆的な発想を示した貴重な事例である。

昭和初期の流しを利用したまな板の使用方法は、図139・143・145の三種類があり、図146のようにまとめることができる。流しの材質は木製だけでなく、ブリキ、セメント、タイルと多様に展開する。図146-2は図147[24]に示したように、現代のステンレス製流し台でも似たような使用法が見られる。

『家の光』昭和十二年三月号

図148は宮内庁皇后職の宇多繁野[25]が書いた「誰にでも上々にできる　おいしいおすしの作り方」のイラストで、干瓢の調理を解説している。使用しているまな板には低い桟足が付いている。低い桟足のまな板は、

一九一五（大正四）年の図31、一九一七（大正六）年の図132という調理の教科書にも見られる。こうしたまな板は、立姿勢での作業を前提としていることから足が低く、せいぜい六㎝程度の高さしかない。大正期以降、徐々に立作業でまな板を使用する傾向が全国的に増加した。学校教育での指導、雑誌を通した啓発活動、また地域の生活改善運動が、農村部の台所改善を促進させ、その結果まな板の足が立作業に対応するために低くなっていったと考えられる。

五　生活改善運動とまな板

大正期以降、生活改善運動が全国で展開されたことはよく知られているが、ここでは雑誌『家の光』に掲載された内容を通して、地方の農村における台所改善とまな板の関係を検討する。

『家の光』大正十四年十二月号には、文部省実業補習教育主事の千葉敬止が「臺所の批評會」というタイトルで、農村の台所改善の動向について論じている[26]。

千葉敬止は実業補習教育視察のため島根県八束郡熊野村を訪れ、近隣の村も含めた模範村としての実態を紹介している。「かく村のよくなつた譯を尋ねて見たが、四つの模範村共に、村をよくするには教育が第一でありとし、何れも町村制實施の當時より小學校の教育に力を入れ、又特に青年男女の教育にも氣を注け、明治三十四五年頃から、何れの村も實業補習學校を置いて、良民を養成することに骨を折つたのであるが、其の効果が今日に現れたのであるが……」と述べているように、文部省実業補習教育主事の自画自賛的な文章が目立ち、多少うんざりする面もあるが、台所批評会の設立と経過については、次のように記述している。
○台所改善は婦人会の各支会で実行する。
○一九一四（大正三）年以来、台所改善を実行し、台所批評会を春秋二回行なっている。
○台所批評会当日は、支会員全員で各会員の台所を巡視し、一日で終わる。その後集まって、各支会員の台所について批評する。その結果、掃除を怠るものもなく、整頓にも注意し、台所の改善が行なわれる。
台所改善の要点については次のように記している。
一、清潔、整頓、衛生を目標として施設すること。
二、飲料水の改良に注意すること。
三、光線の射入を善くし、屋内を明るくすること。
四、排水をよくして湿潤を防ぐこと。
五、諸道具類の仕末をよくすること。
六、作業上の便利を図ること。
七、煙出窓を設けて燻煙の散出をよくすること。
八、台所に時計を掛けておくこと。
九、台所に姿見鏡を設置して常に整容に注意すること。
一〜八の内容に関しては、実に的を射た指摘であるが、九の姿見鏡が台所に必要かどうかはよく理解できない。作業の邪魔になり、常備する意味はないと思える。仮に必要だとしても、飲料水の改良とは質が異なる。

また、上記の改善を実行するには経費が必要となり、経済的にゆとりのない家庭は「台所改善講」を設け、便宜を与えていると記している。筆者の世代では、この「講」という概念については、どうも実感がわかない。農村では、一定金額を毎年（月々）醵出して、順番で台所改善を行なったということなのだろう。千葉敬止の文面を見る限り、生活改善運動については、実業補習学校の教育成果ということになる。つまり、国策としての生活改善であった。「臺所の批評會」には評価の高い改造台所平面図が三つ紹介されている。そのいずれにも調理台は設置されていない。このことから、まな板の使用は流しを利用して行なった可能性が高い。それにしても「臺所の批評會」は実に楽しそうだ。農村で各家庭の台所の現状と改良後の台所を批評し、毎日の生活に活かすという実践は高く評価されなければならない。イスラエルのキブツでも「臺所の批評會」をぜひ参考にしていただきたい。

『家の光』昭和五年九月号には「臺所改善を實行した先驅町村　婦人の勤勞と節約によって」と題する記事が掲載されている[27]。執筆者は記者なので、先の文部省実業補習教育主事といった立場で解説しているわけではない。記者はまず冒頭に「農村の家庭に改善すべきことは多い。だが、最も眼に立って効目のあるのは、臺所の改善である。『生活改善は臺所より』の言葉は幾多の體驗者が期せずして言ひ出した標語である。編輯部では全國各地に率先して臺所改善を實行した町村が、如何なる動機でこれを思ひ立ち、如何なる苦心を以て改善資金を得、如何なる結果を得たかを實際に調べ、これから實行せんとする町村の参考に供するわけである」と記している。

台所改善で高い評価を得ている町村を次のように紹介している。

○福岡県築上郡黒土村

○福岡県三井郡味坂村

○静岡県富士郡原田村
○三重県阿山郡河合村
○岡山県御津郡大野村南野
○千葉県香取郡滑川町
○京都府船井郡園部字大村

上記の地域で三重県河合村が五八〇戸中四四〇戸（七割六分強）が改善するのに六年間、福岡県黒土村では五八〇戸中三五〇戸（六割）が改善するのに一二年も要している。こうした台所改善には各地で熱心な指導者がいたらしく、福岡県では県の社会教育課の眞鍋博愛が指導を行なっている。福岡県下の農村台所の改善標準として眞鍋博愛は次のような内容を挙げている。

一、窓はすべて硝子障子建とし、採光通風をよくすること。
二、土間は全部セメントを以て固むること。
三、竈は進んで西洋竈とするか、さもなくば西洋竈に準じたものに改め、必ず煙突を設けること。
四、流し水溜は之を清潔、完全なるものに改造し、物洗ひを兼ねしめ、簡易冷蔵庫を設けること。
五、棚又は釣手を工夫し、炊事道具の置場を一定すること。
六、井戸にはポンプを取りつけること。

上記の内容は、先の大正末期の目標とおおむね等しい。また県の社会教育課という官の指導によって運動を促進していることも似ている。それでも各地で台所改善は自主的な運動として取り組む風潮が強く、共同体という意識を共有していた。とにかく資金が必要なので、独自の資金捻出を計画的に実施していた。ここでは福岡県の黒土村の方法を紹介する。

黒土村では台所改善が一九二三（大正十二）年から始められている。計画は婦人会が中心になって実行された。婦人会では五〇円前後の資金で可能な改善案を立て、藁の筵《むしろ》織りを内職にして、得られたお金を台所改善貯金講に納めた。そうして集まった資金をもとに、抽選によって改善の順番を決定した。また台所改善も五年、一〇年経つとさらに改善する部分も出てくることから、婦人会を中心に批評会を開いて研究を行ない、その結果、名実ともに日本一の改善台所村として全国の津々浦々に聞こえるようになったというのである。一日の仕事が終わった後に寝る時間を割いて筵織りの内職をしたということは、官からのアドバイスがあったとしても、実践したのは村民の共同体を母体とした目標があったからで、官から強要されたものではない。

『家の光』昭和五年九月号には、黒土村の島田氏、稲葉氏という具体的な名字が記載されていることから、現在の豊前市黒土を訪ねた。大正末期から昭和初期の改善台所を継承されている家庭はほとんど見当たらない。それでも図149(28)に示した島田家に遺されていた写真が当時の実態を伝えている。台所はガラス戸から光が入り明るい。竈には煙突が付けられ、部屋に煙が充満しないように工夫されている。ポンプが設置され、おもしろいのは一度ポンプで水を天井に近い場所に固定された樽の中に貯め、そこから水道管で流しに導いている点である。つまり樽が貯水タンクの役割を果たしているのである。図149では女性が立姿勢で洗い物をしている。その脇に調理スペースがあり、まな板が置かれている。包丁と大根の葉のようなものがまな板の上に見える。まな板も間違いなく立姿勢で使われていた。

現在は婦人会もなくなり、残念ながら日本一の改善台所村であったことを知っている人も黒土にほとんどいない。都会だけでなく、地方の農村でも台所の改善運動が行なわれ、立姿勢での家事が推進されていたことを忘れてはならない。こうした運動は、国の農村経済の振興策と共に、農村の婦人会を中心とした

図 149
改善台所とまな板
（大正末期〜昭和初期）

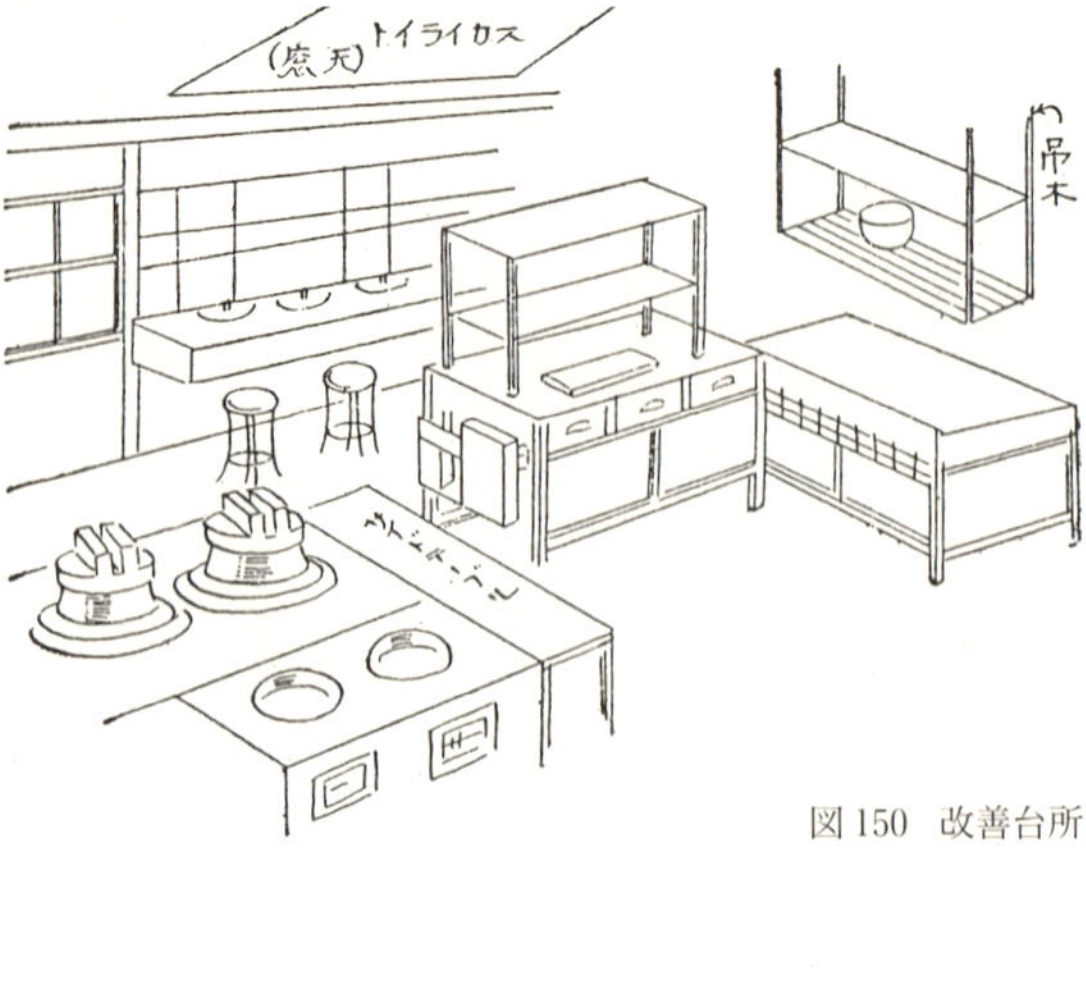

図 150　改善台所とまな板（昭和初期）

地域の共同体としての意識が果たした役割が大きく、現代社会が見習うべき点も多い。

「臺所改善を實行した先驅町村　婦人の勤勞と節約によって」には、他に図150[29]に示したような千葉県滑川町の改善台所を紹介している。天窓の設置やアイランド型調理台に新たな設計観が感じられる。まな板は調理台の上に置かれ、窓側に椅子が二つ置かれている。台所は、簡単な食事をする場所としての機能も持っていたように思える。農村の台所は都市の台所を模倣する必要はない。その意味では、現代の農村も、土間を利用した台所を機能という点から再考する必要がありそうだ。

第五章　世界のまな板文化

一　はじめに

まな板を使用しない地域があることを第一章の冒頭で述べたが、同じまな板でも地域によってかなり違いがある。中国のような広大な国土を有する国では、多民族で国家が形成されているため、まな板は民族間でもそれぞれ特徴を持つ場合がある。本章では、まず最初に日本各地の博物館・民俗資料館に保存されているまな板、現在使用されているまな板の一部を紹介する。次にアジア、ヨーロッパで現在使用されているまな板を紹介する。その後これらのまな板を類型化し、日本の俎・まな板の持つ特徴を抽出する。

二　日本の儀式で使用される俎

大草流で使用する俎

包丁式といった神事に使用される俎も各地に伝えられている。図151-ア〜カは、福岡県筑紫野市御自作天満宮で行なわれた大草流による式包丁奉納の様子である。ア・イではまな板を清めている。ウでは俎上に鯉と板紙を置く。エでは鯉を調理し、鯉の頭を前方左奥に立てる。オは鯉の調理の後、鯛の調理を行なっているところで、鯛は頭を立てるのではなく、頭を切断せずに体全体を立てるように置く。カは包丁による調理後に、参観者に鯉・鯛の刺身を振る舞っているところである。図151-ア〜カは鯉と鯛を使用しているが、一般的には鯉だけを使用する包丁式が多いようだ。

図151の包丁式に使用されている俎は包丁式専用のもので、大草流では長さ三尺六寸五分とし、一年の三六五日を意味している。幅は一日が二四時間であることから、二尺四寸としている。厚さは女人を意味し、成熟した女体の三十三歳から、三寸三分とする。脚は男を意味し、その完成せる四十二歳から、四寸二分としている[1]。俎の甲板上面は平らで、足は断面が正方形で四方転《ころ》びとなっている。俎の寸法に対するそれぞれの意味づけが、いつからなされたのかは不明である。俎の厚みが成熟した女性を示しているという話はいささか艶めかしい。こうした伝承される俎の寸法は、江戸期以前には遡らない可能性もある。大草流のまな板を長さ三尺三寸五分、幅二尺一寸五分、足の高さ二寸五分という記録が史料にある[2]。近世の道具雛形でも紹介したように、武家のまな板もすべて同じ寸法ではなかった。

三重県一志郡美杉村で使用される俎

地域の神事として伝承されている包丁式は、大草流・四条流といった武家の作法を継承する包丁式とはすこし様相が異なる。

図152-ア・イ[3]は、三重県一志郡美杉村仲山神社の「ごんぼ祭」で行なわれる神事である。白装束の二人が俎を持って登場し、鯔《ぼら》を調理する。三重県の山間地であるのに、なぜか鯔が神事に使用される。そのあ

たりは後の漁師町である浜島町の神事との関係で考える。俎の長さは九一cm、幅三九cm、板厚七・五cm、足は垂直な四足で断面は長方形、高さ二五・五cmである（平成六年奉納）。仲山神社には、一七九五（寛政七）年という墨書のある古い俎も遺されており、長さ九〇cm、幅三六cm、板厚五cm、足は四足で断面は長方形、高さは一七cmと記録されている。(4) 大草流の俎と比較すると、すこし細長いように感じる。四足はいずれも垂直で、断面が長方形になっている。二本の鰡をまな箸と包丁で調理する。イではまな箸を持つ人と、上《かみ》下《しも》を身につけた包丁を持つ人は別のようだ。このあたりに「ごんぼ祭」における包丁式の特徴がある。「ごんぼ祭」のもう一つの特徴は、調理された鰡と共に、ゴボウがホオ（朴）の葉に盛られ、神前に供えられることにある。神事の後には鰡とゴボウの味噌和えが参加者に振る舞われる。この包丁式における一連の調理と振る舞いには、美杉村で生み出された独自性が加えられている。

三重県志摩市浜島町浜島で使用される俎

図153-ア～カは三重県志摩市浜島町浜島で行なわれる宇氣比《うけひ》神社の「盤魚神事」に関するものである。(5) この「盤魚神事」はすでに鳥越憲三郎によってまな箸の神事として紹介されており、(6) 筆者は包丁式を体験するために浜島を訪れた。宇氣比神社が所有する俎はア・イに示したように二種類ある。小型のものは長さ八一・三cm、幅三九・四cm、板厚三・六cm、高さ一一・八cm、大型のものは長さ一三〇cm、幅三九・四cm、板厚二・五cm、高さ一一・四cm、いずれも桟足となっている。大型のものが新しく、現在神事に使用されている。つまり伝統的な寸法は継承されておらず、俎の寸法は神事には特に深い関連がないということになる。盤魚の盤とは俎・まな板と同じ意味で、一部の地域では現在も使用している。

「盤魚神事」は享保年間から継承されていると伝えられており、江戸中期の武家社会の料理作法とのか

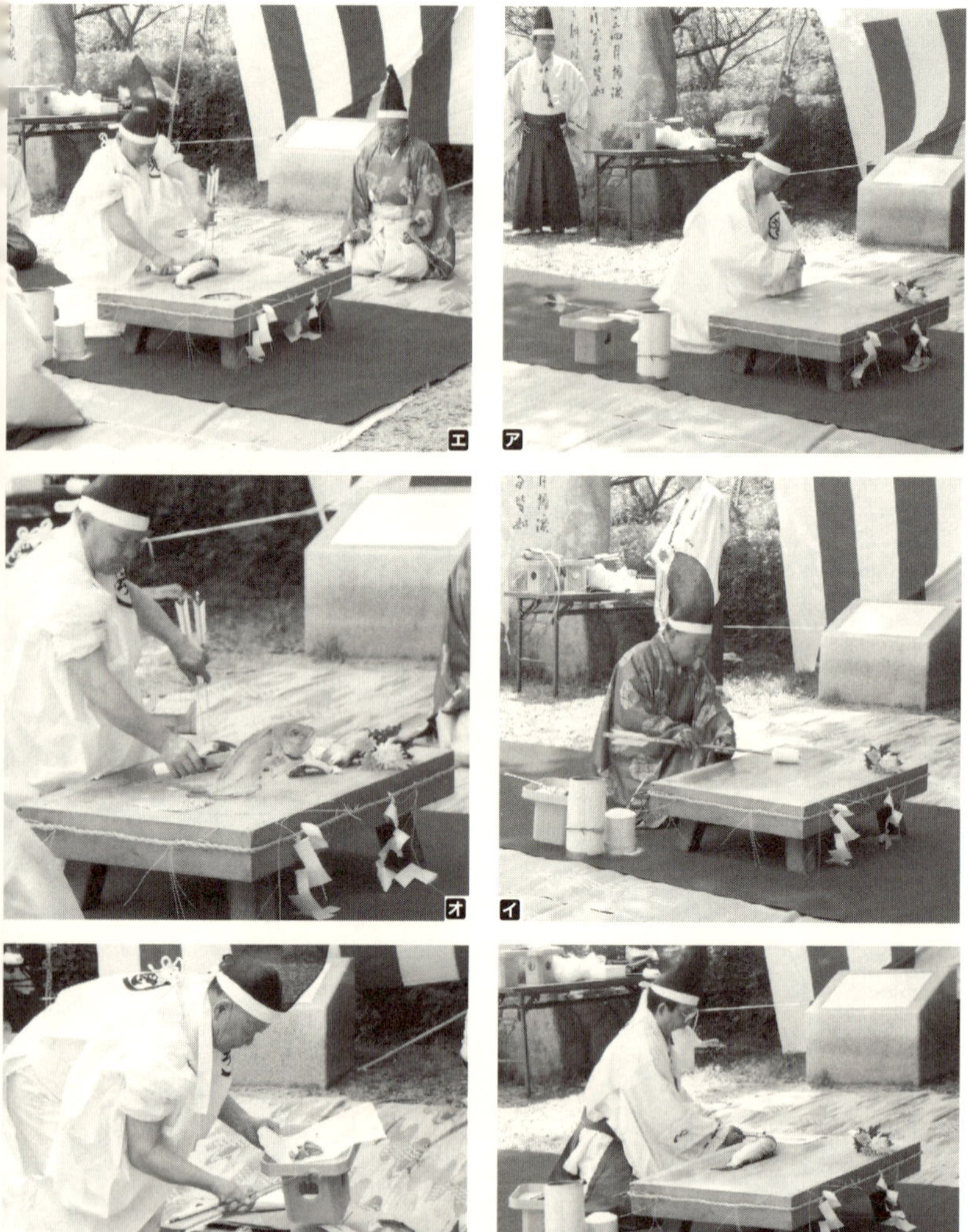

図151　式包丁奉納
（福岡県筑紫野市御自作天満宮）

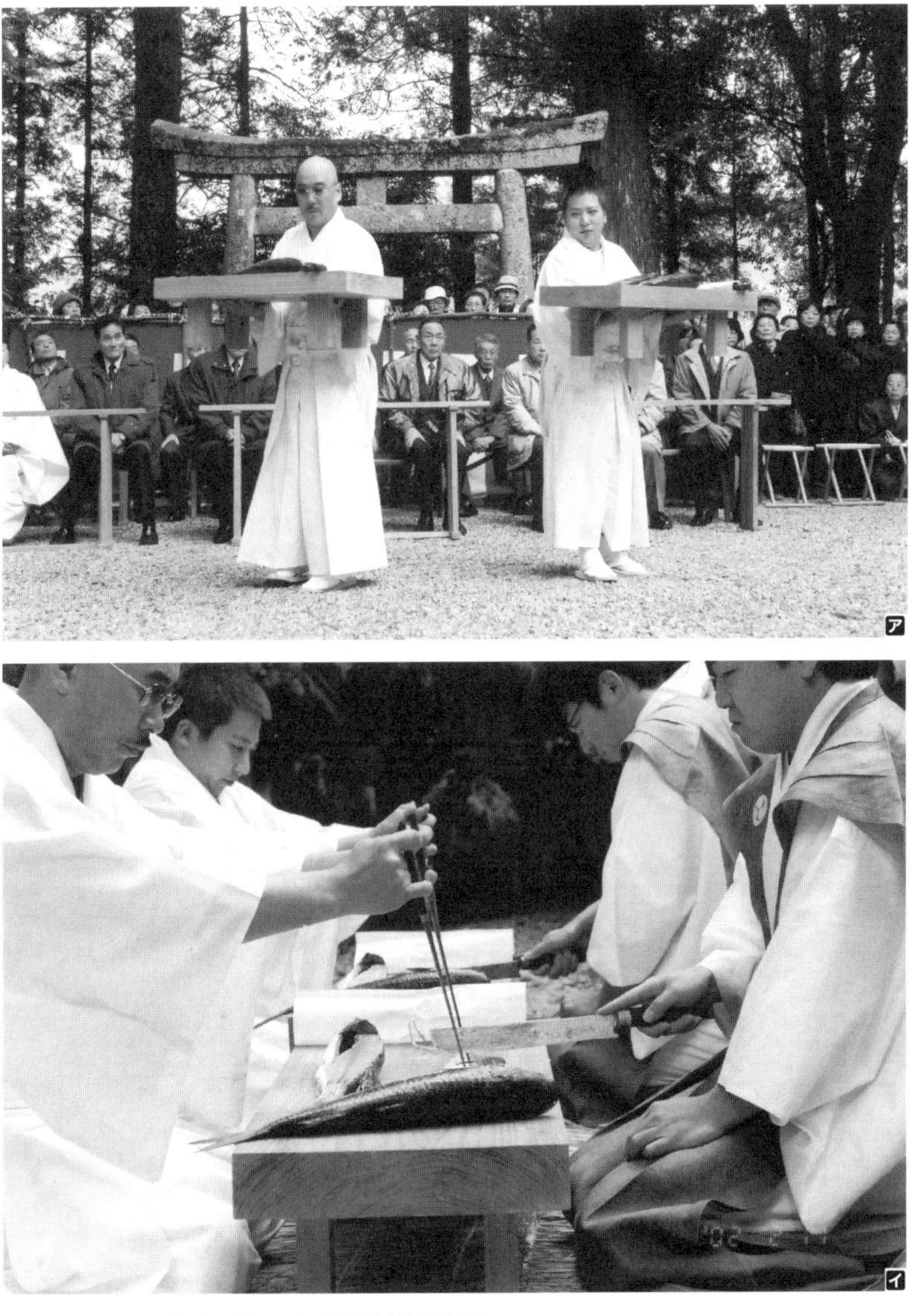

図152　包丁式（三重県一志郡美杉村仲山神社）

図153
俎と包丁式
（三重県志摩市浜島町宇氣比神社）

図 154
包丁式
(三重県志摩市浜島町
八柱神社)

かわりがあると推察される。使用される魚は鯔で、先の美杉村と同じである。おそらく鯔を出世魚の代表と見立てて用いたのであろう。また鯔は川を遡るので、山間地でも過去には手に入りやすい魚であった。魚屋では現在鯔を食材として取り扱うことはほとんどない。ところが伝統的なハレの席には鯔が重宝される。例えば長良川や木曾川の河口近くの地域では、現在も鯔を鍋料理にして食しており、過去には広域で食材としていたと考えられる。ちなみに鯔はイナ↓ボラ↓トドと出世する。出世魚の最後だから「とどのつまり」という言葉が生まれた。

図153-ウ・エでは、上下《かみしも》を付けたいでたちで俎上を清めた後、まな箸と包丁で鯔を調理している。調理された鯔は俎上で頭と尾を立て、調理する前の形に一旦戻す。浜島の「盤魚神事」で興味深いのは、オ・カである。二本目の鯔は白装束の別な包丁人によって調理される。このときはまな箸を使用せず、左手で鯔を押さえている。最後に二本の鯔を細かく刻み、刺身にして振る舞う。漁師はこの刺身を半紙に包んで持ち帰り、神棚に供えて豊漁と安全を祈願する。

図153-ア・イの俎に関する話に戻ると、以前使用されていた小型のタイプは、現在厚みが三・六㎝になっている。毎年削って現在の厚みになったのであって、もともとは五㎝以上の板厚であった。(7) だとすると、なぜ大型の新しい俎は、当初から厚みが薄いのだろうか。このあたりは注文主より製作者の感性に関与しているように思えてならない。

三重県志摩市浜島町迫子で使用される俎

浜島町には迫子《はさこ》地区にも(8)「盤魚神事」が伝えられている。八柱神社で一月五日に「盤魚神事」が行なわれている。図154-ア〜エがその場面である。この包丁式の特徴は観世流の謡曲を調理の合間に謡うことにある。[9] アでは白装束を身に付けた四人の若者が登場する。その後謡を行ない、一本目の鯔をマナ箸と包丁で三枚におろし、頭と尾を立てて元の姿に戻す（イ・ウ）。一人が謡を行なう。二本目の鯔を三枚におろし、同様に元の姿に戻す。また一人が謡を行なう。次に一本目の鯔を刺身にする。一人が謡を行なう。二本目の鯔を刺身にする。最後に四人全員で謡を行なう。謡の内容そのものは特に珍しいものではなく、結婚式などで広く行なわれるものと同じである。

俎はヒノキ製で垂直の四本足である。神事の関係者の話では、大きな俎を使いたいが、現在は小中学生が行なう行事なので、持ち上げるのに大変なので小さくしているようだ。以前は中学を卒業したばかりの若い長男が行事に参加していた。古くからの伝統を継承すること自体が難しくなっている。

福岡市東区奈多で使用される俎

福岡市東区奈多にある志式神社では、毎年十一月に行なわれる「早魚神事」に俎が使用される。この「早魚神事」は漁業との関連が深く、四つの町内を二つに分け、料理の速さを競い、翌年の漁場権に関する内容を決めるというものだ。この漁業権とは、長く資源を漁師が保護することを前提としている。

「早魚神事」ではまな箸を調理に使用しない。また魚は鯛のみを使用する。時期的なこともあって塩漬けの鯛が用意される。俎の上に置いた鯛を三回畳の上に叩きつけ、その後包丁で切ると言うよりは、包丁と手でむしり取るというような調理で速さを競う。図155-ア〜エがその場面で、ア・イは参観者の前で、俎、鯛、包丁を披露している。ウは魚の調理が始まる前で、エはその調理の状況を示している。[10] とにかく漁師による荒っぽい神事という感じがする。武家社会の流れを受け継ぐ調理とは異なり、速さを競うという調理は珍しい。「早魚神事」は福岡県無形文化財に指定されており、こうした庶民の神事も大切に受け継いでいただきたい。

「早魚神事」で使用される俎は図156に示したもので、毎年製作されて関係者に配られている。マツ材を用いており、長さ一尺六寸、幅八寸、板厚一寸五分である。扁平な形状をした四本足で、四方転びになっている。こうした形状の足が、江戸後期～明治時代のまな板に多数見られる。神事専用の俎であるため、昔風の足を伝統的に踏襲しているのであろう。

三重県の浜島、福岡市の奈多は、海に隣接した漁業の町なので、未婚の若い男性が海で身を清めて神事に参画するという伝統がある。こうした共通性と、鯔・鯛といった異なる魚を調理の対象にしているところに、日本の漁村における神事の特性がある。

宮崎県東臼杵郡椎葉村で使用される俎

大草流の包丁儀式、さらに各地の神事に見られる包丁式をこれまで紹介したが、いずれも魚を調理するというものであった。大草流においては鳥を調理することもあろうが、それでも獣類は調理しない。日本でも珍しい獣を俎の上に供えるという儀式が、宮崎県の椎葉村に伝承されているので紹介する。

神楽に猪を奉納するという習慣は宮崎県の高千穂神社、塩嶽《うしおだけ》神社などにも見られることから、特に椎葉村に限ったものではない。

椎葉神楽で俎と関係するのは、「板起こし」という演目である。現在「板起こし」の際、俎上に猪肉を神饌とする地域は不土野地区、大河内地区の一部だけで、他地域では豆腐などで代用している。[11] 永松敦は「板起こし」の際の唱教を、近世史料『神道仏道書』に見られる次のような内容から解説している。[12]

はん《（板）》すえてはんすえてこのはん《（板）》な、ゐかなる人のつくりはん、ひいだ《（飛騨）》のたくみ《（匠）》とたけた《（竹田）》のはん上《（番匠）》の
みやまさくら《（深山桜）》のかばをもち、やところ□ちたるはんにれハ、よきことをうち十たん二をこいてハ、
あしき《（悪）》事をそとひちだん二おこいてハ、このはんてきるものハ、いのしゝ《（猪）》かのしゝ《（鹿）》、をい《（大魚）》をもこい《（小魚）》を
もそろえてハ、ほう丁《（包）》こかたな《（小刀）》、まないた《（俎）》まなはし《（箸）》をつとりやわしてはやいてさかな《（肴）》にさけめすらん

こうした唱教の内容は、俎に関する部分が多い。俎は飛騨や竹田の番匠がサクラ材で作ったもので、悪魔を追いだし、福を招き入れる。そして俎は猪、鹿、大小の魚を包丁刀、まな箸を使って肴にして食すとしている。

飛騨や竹田の番匠は、特に権威があることから、立派な人が作った俎であるという証に用いているのであろう。ではなぜ深山のサクラが俎の材料に選ばれたかである。永松はサクラを使用した意図について「この木の名を呼ぶことによって悪霊を祓い、清浄な俎板で御幣などの祭具が作られることを意図したものと思われる」と推察している。[13] サクラは散孔材であって、木目が細かな木材である。しかしながらけっして軟らかくはなく、包丁の保護には不適当と言わざるをえない。地域に産するホオノキやカツラを用いない理由がよくわからない。どうもサクラは刃物の保護として用いられたのではなく、永松の主張するように、御幣のような紙を切る台として使用したようだ。サクラが悪霊を祓うという論拠についてもよくわからない。次にサクラ材のまな板と、猪、鹿、大小の魚を包丁刀・まな箸を使って肴にして食すという内容だが、この場合でもサクラ材と調理する猪、鹿、大小の魚の関係に論拠がない。

「板起こし」では猪や鹿の肉を俎に供えて唱教を唱え、その後に舞を奉納する。図157・158・159-ア・イは[14]椎葉村の猪猟と神楽に関するもので、図157は不土野地区で狩猟によって捕らえられた猪を解体していると

ア

イ

図156　早魚神事の俎

ウ

図155　早魚神事
（福岡市東区奈多志式神社）

エ

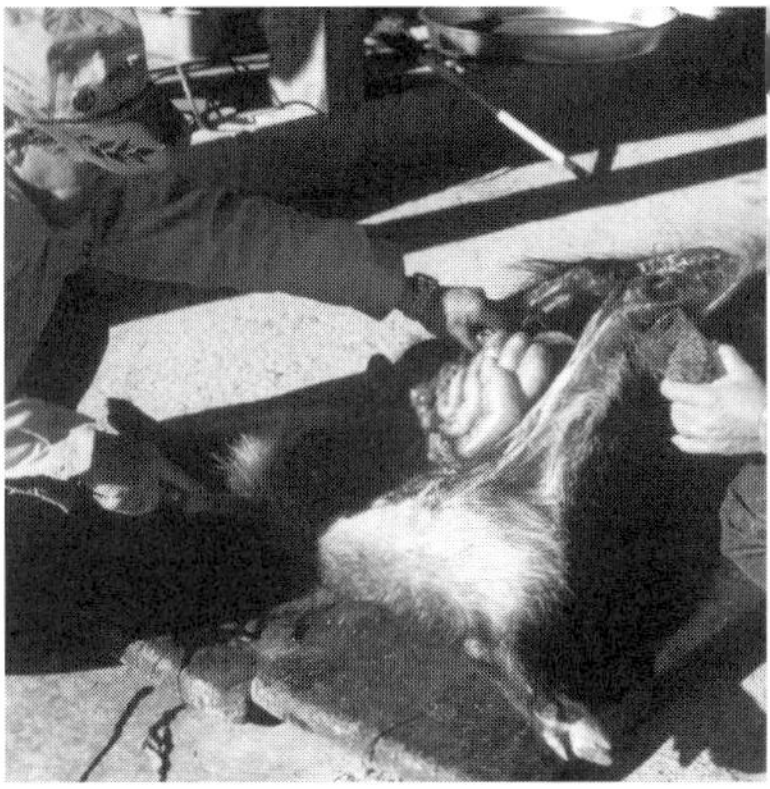

図 157　猪の調理
(宮崎県臼杵郡椎葉村不土野)

図 158　板起こし
(宮崎県臼杵郡椎葉村大河内)

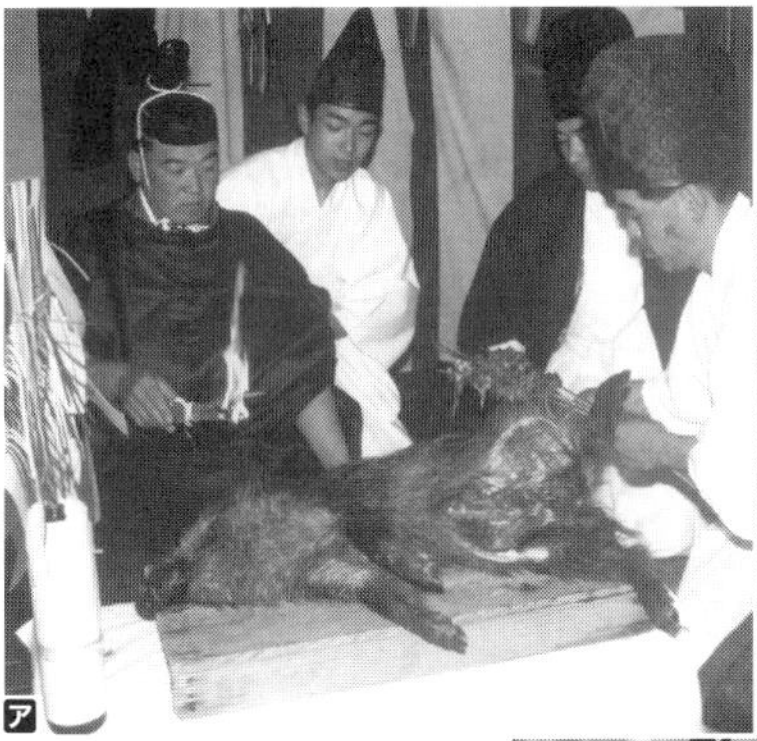

図 159　シシマツリ
(宮崎県臼杵郡椎葉村尾前)

ころである。二枚の板の上に猪を置き、包丁で調理している。特に足の付けられた大型のまな板を使用しているわけではない。

図158は大河内地区で「板起こし」を行なっている場面で、足のない俎上には猪、鹿の肉、包丁、竹串が置かれ、榊の枝を持って唱教を唱えている。その後肉を切り、竹串に刺して参拝者と共食する。

図159-アは、尾前地区で「板起こし」の次に行なう「シシマツリ」にて、猪の肉を切り、竹串に差しているところである。まな箸は使用せず、竹串をまな箸と称している。猪を置いている台は、どう見てもサクラの俎ではなく、スギ板の浅い容器を転用したとしか見えない。イは尾前地区に供えられた鹿の頭部と肉である。「シシマツリ」は猪がベストだが、猪がない場合は鹿を使用することもあるようだ。神楽の支度をしているときに撮影されたらしく、肉はサクラの俎上に置かれていなければならないはずだが、どうもホオノキのように見える。唱教にある大小の魚、まな箸は、神楽の実態と直接関係はなさそうである。つまり、椎葉村で作られた神楽専用の唱教ではなく、魚の調理を儀式化したまな箸と俎による既存の包丁式を知っている者が作った唱教という指摘もできよう。

椎葉村の神楽と俎の関連を通して見る限り、魚を調理する包丁儀式とはいささか様相が異なる。足の付いた大型の俎が特別に用意されているわけでもない。確かに俎とまな箸という点に焦点を当てれば、包丁式で行なう魚の調理に伝統的な作法の継承を強く感じる。では魚の調理が武家社会以前、すなわち中世以前より伝承されていたかということになるが、少なくとも絵画資料では鎌倉末期の『松崎天神縁起』が初見である。『延喜式』の釋奠式では鹿・猪が供えられており、もともとは獣類を俎に置いて供える、すなわち生贄の信仰が先行していたと見るのが妥当である。

椎葉村の神楽に代表される獣を供えて共食するという儀式は、中世以前に遡るものと筆者は考える。ただし、こうした儀式は生贄を原型とするもので、山間地に生活する狩猟民の自然発生的な伝承として認識すべきものではない。永松は「現行儀礼を民俗学があたかも民衆の伝承文化のように思い込んでいるのは妄想にすぎず、それはむしろ、武家の儀礼がのちに民衆側に降りて変化したものではなかろうか」と論じている。(15) 永松の指摘する武家の儀礼とは、文献史料で遡れる江戸時代中期あたりからの伝承を意識してのことであろうが、俎と生贄という視点で見た場合、釋奠式も孔子の登場する以前から成立していた生贄の儀式を、たんに再構成したにすぎないと筆者は考える。『今昔物語集』に記されたような生贄の儀式は、仏教および神道の思想、武家の作法の影響を受けながら各地に伝承し、その一つが宮崎県山間部の神楽に取り込まれていったように思えてならない。

三　日本各地の資料館・個人が所蔵するまな板

市町村の教育委員会が管理する民俗資料館では、江戸後期から昭和三十年代に製作されたまな板を収蔵している。しかしその数はきわめて少なく、まな板を収蔵していない資料館の方が圧倒的に多い。神事に使用するような俎はまったく目にしない。

まな板をまとめて展示するコーナーを持っている資料館はほとんどなく、筆者の知る限り、青森県三沢市の小川原湖民俗資料館で一〇例程度を常設しているにすぎない。なぜまな板が重視されないかというと、全体に汚くて、詳しい説明がないと、たんなる古い木材という印象を見学者が受けるためである。要するに展示効果がきわめて低いのである。

全国の資料館を詳細に調査したわけではないが、九州から東北の資料館で収集されたまな板、さらに現在使用される特徴のあるまな板も併せて紹介する。

(1) 九州のまな板

福岡県田川郡添田町英彦山神社財蔵坊所蔵のまな板

近世までは修験者で賑わった英彦山には数多くの宿坊があり、その一つが財蔵坊である。図160-ア・イ[16]は、そこで使用されたまな板で、甲板上面には多数の刃物傷が見られる。使用材はやや硬質の広葉樹である。長さ七六・六cm、幅三二cm、板厚四cm、高さ一七cmで、四本足はイでわかるように傾けて固定している。しかし四方転びではない。甲板の上面は平面に削っているが、下面を平面に削っているわけでもない。足の材は甲板と同質のようだ。がっしりとした重いまな板である。

福岡県糟屋郡須恵町歴史民俗資料館所蔵のまな板

福岡市に隣接した粕屋郡須恵町歴史民俗資料館には、図161-ア・イ[17]に示したまな板が収蔵され、一般公開されている。大正時代に製作したもので、筑後川に面した朝倉町で祝い事や大人数の接客に使用され、その後須恵町歴史民俗資料館に寄贈された。したがって図161のまな板は、大正期の朝倉郡の形式を持っているということになる。甲板は平らで刃物傷が多く、かなり使い込まれている。しかし、ハレの場で使用されたもので、日常の調理に使ったまな板ではない。長さ六九cm、幅三六cm、板厚五・七cm、高さ二〇cm、甲板は広葉樹、足はスギ材を使用している。甲板の下部は図160と似て平面に加工されておらず、辺材部分を使っている。足にスギ材を用いたのは、同じ硬さの広葉樹を用いるより接合力が強化されるという考えが前提になっている。

福岡県筑紫野市筑紫野歴史博物館所蔵のまな板

図162-ア・イ[18]に示したまな板は、一八六二（文久二）年に製作されたもので、持ち主の名前がまな板の側面に書かれている。製作年代や名前をまな板に墨書するという習慣は、日本各地で広く見られる。そうしたまな板の多くは立派な大型のもので、新築や婚礼の記念とか、自宅の木を切った材料で製作したといったように、年代を記すなんらかの目的を持つことが多い。図162のまな板は、長さ九五㎝、幅三一・五㎝、板厚五・八㎝、高さ一七㎝という大きなもので、薬種用とされている。四足は、イのように甲板の木口面から見るとテーパーを持つが、四方転びではない。材質は甲板・足共にシイ材のように見える。

図162のまな板は、甲板の上部に丸みがある。しかし、この丸みが当初からのものか、長年の保存で板自体が変形したのかは判断できかねる。特徴的な形態としては、甲板の木端面が直角でないことを挙げることができる。同様な傾向は図160のまな板にも指摘でき、先の図97・98の『女寿蓬萊台』に見られるまな板と共通した要素がある。

福岡市の魚店、料理店で使用されるまな板

図163[19]は福岡市東区の魚店で使用されるまな板で、長さ九〇㎝、幅四〇㎝、板厚九㎝、桟状の低い足を付けている。図164[20]は長さ六三㎝、幅三五㎝、板厚一〇㎝、鰻料理の専門店で使用されているものである。二つのまな板はいずれもイチョウの一枚板で製作されている。こうしたイチョウ材の厚いまな板は、福岡県

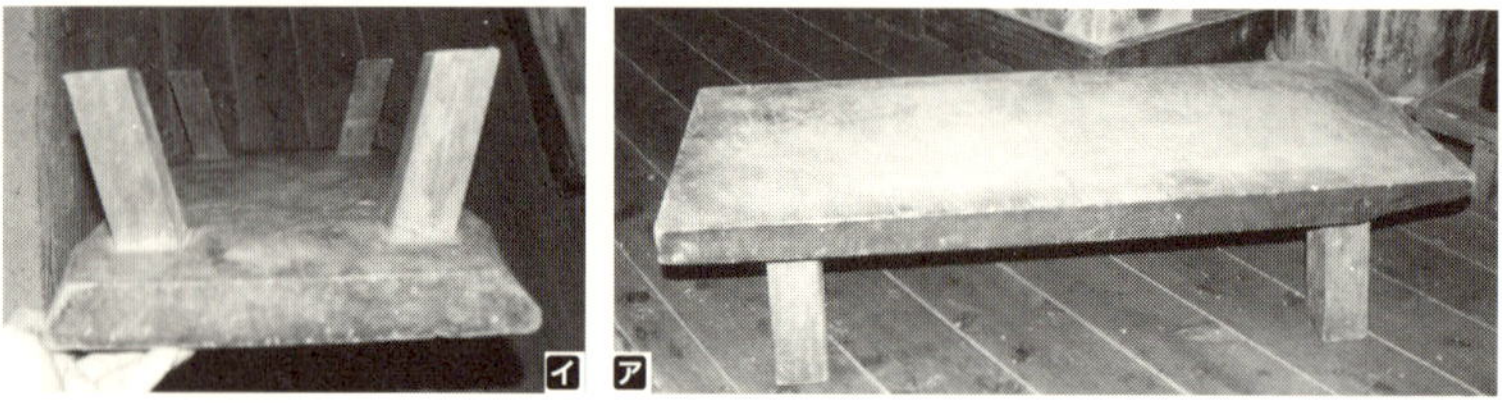

図 160　まな板（福岡県田川郡添田町英彦山神社）

図 161　まな板（福岡県粕屋郡須恵町歴史民俗資料館）

図 162　まな板（福岡県筑紫野市歴史博物館）

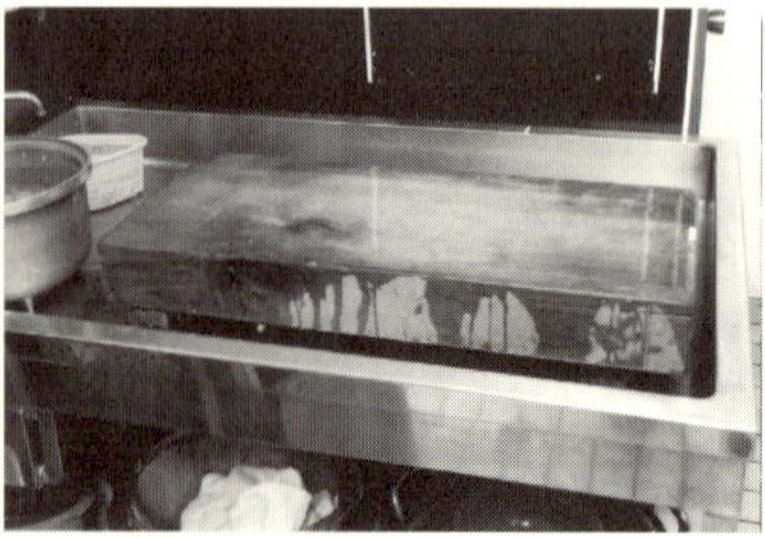

図 164　まな板（福岡市南区）

図 163　まな板（福岡市東区）

図 165
復元された江戸時代の
まな板（福岡県小倉城）

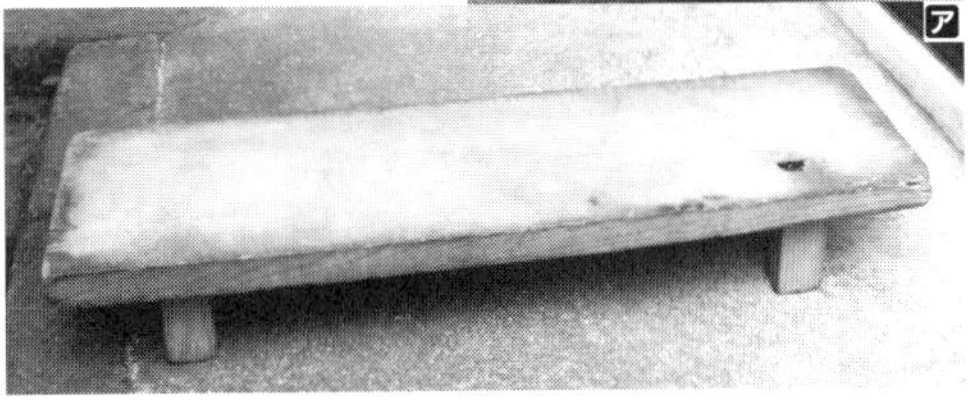

図 166　まな板
（大分県日田市岳林寺）

図 167　まな板の専門店
（大分県日田郡天瀬町）

京都郡の魚店でも見かけた。おそらく過去に魚店や専門の調理師の世界で流行した経緯があり、まな板の生産者も共通の認識があると思われる。筆者も当初は図163・164のまな板を鰻を調理する専用のタイプと考えていた。鰻の調理には目打ちを使うのでまな板が傷みやすい。そのため厚いまな板を比較的短期間で削って使用すると想定していた。ところが鰻の調理とは直接関連しない事例もあり、魚の調理に関連する業界で広く流行したまな板と捉えるべきである。魚屋には居職《いじょく》と出職《でじょく》の二つの職制があり、図163・164のまな板は居職の魚屋で発達したものである。

福岡県小倉城天守閣に再現された江戸期のまな板

小倉城天守閣には図165[21]のような江戸時代の台所が再現され、各種の食器と共に調理用のまな板も復元して置かれている。まな板の形態は、近世の道具雛形でも紹介したような武家で使用した鯉板・鶴板などを参考にしていると推定する。足は四本で断面は正方形に近い。それにしても、これだけ甲板が厚ければ、一人での移動は大変だ。このまな板は、使用後どのようにして洗って乾かしたのだろうか。見た瞬間にこんな疑問を持つほど重そうな代物である。

大分県日田市岳林寺所蔵のまな板

図166-ア・イ[22]は戦後も一時期使用されていた寺院のまな板である。すべてスギ材である。甲板上部は平らで、四本足はイの甲板の木口方向から見ればテーパーがある。しかし図160・162同様、四方転びではない。日田市はスギの産地として有名である。図166のスギ材は芯に近い部分で、それほど材料の質にこだわっているわけでもない。なぜもっとスギの良材を使用しなかったのだろうか。岳林寺は日田市では格式のある

大きな寺である。まな板は長さ一〇六cm、幅三〇・五cm、板厚五cm、高さ一五・五cmとかなり細長い。足の断面は四角ではなく、扁平な形状をしている。こうした足の形状は北部九州でも広く見られる。

大分県日田郡天瀬町高塚地蔵前のまな板専門店

日田郡天瀬町の高塚地蔵付近には、何軒かのまな板専門店がある。いずれもイチョウ材のまな板を販売している。図167-ア〜ウ[23]はそうしたまな板専門店である。一見伝統的に見えるイチョウのまな板店も、それほど歴史は古くなく、昭和三〇年以降に創業している。製造元を訪ねてみると、一人で製作しているだけで、特に量産しているわけでもない。注文販売にも応じており、業務用まな板の注文もあるようだ。

イのまな板は、桟足の付けられたものである。このタイプのまな板も全体の約五%を占めているので、足付きのまな板が世の中からなくなったわけではない。

ウは業務用のまな板で、長さ一二〇cm、幅四五cm、厚さ七・五cmという大きなものである。高級料理店で使用されるのであろう。図167のまな板店は、創業時期が新しいのにすでに伝統的なイメージを醸し出している。高塚地蔵というと、イチョウのまな板がブランドとして定着している。特に広告代理店やブランド戦略の関与がなくとも、まな板のブランド化は確立できたということになる。

2　中国地方のまな板

島根県鹿足郡津和野町民俗資料館所蔵のまな板

中国地方の調査では、山口県の資料館にまな板が見当たらず、島根県の津和野町民俗資料館でやっとまな板に出会った。図168-ア・イ[24]がそのまな板で、典型的な庶民のまな板といえよう。マツ材を使用し、長さ五四・六cm、幅三一cm、板厚四・三cm、高さ九cmである。寸法比では、長さのわりにはすこし幅が広い。甲板の上面は平らであるが、中央部分は削っていないためか窪んでいる。桟足は蟻接合されておらず、釘によって接合されているにすぎない。つまり、釘の頭が甲板表面にあるために、表面を鉋で削ることができない。まな板は少なくとも一年に一度は表面を削らなければ、中央部分がどんどん窪んでいく。このまな板は昭和初期以降に作られたと推定する。昭和初期以前のまな板には釘接合の桟足は見当たらない。

島根県隠岐郡五箇村隠岐郷土館所蔵のまな板

図169-ア・イ[25]は、富裕層の家庭でハレの時に使用されていたまな板である。大正時代に製作されたという記録が家庭に残っている。甲板・足共に広葉樹が使われ、桟足は蟻接合を施している。長さ九一cm、幅三七・三cm、板厚三cm、高さ一七・五cmの整った形態をしている。イに示したように、このまな板の足は中央部分を窪ませており、四本足と似たような役割を持たせている。少なくとも江戸期の絵画資料には、このような形式の桟足は見当たらない。東日本にもこの桟足と共通した形式が認められることから、隠岐郡においても他地域で流行した様式の足を取り入れたのであろう。

島根県隠岐郡西郷町の料理店で使用されるまな板

隠岐郡の木製品に関する調査を行なった際、西郷町の料理店で図170-ア・イ[26]のようなまな板が使用されていた。まな板はイチョウ材で製作され、長さが一二〇cm以上、幅四〇cm、板厚四・五cm、上部がすこし丸くなっている。店主の話では、西郷町では近年まで甲板上部を丸く削る習慣があった。ところが筆者の

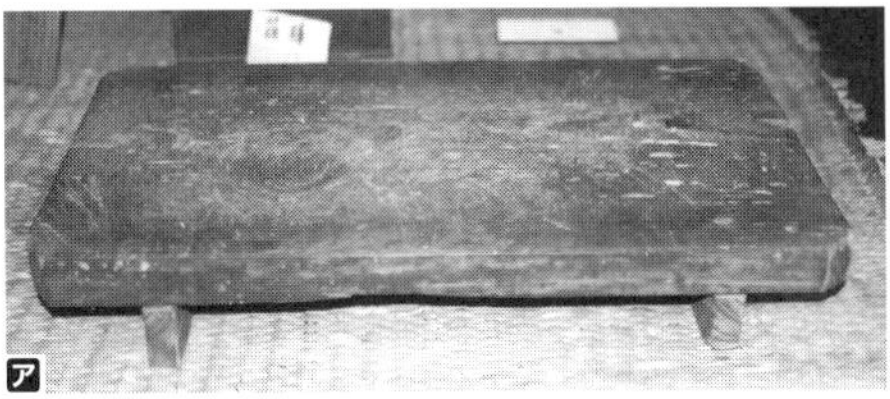

図 168　まな板
(島根県鹿足郡津和野町民俗資料館)

図 169　まな板
(島根県隠岐郡五箇村隠岐郷土館)

図 170　まな板（島根県隠岐郡西郷町）

図 171　まな板（広島県安芸高田市吉田歴史民俗資料館）

調査では、現在もまな板上部を丸く削って使っているのはこの料理店だけのようで、他の料理店では見当たらなかった。明治期には、木材加工の教科書にも甲板の上部を丸くすることを標準として示しているのに、昭和前期からそうした習慣が急激に衰退した。隠岐郡という古い伝統を継承してきた地域においても、蒲鉾状に削るという習慣が風化してしまった。店主からの聞き取りから、西郷町ではイチョウとエノキがまな板材として人気があることが確認された。

広島県安芸高田市吉田歴史民俗資料館所蔵のまな板

吉田町は毛利元就の生地で、近世以前からの歴史を持つ古い町である。歴史民俗資料館には図171-ア・イ[27]のようなまな板が収蔵されている。明治末期に製作され、長さ八八・三cm、幅三一・九cm、板厚三・七cm、高さ一二・三cm、蟻接合した桟足を持つ。隠岐郷土館のまな板同様、ハレの時に使用されていたまな板だからこそ、大切に保存されていた。一般の家庭で日常使用する大きさではない。桟足には特に窪みはなく、甲板と同様スギ材を使用している。当時としては標準的な形式の大型まな板であったと思われる。

(3) 近畿地方のまな板

大阪府箕面市郷土資料館所蔵のまな板

箕面市郷土資料館には二種類のまな板が収蔵されている。図172-ア～ウ、図173-ア～ウ[28]がそのまな板で、図173のタイプはもう一組あるが、似た形式であるため本書では割愛した。

図172は一八四九（嘉永二）年の墨書がイに見られる。現存する年代が記されたまな板では、きわめて古

いものである。使用材は甲板が広葉樹で、四本足は針葉樹のヒノキのようだ。長さ八一・九cm、幅（最大）三五cm、板厚六cm、高さ一二・五cmである。このまな板の特徴は、広葉樹を長方形に木取りせず、樹木の皮を取っただけの形態で使用していることにある。甲板の裏側を一定の板厚に整えないまな板は多数認められるが、こうした形態のまな板は珍しく、江戸時代の絵画資料にも見かけない。仮に図172の使用材を製造者が購入していたならば、長方形に木取りしたはずである。このまな板は、注文者が自宅の木を利用して作るよう依頼したと推定する。何かに利用できると切った木を長年保存して乾燥させ、大工に依頼してまな板にしたというのが実態ではなかろうか。このまな板もハレの場で使用されたからこそ、長く保存されていた。足は扁平で四方転びになっており、手間暇のかかる仕事をしている。すなわち、曲がった樹形を一つの意匠として、まな板が製作されているのである。

図172-イに示したように、まな板の裏には製造年、氏名と共に焼き印が数多く押されている。この焼き印は持ち主の屋号であり、全国各地で同様の習慣が見られる。

図173もきわめて珍しいまな板である。「壓板、明治十七年十一月吉日」という墨書があり、イに示したように、二つのまな板を枘接合で一体化して使用する機能を持っている。一つの寸法が長さ九五・八cm、幅三九・六cm、板厚三・四cm、高さ一〇・三cmということから、二つ合わせると長さが一間以上の巨大なまな板となる。足はウのように桟足ではあるが、中央部を削って四本足の機能を付加させている。素材はすべて無節のヒノキということから、きわめて社会的地位の高い家で所有していたハレ専用のまな板ということになろう。冠婚葬祭の際には、何人もの人が一度に調理をした。とにかく素材と加工の質が高いため、百年以上経ってもまったく形に狂いがない。先の図172とは対照的な素材と形態であり、同一地域で多様なまな板文化が展開されていたことを示す貴重な資料となっている。

図173では、二つのまな板をセットにして一体化しているが、江戸後期には図174[29]に示したような細長い一枚板のまな板もあった。図174のまな板は重くて、おそらく二人でも運搬は難しい。作者の英一蝶が三宅島に流されていた時期に描かれたものなので、多少大げさに表現した可能性もある。いずれにしても、図174のような長いまな板がすでに江戸期に存在していたからこそ、図173の組み合わせタイプのまな板が明治前期に製作されたのである。

奈良県立民俗博物館所蔵のまな板

公立の資料館・博物館では奈良県立民俗博物館が最も充実したまな板の収集を行なっている。図175-ア・イ、図176、図177、図178-ア〜ウ、図179-ア・イ、図180-ア・イなどがその収集品である。図175は薬種用、図176は煙草刻み用のもので、純粋な調理用まな板ではない。しかしながら製作年代が古く、形態と構造に共通点が多数あることから、まな板と比較するために示した。

図175は甲板下部に一八三三（天保四）年という文字が見える。甲板はやや硬質の広葉樹で、四本足はスギが使用され、足は先の図172に似た扁平な形状をしている。長さ一二一cm、幅二九・五cm、板厚五・三cm、高さ一四・二cmというかなり大きなものだ。全体の印象としては、すこし細長く感じる。製作されてから一七〇年以上経過し、甲板の表面は虫に食われて傷んでいる。薬の材料を刻むことと、甲板の硬さがどの程度関係あるのかについては今後の課題とするが、調理用まな板ほど刃物を保護する機能を重視していない可能性がある。

図176の製作年代は不明である。扁平な四本足、四方転びなど、少なくとも大正時代以前の足が持つ特徴を備えている。長さ六〇cm、幅二三・二cm、板厚三・九cm、高さ一三・九cmで、ヒノキ材を使用している。

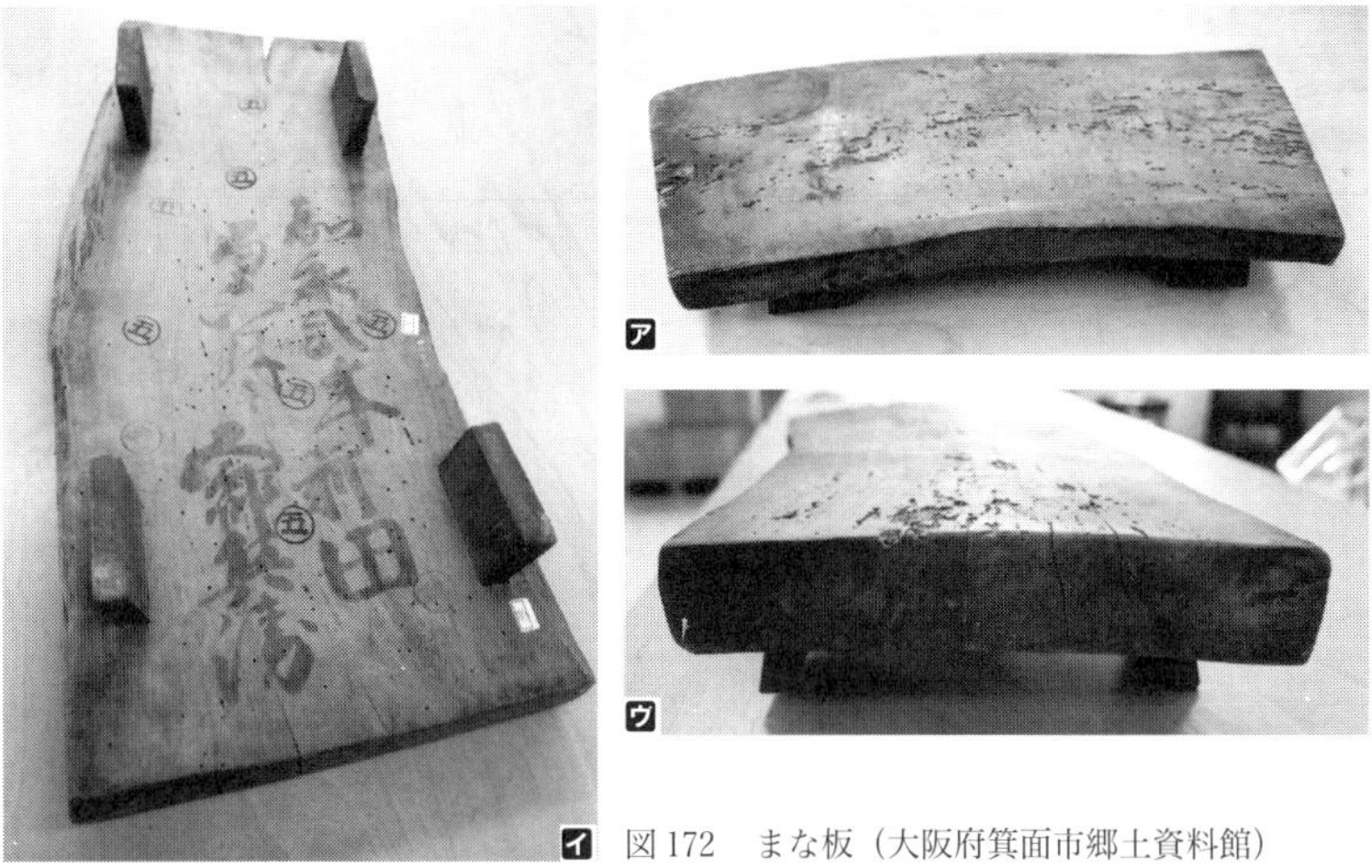

図 172　まな板（大阪府箕面市郷土資料館）

図 173　まな板（大阪府箕面市郷土資料館）

図 174　長いまな板（『日待図巻』）

⬆図 175 薬種用刻み台（奈良県立民俗博物館）

図 177　➡
まな板
(奈良県立民俗博物館)

⬇図 176 煙草刻み台（奈良県立民俗博物館）

図 178　まな板
(奈良県立民俗博物館)

図 179　まな板
(奈良県立民俗博物館)

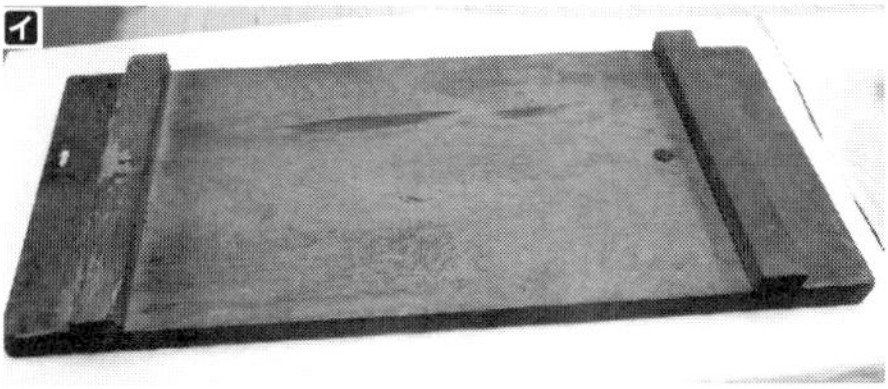

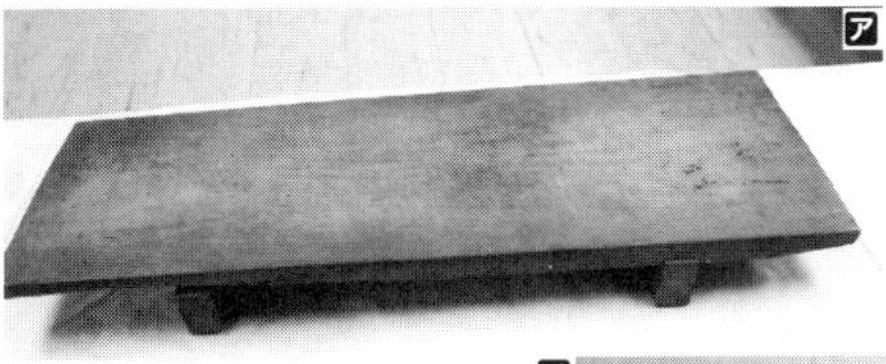

図 180　まな板
(奈良県立民俗博物館)

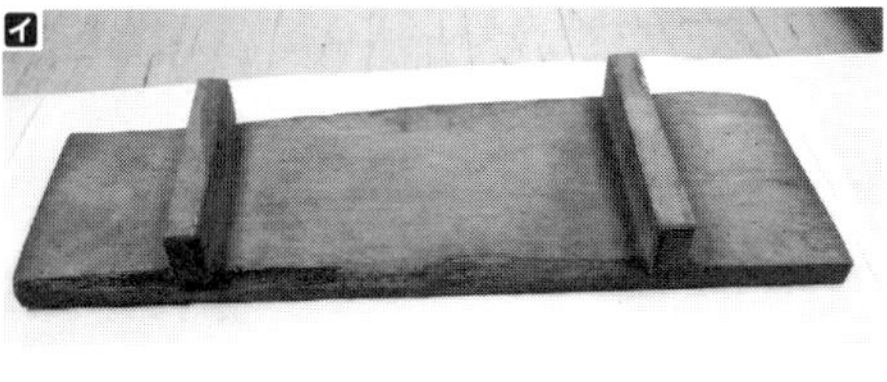

全体の形態はまな板とほとんど同じである。

図177は一八九五（明治二十八）年に製作された広葉樹のまな板で、足が一本欠落している。足は四本足で扁平な形状をしており、四方転びになっている。長さ一一三・三cm、幅三八・八cm、板厚四・二cm、高さ一〇・五cmというきわめて大きなまな板である。まな板の裏に、大工の名前が墨書されていることから、大工が製作者であることは間違いない。この大工がまな板の製作を依頼されたのか、それとも新築などの祝いに施主への贈り物に使ったのかは判然としない。

図178-ア～ウはやや小型のまな板である。長さ五五・二cm、幅二九cm、板厚八・三cm、高さ一四・八cmということから、大きさのわりにはずいぶん甲板が厚い。マツ材で製作され、足は薄い板を使用した四本足を採用し、四方転びに加工している。それにしても全体の大きさのわりに足が極端に薄く、華奢な感じがする。甲板の木取りは丸太の芯を中心にしており、甲板上部の中央は板目となる。イの左端に見られるように、甲板の木端面には二段の面を取っている。こうした面取りは、意匠として取り込んだと考えて間違いない。保存の状態から見ても、明治後期以前に製作されたものであろう。

図179-ア・イはヒノキ材で製作され、低い栈足を付けている。長さ九一cm、幅四〇・九cm、板厚三・七cm、高さ六・五cmということから、足の高さは三cmにも満たない。図178の四本足も極端に薄く感じたが、この栈足もまな板の大きさからして極端に低い。座姿勢でこのまな板を使ったと仮定すれば、あまりにも低すぎて作業者に負担がかかる。まな板の裏面にもやや大きな刃物傷が見られる。出刃包丁のような刃物は裏面で使った可能性がある。

図180-ア・イは甲板、栈足共に広葉樹で作られている。長さ九〇・六～九一・七cm、幅二九・二～三一cm、板厚三・五cm、高さ九・六cmというように、まな板は完全な長方形ではない。長さを一・一cm、幅を一・

八cm小さくすれば完全な長方形になるのに、なぜそうしなかったのだろうか。シンメトリックな形態に慣れている現代人には、どうもよく理解できない形態観である。
奈良県立民俗博物館所蔵のまな板を見た限り、形態は特に画一化していない。また材質も広葉樹と針葉樹が使用され、一例を除けば明治〜大正期においてもおおむね座姿勢で作業をしていたようである。

(4) 中部・関東地方のまな板

岐阜県関市岐阜県博物館所蔵のまな板
図181-ア・イは、(31)昭和二十年代後半まで使用されていたまな板である。大きさは長さ四四・九cm、幅一九・五cm、板厚二cm、高さ六・四cm、一般家庭の日常生活で使用されていた。まな板には形状に関する統一した規格はない。現在の市販品を大・中・小といったタイプに分類すると、大の長さは四五cm、幅は二二・五〜二五cm、板厚は三cm程度である。この大きさと図181のまな板を比較すると、幅がすこし狭く、板厚が薄い。板厚は長年使用すれば薄くなるので、もともとは三cm程度に作られた可能性もある。甲板は広葉樹のように見えるが、桟足は針葉樹を使用している。足の高さは四・四cmと低く、このまな板は立姿勢で使われた可能性が高い。

東京都羽村市郷土博物館所蔵のまな板
東京都羽村市郷土博物館には七つのまな板が収蔵されている。そのまな板は次のようなものである。
①長さ一一二・一〜一一二・五cm、幅一四・三〜一六cm、板厚二・五〜二・九cm、高さ八・〇〜八・

七㎝、広葉樹（クリ材のように見える）を甲板、桟足に使用。下田家住宅のもので、分家の際に譲り受けた。大正七年頃から昭和期に使用された。うどんや餅などを切るときに使った。
②長さ六八・四～六八・六㎝、幅一五・一～一五・三㎝、板厚三・三～三・五㎝、高さ八・二㎝、トチ材を使用している。このトチは屋敷にあった木で、昭和五～六年頃、奥多摩街道の拡張で伐採したため、まな板に使用した。家の者が作った。甲板はトチ、桟足はスギ。勝手用のまな板で、野菜などを切るのに使用された。
③長さ六三・四㎝、幅一六・五～一六・八㎝、板厚三・二～三・三㎝、高さ七・三㎝、甲板は広葉樹、桟足はスギ材。
④長さ四八・〇～四八・一㎝、幅二二・八～二二・九㎝、板厚一・六㎝、高さ六・七㎝、ヒノキ材。まな板の中央部分が長年の使用でかなり窪んでいる。
⑤長さ四八・六㎝、幅一九㎝、板厚一・九㎝、高さ七・四㎝、スギ材。足は桟足。甲板上面の傷は細かい。裏面にも刃物傷があり、上面より傷が大きい。
⑥長さ一七㎝、幅一〇・三㎝、板厚一・三㎝、高さ三㎝、足は桟足。サワラ材。昭和二十～三十年代に使用。甲板の中央部が窪んでいる。
⑦長さ三八・九～三九・〇㎝、幅一七～一七・二㎝、板厚二・二㎝、広葉樹材。足はなく、片面だけを使用している。
七つのまな板は、図182-ア～オ[32]のように多様な形をしており、②をイ・ウ、⑤をエ・オに示した。全体としての印象は、極端に細長いまな板が三例あり、どのような目的を持っているのかが気になった。たとえば、①はうどんや餅を切るのに使用し、②は野菜を切るのに使用したというのだが、細長い形状でなけ

ればならない必然性がよく理解できない。囲炉裏のある生活では、角に細長いまな板を渡して置き、あらかじめ台所で大きく切った野菜などを、その場でさらに小さく切って鍋に入れたという推測も可能だが、確たる論拠はない。同じ地域で、⑥のような小型のまな板を、中央が大きく窪むまで長期間表面を削らずに使用している人もいる。

⑤は比較的バランスのとれた形状をしている。当初は板厚が三cm程度あり、使い古したので一・九cmになったと判断した。日常の生活で長年使用したまな板は、削って薄くなるのが当たり前で、元の厚さの半分程度になっている場合も珍しくない。

新潟県魚沼市目黒邸所蔵のまな板

目黒邸は国指定重要文化財となっている江戸期の住宅建築である。母屋の台所に置かれているまな板は、図183-ア・イに示したもので、長さ六〇・五cm、幅三七・〇cm、板厚二・六～二・八cm、高さ一四・八cmという寸法である。甲板は広葉樹、桟足はヒノキ材が使用されている。甲板の樹種は、おそらくサワグルミであろう。目黒邸はこの地方の名家であり、図183の座姿勢で使用するまな板は、戦前より使用されていた。板厚が薄いのは、長く使用されて削ったためだろうと判断した。図183は一般的な家庭ではハレの場で使用する大きさだが、台所に置かれている状態から察すると、大所帯の目黒邸では日常に使用されていたようだ。

図 181　まな板（岐阜県博物館）

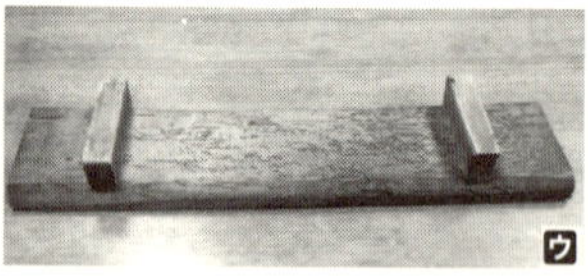

図 182　まな板
（東京都羽村市郷土博物館）

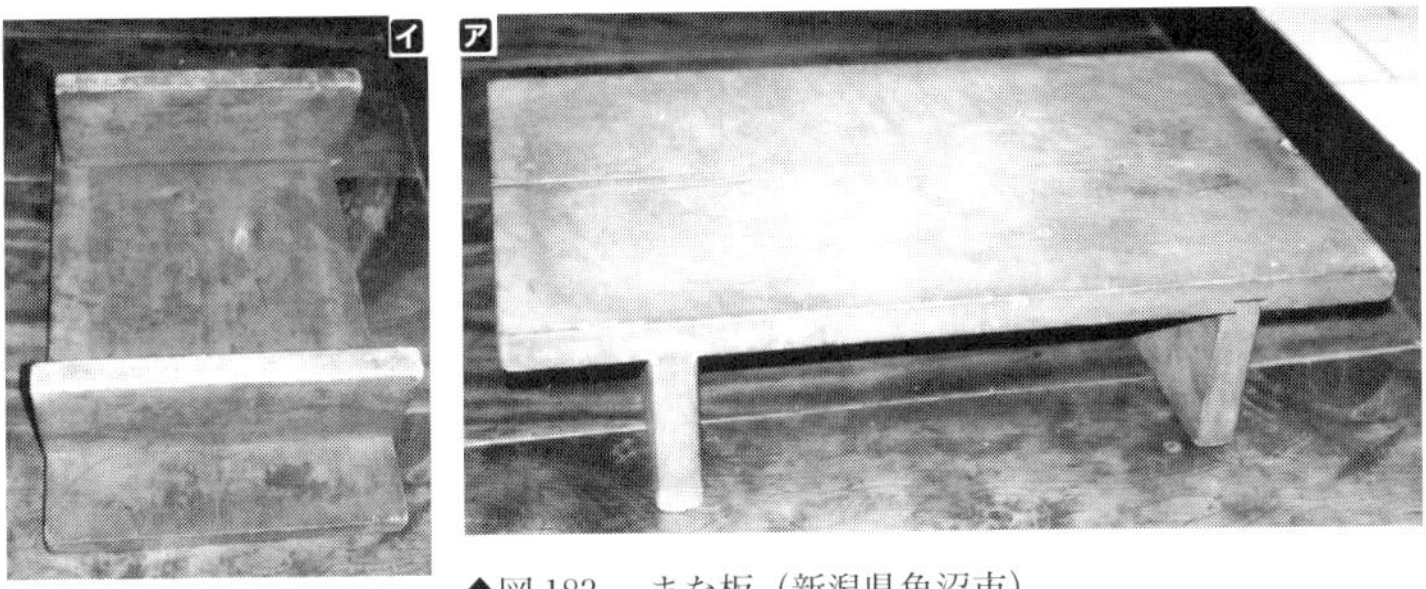

⬆図 183　まな板（新潟県魚沼市）

⬇図 184　まな板（福島県南会津郡只見町）

図 185　まな板
（福島県南会津郡田島町
奥会津地方歴史民俗資
料館）

(5) 東北地方のまな板

福島県南会津郡只見町教育委員会所蔵のまな板

只見町は先の新潟県の魚沼市から数十キロメートルしか離れていない。冬季に雪が多いことが共通している。図184-ア・イ[34]は、一八九九（明治三十二）年に製作されたまな板で、長さ五一cm、幅二四cm、高さ一五cm、甲板と桟足は共にサワグルミを使用している。まな板の裏側に「振舞」という記述があり、只見町教育委員会には、結婚式に使用したという聞き取り調査の記録がある。このことから、図184のまな板は、結婚式用に製作されたものであることは間違いない。ハレの場専用のまな板であったとすると、すこし小型のように思える。桟足の中央は窪んでおり、角が丸くなっている。中央部の窪みは島根県の隠岐郡でも見られたことから、明治期の流行なのであろう。婚礼用に使用したこのまな板は、裏面を使用していない。裏面を使用するまな板は、日常に使用したものに限られている。

福島県南会津郡田島町奥会津地方歴史民俗資料館所蔵のまな板

奥会津地方歴史民俗資料館では、図185-ア〜ウ[35]のような桟足のまな板を所蔵している。アの上を①、下の左を②、下の右を③とすると、大きさ・素材は次のようになる。

①長さ七五・六cm、幅二八・八cm、板厚三・三cm、高さ一二・三cm、広葉樹の軟質材、桟足。
②長さ六〇・二cm、幅二六・七cm、板厚三・九cm、高さ九・六cm、スギ材、桟足。
③長さ四五cm、幅三一cm、板厚三・一cm、高さ九・七cm、広葉樹の軟質材、桟足。

①は一九四六（昭和二十一）年六月に、室井農具店より贈られたものである。おそらく新築や婚礼への

贈答であろう。まな板を贈るという習慣が、戦後間もない頃には、この地方に残っていた。②は一九四五（昭和二十）年四月に製作されたもので、これも贈り物のように見える。③の製作時期は不明である。①と③の使用材はサワグルミのように見える。

イ・ウは①と②の裏側である。桟足はいずれも中央部をえぐって四足状の機能を持たせている。南会津郡においては、戦中から戦後にかけても明治期に見られた桟足形状が継承されていた。当然こうしたまな板は戦後の生活でも使用された。では図185のまな板は、戦後においても床坐で使用されたかということになるが、昭和三〇〜四〇年代あたりまで、家庭によっては床坐での使用が継承された。①は甲板の裏面まで刃物傷があり、全体の雰囲気から見る限り、相当長く使用されたようだ。

田島町では現在でもお葬式などで、大型のまな板を床坐で使用する家庭が稀にあり、桟足のまな板はきわめて少数であるが、床坐で延々と継承されている(36)。

福島県南会津郡下郷町大内宿のまな板

大型のまな板を、田島町では現在も床座で使用しているとの情報を二〇〇四年に得た。しかし実際に調査してみると、戦前の台所を継承している家庭は残念ながら見つからなかった。そこで一年後の二〇〇五年の夏に、南会津郡舘岩村の前沢曲家集落を訪れた。ところがここでも台所はすべて改修され、土間を利用している台所は皆無であった。そこで国重要伝統的建造物保存地区に選定されている南会津郡下郷町の大内宿を訪れた。ここでやっと一軒の家で桟足の大型まな板が現存し、冠婚葬祭時に使用されていることが確認できた。図186-ア・イが見つけたまな板で、長さ七五cm、幅三〇cm、板厚三・四cm、高さ九・一cmである。このまな板は現在も時折使用されている(37)。台所の調理台では一人しかまな板を使うことができないため、座姿勢でもまな板を使用して多人数の来客に対応している。まな板の材質は軟質の広葉樹である。イの裏面には焼き印が数カ所に押されている。当家の屋号ということで、集落では屋号で呼び合う習慣が今も残っている。

福島県田村郡三春町歴史民俗資料館所蔵のまな板

図187-ア・イ[38]は日常に使用されていたまな板で、長さ四八・五cm、幅二三cm、板厚二・五cm、高さ八・二cmである。材質は不明だが、軟質の広葉樹のように感じる。甲板の中央はすこし窪んでおり、長年表面を削らないで役割を終えたことが読み取れる。甲板上部の左側には足に釘を打ち込んでいる。おそらく蟻接合にゆるみが生じ、その対応を釘で済ませたのであろう。イに見られるように、桟足は中央部を深くえぐっている。こうした加工は、桟足に四本足の機能を付加させたことになる。関東から北では四本足のまな板はなぜか見かけない。図187のまな板は裏面も使用している。まな板の表と裏を使い分ける習慣があったのかもしれない。

福島県福島市民家園所蔵のまな板

福島市民家園には、江戸時代後期の民家が数軒移築されている。その中の一軒に図188-ア・イ[39]のまな板が置かれている。長さ八九・八cm、幅二五・七cm、板厚四cm、高さ一四cmで、甲板は広葉樹、桟足は針葉樹が使用されている。桟足の中央部をすこしえぐっており、先の福島県の事例と共通した形態観が見られる。全体の形状は細長い印象を受ける。欠損している部分もあり、甲板上部の状態から、長期間使用されていたことは間違いない。製作年代は記されていないが、高さが一四cmと高く、昭和初期以前に製作された可能性が高い。

青森県八戸市博物館所蔵のまな板

八戸市博物館には図189〜191(40)に示した五枚のまな板が収蔵されている。その大きさ、材質、足は、下記のような内容である。

①長さ七九・五cm、幅二五・五〜二六・〇cm、板厚一・四cm、高さ一二・五cm、甲板および桟足はヤナギ材。昭和中期に使用。

②長さ四三・九cm、幅一七・五cm、板厚二・一cm、高さ七・二cm、甲板および桟足はヤナギ材。裏面もすこし使用。

③長さ六一・五cm、幅三一・五〜三六・〇cm、厚さ二・六cm、足はない。ヤナギ材。両面を使用。

④長さ四七・八cm、幅二五cm、厚さ二・六cm、足はない。やや硬質の広葉樹材。両面を使用。

⑤長さ三七・七cm、幅一七・七cm、厚さ二・五cm、足はない。ヤナギ材。両面を使用。

以上の内容から、青森県南部の太平洋岸では、まな板材としてヤナギが好まれていたことが理解できる。また①のような座姿勢で使用するまな板が、昭和中期まで使用されており、一部の家庭においては、戦後も床坐での生活習慣が継承された。

①・②のまな板を図190-ア・イ、図191-ア・イに示した。図191-イのような桟足はこれまで数多く見られたところが、図190-イのような足は、桟足という構造を採用しているが、実質的には四本足のまな板と言っても過言ではない。ここまで深くえぐった桟足はきわめて珍しい。図190-アの甲板は釘で足に固定している。釘接合は、まな板の寿命における最終段階で、厚さ一・四cmになるまで長期間したことで蟻接合がゆるみ、

図 186　まな板
（福島県南会津郡
下郷町大内宿）

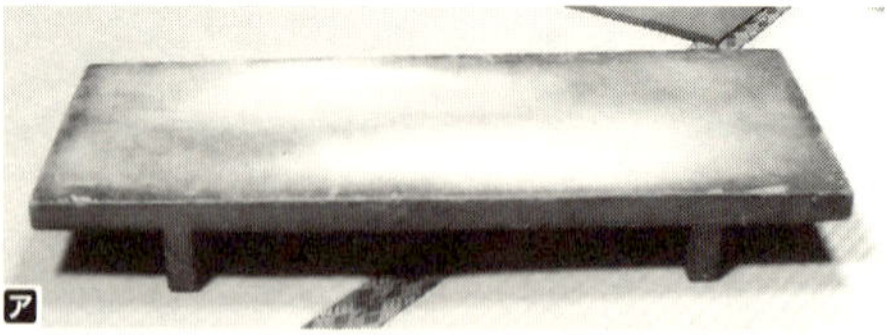

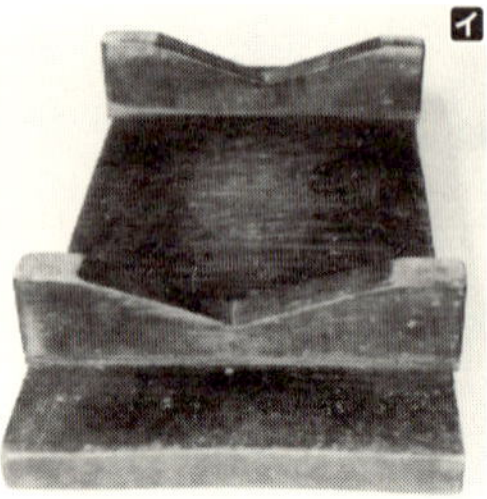

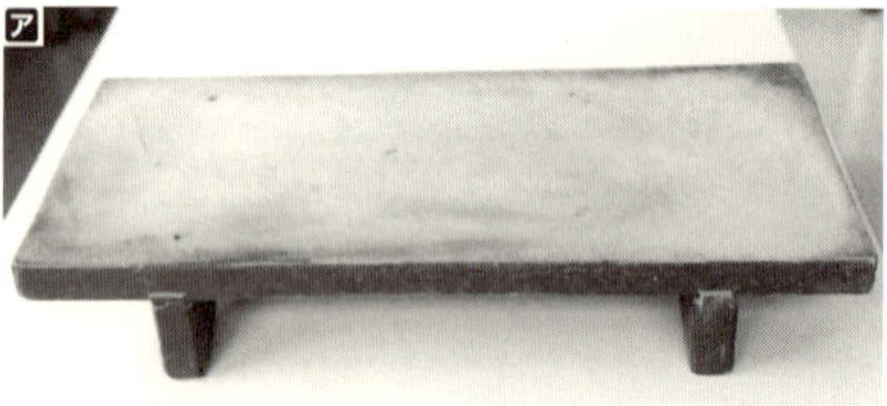

図 187　まな板
（福島県田村郡三春町歴史民俗資料館）

図 188　まな板（福島市民家園）

図 189　まな板（青森県八戸市博物館）

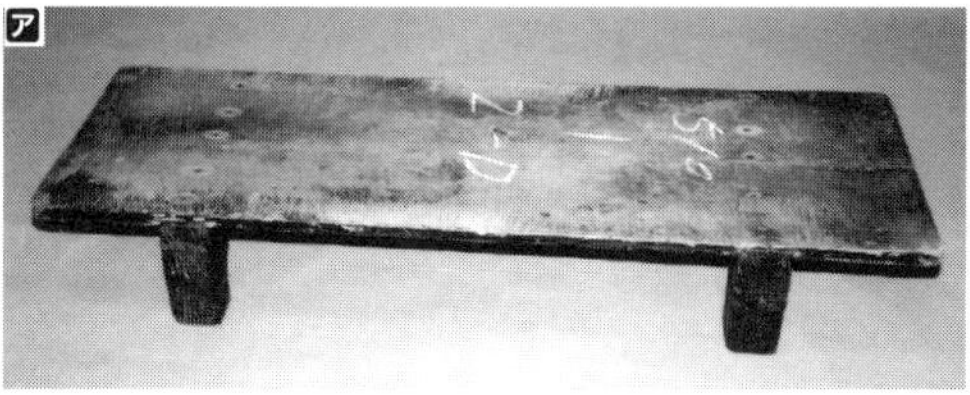

⬆図 190　まな板（青森県八戸市博物館）

⬇図 191　まな板（青森県八戸市博物館）

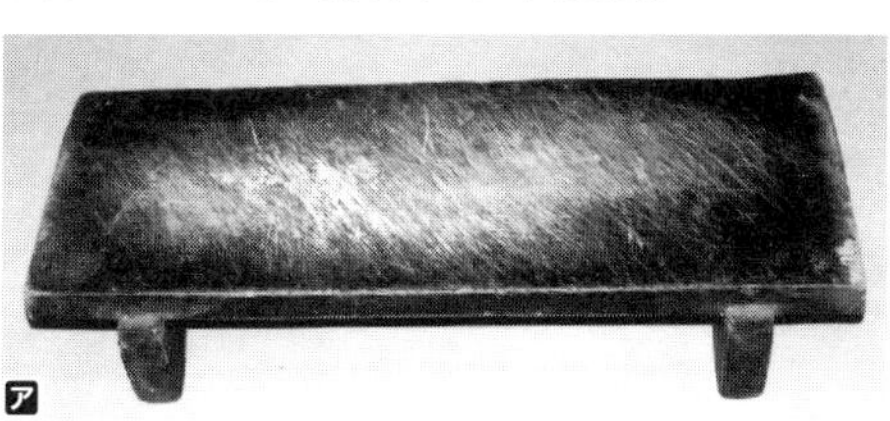

図 192　まな板（青森県三沢市小川原湖民俗資料館）

図 193　まな板（青森県三沢市小川原湖民俗資料館）

図 194　まな板
（青森県三沢市小川原湖民俗資料館）

図 195　まな板
（青森県三沢市小川原湖民俗資料館）

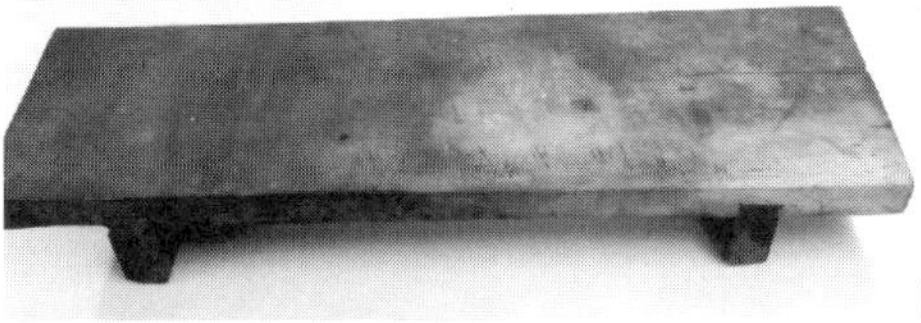

ア

イ

ア　イ

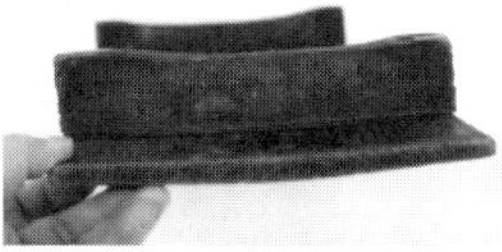

図 196　まな板
（青森県三沢市小川原湖民俗資料館）

図 197　まな板
（青森県三沢市小川原湖民俗資料館）

図198　まな板
（青森県三沢市小川原湖民俗資料館）

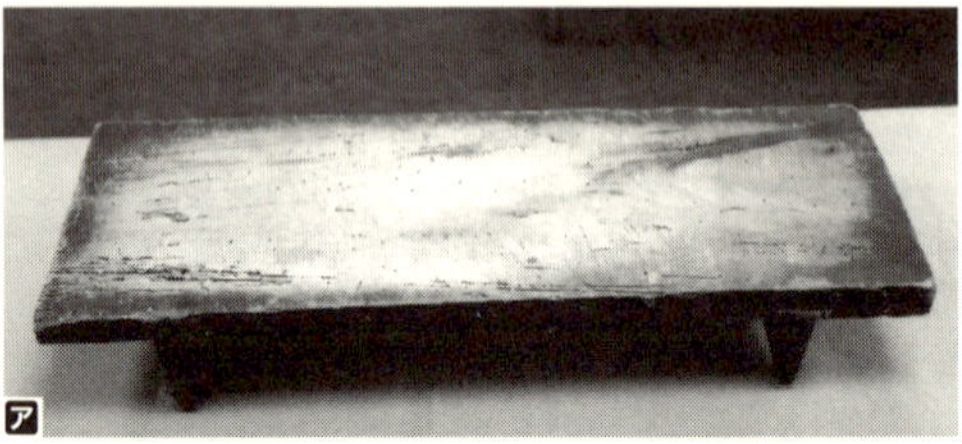

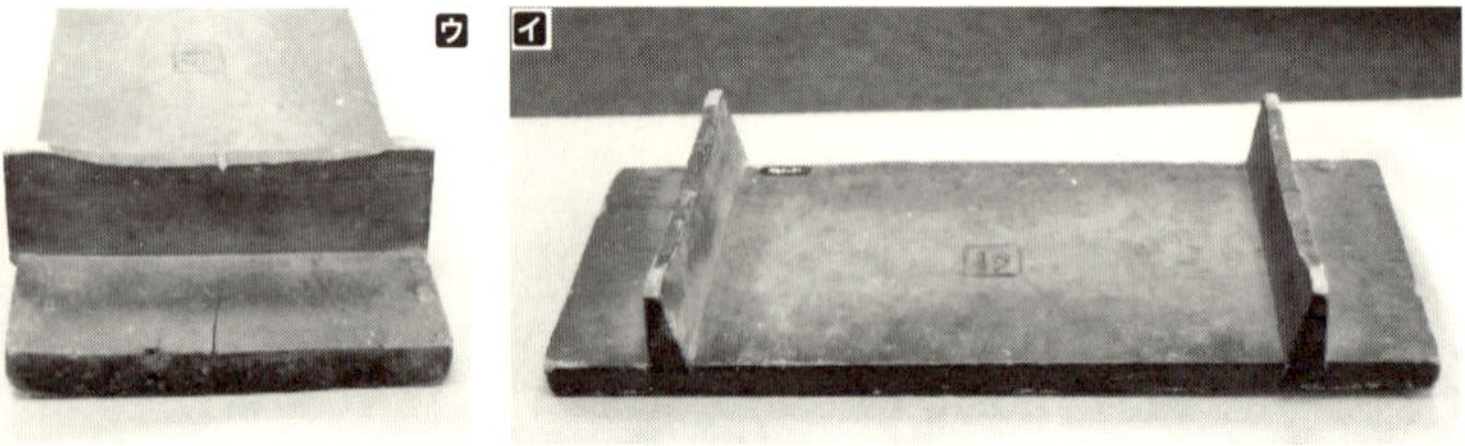

図199　まな板
（青森市青森郷土館）

そのことへの対応措置である。

青森県三沢市小川原湖民俗資料館所蔵のまな板

小川原湖民俗資料館には、足の付けられたまな板だけでも図192㊶に示したように、一〇例が展示されている。その内容は次のようなものである。

①長さ五一・八cm、幅二六・二〜二六・八cm、板厚三・六cm、高さ一〇・一cm、甲板は広葉樹材、桟足はマツ材。

②長さ五六・四cm、幅二三・〇〜二三・八cm、板厚三・五cm、甲板と桟足共に広葉樹材。

③長さ六六・一〜六六・三cm、幅三〇・六〜三一・三cm、板厚四・三cm、甲板と桟足共に針葉樹材。

④長さ九一・二cm、幅二八・八～二九・〇cm、板厚三・八cm、高さ一一・五cm、甲板と桟足共に針葉樹材。
⑤長さ五一cm、幅二三・一～二三・三cm、板厚二・九cm、高さ七・六cm、甲板と桟足共に軟質の広葉樹材。
⑥長さ四一・一cm、幅一七・七cm、板厚三cm、高さ七cm、甲板と桟足共広葉樹材。両面を使用。
⑦長さ五二・八cm、幅二〇・六～二一cm、板厚一cm、高さ五・二cm、甲板と桟足共にスギ材。
⑧長さ五一cm、幅二〇・九cm、板厚一・五cm、高さ六・八cm、甲板と桟足共にスギ材。
⑨長さ七五・六cm、幅二三・二cm、板厚三cm、高さ九・五cm、甲板は硬質の広葉樹材、桟足は針葉樹材。
⑩長さ八八・三cm、幅三一・九cm、板厚二・七cm、高さ一四・五cm、甲板と桟足共に針葉樹材。

上記のまな板で特徴のある①を図193-ア・イ、③を図194、④を図195-ア・イ、⑦を図196-ア・イ、⑧を図197、⑨を図198-ア・イとした。

図193のまな板は、イに見られるように桟足の中央部をえぐり、四本足に似た機能を持たせている。また足の太さはすこし楔形に成形され、甲板に接する部分が厚い。

図194・195・197は共に甲板に大きな節がある。なぜ食材を刻む場所に、こうした節のある材料を使用したのかが理解できない。刃物の保護をするまな板の役割と、節のある木材の使用とは、相反する内容である。大きな節があると、まな板の表面を削る場合にも高い技術が要求される。

図195には、イに示したように深い刃物傷がある。出刃包丁のような厚い刃を叩くような動作で使用したのであろう。図196の甲板は一cmと極端に薄い。先の図190と同じように釘接合で対応しており、やはり使い

終えたまな板という印象を受ける。

図198の桟足には穴が開けられている。イに示したように、この穴には指が入らないことから、実用的な用途とは異なった目的で加工されたとすべきである。

青森県青森郷土館所蔵のまな板

青森市にある青森郷土館では図199－ア～ウ[42]に示したまな板が収蔵されている。まな板は長さ六〇・四cm、幅二二・五cm、板厚二・八cm、高さ九cm、甲板も桟足も共に軟質の広葉樹材を使用している。足の形状に特徴がある。上が厚く、下が薄いという楔形の形状は、先の小川原湖民俗資料館の図193とよく似ている。また足をえぐり、その中央部に深い窪みを作る意匠は、島根県隠岐郷土館の図169、八戸市博物館の図190と共通している。

四　東アジア、東南アジアのまな板

(1)　中国のまな板

漢民族が多数を占める中国は、漢民族が使用している切り株状のまな板のみ紹介されることが多い。このまな板を先に木口面円形まな板と規定した。中華料理といえばこの木口面円形まな板しか目にしない。しかし家庭で使用するまな板には、木端面を使用した長方形のタイプも散見される。またチベット自治区や新疆ウイグル自治区では民族も異なり、まな板の形態および使用方法が異なる。これまで収集したまな板の写真を通して、中国におけるまな板文化の実態を検証する。

上海市、江蘇省のまな板

図200・201(43)は上海市で使用されているまな板である。図200は旧市街の屋外に設置されている流しの上に、長方形のまな板を置いている。まな板の中央は凹み、削って使用する習慣があるようにも思えない。使っている包丁も、それほど鋭利に研いでいるわけではない。図201は郊外の民家で使用されているもので、プラスチック製である。厚みは薄く、長方形をしている。近年は都心だけでなく、郊外の住宅地でもプラスチック製まな板が普及している。

図202(44)は、江蘇省蘇州市の民家の台所で、古いテーブルをまな板に代用している。麺類をこねる場合、各地でこうしたテーブルを使用しているが、まな板の代用としている例は少ない。

図203(45)は、江蘇省徐州市の市場で売られているまな板である。小型のタイプはまな板であろうが、大型のタイプはこね台の可能性もある。中国でも長方形のまな板は意外に多い。図203では板の端に釘で補強材を固定している。一種の端嵌めであろうが、木工技術の精度はそれほど高くない。製品に高い技術の精度が要求されていないのである。

江西省景徳鎮市のまな板

図204〜206(46)は景徳鎮市郊外の農家で使用されているまな板である。図204では台所にこね台が置かれ、その上でまな板を使用している。まな板の材質はプラスチックで円形に加工している。木口面円形まな板の形

図 200　まな板（上海市）

図 201　まな板（上海市）

図 203　まな板とこね台（江蘇省徐州市）

図 202　調理台（江蘇省蘇州市）

図 204
台所とまな板
(江西省景徳鎮市)

図 205
まな板
(江西省景徳鎮市)

図 206
まな板
(江西省景徳鎮市)

を踏襲したコンセプトで生産しており、日本のプラスチック製まな板よりは厚みが薄く、やや硬質なものが多い。

図205はガスレンジの脇でまな板を使用している。まな板の置かれたスペースは、まな板の作業を配慮して設計されているようだ。まな板は長方形だが、なぜか縦方向の向きに置かれている。大きさは日本の家庭用まな板よりすこし幅が広い程度である。

図206も図205同様に、ガスレンジの近くにまな板が置かれている。まな板の形は日本のものとほとんど同じである。相当使い込んだまな板であるが、表面を一定の期間使用した後に削る習慣はないらしい。

景徳鎮市の市場では、木口面円形まな板と長方形のまな板は、約七対三の割合で売られている。このまな板は一般家庭を対象とした商品であって、長方形のまな板を専門の調理師は使わない。中国の華中・華南では、木口面円形まな板に最も適した木材は、カバノキ科アサダ属の鉄木という非常に硬い樹種である。専門の調理師はもっぱらこの鉄木のまな板を使用する。

貴州省のまな板

一九九九年に貴陽市から凱里市までの道路沿いで生活品の調査をした。その際に撮影したのが、図207〜210[47]のまな板である。貴州省は少数民族も多数居住しているが、図207〜210はすべて漢民族の生活場面で、図207〜209は道路沿いの食堂、図210は凱里市郊外の農家である。

図207は犬の肉料理専門の食堂に置かれたまな板で、完全な円形ではなく、広葉樹の木口面をそのまま使用している。完全な円形にするには、旋盤や轆轤で辺材部分を加工する必要がある。そのメリットは形態の問題だけでなく、割れ防止のために箍《たが》状の鉄輪をはめることにある。

余談ではあるが、羊頭狗肉という中国のことわざが日本に伝えられ、見せかけだけが立派で内容がともなわないという意味で使用される。現在の貴州省では犬の肉が羊の肉よりも高級であり、時代や地域が異なれば、食材の価値観も異なる。羊頭狗肉という諺は、羊の肉を尊ぶ中国北西部から生まれたと推察される。

図208のまな板はやや大きく、直径が六〇cm近くある。硬質の広葉樹材のようだ。白いタイルを貼った作業スペースで調理している。この作業台の高さは七〇cm以下で、まな板の高さを足しても七五cmにも満たない。中国における一般的な調理台の高さは七〇〜七五cmが多い。日本の八五cmを基盤としたステンレス製の流しや調理台は、農村では一切見かけない。手前の女性は幅の狭い包丁を使用している。

図209も食堂に置かれた木口円形まな板である。調理台の上に置いて使用している。中国の調理台は、麺類や餃子の皮を作るこね台を兼ねることが多い。

図210は農家の台所で使用されるまな板で、井戸の蓋の上に置いている。長方形のまな板はかなり使い込まれており、中央部分が窪んでいる。

四川省成都市のまな板

図211・212・214・215・216(48)は、二〇〇〇年に成都市の市場と郊外の農家で生活品調査をした際に撮影したものである。市場では図211のような木製と竹製の木口面円形まな板、木端面を利用した長方形のまな板が売られている。成都市では長方形のまな板の販売割合は低い。まな板にはフックが付けられている。使用後は洗ってつり下げ、水気を取るという使用法を前提にフックを付けているのだろう。このフックで五キログラム以上ある重いまな板をつり下げている光景は目にしたことがない。だとすると、運搬時の取っ手と

図 207　まな板 ➡
（貴州省竜里県）

図 209　まな板 ➘
（貴州省貴定県）

図 208　まな板
（貴州省貴定県）

図 210　まな板
（貴州省凱里市郊外）

図 211　まな板
(四川省成都市)

図 212　まな板（四川省成都市）

図 213　まな板
(筆者所蔵)

図 214　まな板（四川省成都市）

しての機能だろうか。それにしては大きさが小さすぎる。いずれにしても、このフックの持つ機能はよくわからない。

図212は図211の竹製まな板をアップにしたものである。竹の木口面を利用した集成材で、接着剤を多用している。この技術は湖南省で開発され、図212のまな板も湖南省の製品である。竹を集成材にしたまな板の耐久度について疑問があったことから、筆者は重いまな板を一つ日本に持ち帰った。一度も使用していないのに、二年後には何カ所かにひびが入り、五年後には図213のような状態になった。水を使い、乾かすということを繰り返せば、もっと短期間にひびが生じるように思える。それでも生活で長期間使用しているということは、常に水分を含んだ状態で使い続けているということになる。

図214も市場で売られているプラスチック製のまな板で、表示から見る限り、日本製のポリエチレンまな板である。中国の嗜好に対応するため、円形のタイプも加えるなど、まな板も立派な輸出品となっている。

図215・216は、共に成都市郊外の農家で使用されるまな板である。わざわざ数少ないと推定された長方形のまな板を撮影した。それでも予想以上に長方形のまな板が使用されており、市場での販売割合と実際の使用割合は必ずしも等しいとは限らない。おそらく自作のまな板が多いのであろう。図215のまな板は長期間使っており、表面はかなり窪んでいる。使用して以来まったく表面を削っていないようだ。

河南省、陝西省のまな板

図217・218[49]は、二〇〇三年から二〇〇四年に上海市から西安市にかけて実施した生活品調査の際に撮影した。また図219[50]は、一九九九年に陝西省漢中市で生活用品の調査を実施した際に撮影したものである。

河南省でも長方形のまな板を一般の家庭でよく見かける。図217は開封市郊外の民家で使用されていたもので、卓子の上にまな板を置いて調理していた。この卓子はその後食事に使用している。図218は三門峡市の民家で使用されているまな板である。こね台を兼用する調理台の上に置いて使用している。図216・217は、いずれも庶民の生活で使用するまな板で、大きさも長さが四〇cm程度である。

図219は西安市と成都市の中間に位置する漢中市郊外の民家で使用していたまな板である。やはり図217と同様に、卓子の上に置いて使用している。漢中市は四川省にも近いため、木口面円形まな板の使用率が高い。

甘粛省のまな板

図220〜224[51]は、二〇〇一年の夏に西安市から新疆ウイグル自治区カシュガル市まで生活品の調査を実施した際に撮影したものである。この地域はシルクロードの天山南路と呼ばれている。

図220は黄土高原地帯に位置する定西地区の台所で、こね台と兼用の調理台にまな板が置かれている。まな板は長方形で小さく、厚みも薄い。台所用具自体の数が少なく、けっして豊かな生活とは言い難い。しかしながら、質素な食文化の中にも、調理台は高い技術で製作されているなど、伝統的な優れた木材文化が継承されている。それにしても小麦粉をこねて調理する方法は、どこでもよく似ている。

甘粛省も酒泉市あたりになると少数民族が多数を占める。図221〜223は酒泉市の市場でみかけたまな板である。図221のまな板売り場では、長方形が四割、木口面円形（木口面を円形に加工していないタイプも含める）が六割程度を占める。長方形のまな板は、先の徐州市で売られていたまな板と同じ構造をしていることから、江蘇省北部から甘粛省にかけては、一枚板にこだわらない造形観を共有していることになる。

図222・223は、共に酒泉市の市場内で使用されているまな板である。いずれも図221で売られているまな板と

図 215　まな板（四川省成都市）

図 216　まな板（四川省成都市）

図 217　まな板（河南省開封市）

図 218　まな板
（河南省三門峡市）

図 219　まな板
（陝西省漢中市郊外）

図 221　まな板
(甘粛省酒泉市)

図 220　こね台とまな板
(甘粛省定西地区)

図 222　まな板
(甘粛省酒泉市)

図 223　まな板
(甘粛省酒泉市)

図 224　まな板
(甘粛省玉門市郊外)

同じ形態である。

図224は、酒泉市から敦煌市へ移動する途中、玉門市郊外で見かけたまな板である。敷物の上にしゃがんで作業を行ない、まな板も敷物の上に置いている。筆者はこの座姿勢の作業を見た瞬間、日本人と共通した文化だと感じた。こうした座姿勢による作業は、魏・晋代あたりまで漢民族も広範な地域で行なっていた。甘粛省の西部では、少数民族が座姿勢でまな板を使用する習慣を現在も継承している。

新疆ウイグル自治区のまな板

図225〜235[52]は甘粛省と同様、二〇〇一年に実施したシルクロード天山南路における生活品調査の際に撮影したものである。

図225はトルファン市の市場で売られているまな板である。木口面円形まな板が多数を占める。こうした製品の多くは他地域で生産されたものであり、実際の使用実態とはすこし異なる。図226は、トルファン市の市場で使用されているまな板で、低い桟足が付けられている。このタイプのまな板は、図223の市場では売られていない。図226は、大正期から昭和三十年代にかけて日本で使用されていた立作業用のまな板とよく似ている。まな板の中央部には凹みが見られ、ここでも表面を削って使用する習慣はない。

図227・228はウルムチ市内で見かけたまな板である。図227のまな板を少数民族が使用することはあっても、図228のような桟足の付いたまな板を漢民族が使うことはない。図228は桟足に三枚の板を上から釘で接合している。こうした接合は、まな板の上部を削らないことを前提としている。図226の桟足は、釘の量産がされない時代は蟻接合であったと推察される。また一枚板を使用していた可能性もある。安価な釘が量産されるようになったことで木材加工は一変した。日本でも中世の絵巻物には、火事の後に釘を拾っている場

面がある。釘そのものが高価であった。

図229・230は、ウルムチ市からコルラ市に向かう途中で見かけたまな板である。図229は調理台の上に置かれたまな板で、厚みも一定でない粗雑な造りである。

図230はまな板の使い方を再現していただいたもので、実際に調理をしている場面ではない。大型のまな板を床に腰掛けて使用するという作業姿勢は珍しい。まな板は四枚の板を釘で桟に接合している。すなわち、まな板上部は削って平らにすることはなく、中央部だけを使用して調理する。

図231・232は共にカシュガル市内の使用例である。図231のまな板は、市場で肉を調理するのに使用する木口円形まな板である。一部が割れているため、周囲に針金を巻いて割れの拡大を防いでいる。まな板の表面は、大きな刃物を使用するためか、二〜三cmも窪んでいる。

図232は家庭の主婦が集まって屋外で調理をしている場面を撮影したものである。座姿勢にて野菜を大型のまな板で刻んでいる。まな板は数枚の板を釘で桟に接合しており、それほど精巧に加工したものではない。座姿勢は、正座に近いものや片膝を立てたりと一様ではなく、こうした女性の姿勢における多様性は、日本の座姿勢と共通している。

図233は、カシュガル市から六〇キロメートルほどの距離にあるキルギス族の村で見かけたまな板である。先の図232と共通するもので、包丁は細いナイフ状のものを使用している。おそらく大型のナイフを転用しているのであろう。

図234は、カシュガル市から約二〇〇キロメートルの距離にあるカラクリ湖畔の村で見たまな板である。桟足は釘で固定され、図230と同じように腰を掛けて使用する。この腰を掛けてまな板を使用する習慣は、新疆ウイグル自治区だけに見られる。成立時期は今後の課題とするが、もともとはしゃがんで調理し、住

図225　まな板（新疆ウイグル自治区トルファン市）

図226　まな板（新疆ウイグル自治区トルファン市）

図227　まな板（新疆ウイグル自治区ウルムチ市）

図229　まな板（新疆ウイグル自治区ウルムチ市）

図228　まな板（新疆ウイグル自治区ウルムチ市）

図230　まな板（新疆ウイグル自治区コルラ市郊外）

図 233　まな板（新疆ウイグル自治区カシュガル市郊外）

図 231　まな板
（新疆ウイグル自治区カシュガル市）

図 235　骨切り台
（新疆ウイグル自治区カシュガル市）

図 232　まな板
（新疆ウイグル自治区カシュガル市）

図 234
まな板
（新疆ウイグル自治区カラクリ湖畔の村）

図 237　まな板
（チベット自治区尼木県）

図 236　まな板（チベット自治区シガツエ市郊外）

図 238　まな板
（チベット自治区ラサ市）

図 239　まな板
（チベット自治区林芝県）

図 240　まな板
(広西チワン自治区桂林市)

図 241　まな板
(広西チワン自治区桂林市)

宅様式の変化による対応で、腰掛けるという作業姿勢になったと推定する。つまり比較的新しい作業姿勢として生活に取り込まれた可能性が高いと考える。

図235はカシュガル市内で羊の肉を売っている光景である。まな板は使用しないで、丸太の木口面を利用して骨の付いた肉を斧で切っている。こうした木口面を使用する調理方法は、漢代の画像資料にも認められる。[53]木口面円形まな板は、図235の技術となんらかの接点があったことは間違いない。すなわち野菜の調理が主たる目的ではなく、骨の付いた肉の調理を基盤に発達したのが木口面を利用したまな板と考える。切るという行為だけでなく、叩き切るという行為も鳥や獣肉の調理には必要であった。

チベット自治区のまな板

図236〜239[54]は、二〇〇二年の夏に実施したチベット生活品調査の際に撮影したもので、図236・237は共にラサ市からシガツエ市の道路沿いで見かけたまな板である。図236では、木口面円形まな板と長方形のまな板が一つの家庭で使われている。こうした組み合わせは他地域には見られない。まな板には足がなく、屋外の地面に直接置いて使用する。長方形のタイプには取っ手のようなものがある。長年表面を削らないで使用しているためか、中央部が窪み、容器のような形状になっている。

図237も図236同様、しゃがんで調理をしている。まな板は大型で、新疆ウイグル自治区で使用されているものとよく似ている。室内ではなく、屋外で調理する。

図238はラサ市の郊外で使用されているまな板である。まな板は木口面円形タイプで、包丁も含め、ラサ市は近年漢民族の文化が急速に普及している。生活の中に家庭電化製品も多くなり、バター茶もミキサーを使用している家庭が増加した。図238のまな板・包丁は漢民族の影響が色濃く反映している。

図239は、チベット東部の林芝に近い村で見かけたまな板である。足がなく、一枚板を使用している。机の上にまな板を置き、立姿勢で使用する。座姿勢で調理する文化はラサから東部に行くほど減ってくる。チベット東部は四川省の文化と接点を持つことが多く、図239のまな板は、チベットの伝統的なものではない可能性が高い。

広西チワン族自治区桂林市のまな板

図240、241(55)が桂林市郊外で使用されているまな板である。図240は農家のまな板で、調理台の上に置かれている。木口のまな板であるが、円形には削っていない。樹木の皮がそのまま付いているもので、すでに大きな割れが入っている。辺材をある程度取り除かないと、辺材と心材の密度が異なるため、乾燥して割れが生じることになる。円形に削ることは、一見材料を無駄にしているように思えるが、木材を均質に扱う大切な技術である。

図241は屋外でまな板を使用している。中国で広く見られる低い腰掛けに座し、さらに低い腰掛けの上に木口円形まな板を置いている。天気の良い日なので、ひなたぼっこを兼ねて屋外で唐辛子を細かく刻んでいる。桂林市では長方形のまな板は少ないようで、筆者の見たまな板はすべて木口面円形タイプであった。

(2) 大韓民国のまな板

NHKテレビで二〇〇四〜二〇〇五年に放映された『宮廷女官　チャングムの誓い』では、料理の場面にまな板は特にクローズアップされなかった。時代設定が十六世紀であるのにほとんどが立姿勢で調理しており、まな板には低い桟足が付けられていた。

朝鮮半島のまな板に関しては、十九世紀の代表的な画家である金弘道の絵画にも描かれておらず、日本のようにまな板での調理を、生活の重要な場面として描く習慣がなかったようだ。中国にも同様の指摘ができる。換言すれば、日本だけがまな板を生活のシンボルとして、中世以降重視したことになる。

朝鮮半島のまな板は、中国の影響を受けていることは間違いない。『五礼儀』の祭器図説には「釋尊儀云俎長　一尺八寸　闊　八寸　高　八寸五分　漆両端以朱中以黒」と表記している。[56]図242[57]はこの俎を示したものである。図242の形態は『三礼図』に記載された房俎とよく似ている。また朱と黒の漆を塗布した意匠の解説も『三礼図』の記述と似ている。すなわち、朝鮮半島の祭祀的な目的で使用する俎は、中国の漢代以前に発達した俎が持つ形態、漆による意匠を取り入れ、継承していた。

朝鮮半島では、四本足の俎が日常の生活で使用するまな板に影響を与え、また小盤という日本の膳に似た用具にも影響を与えたとされている。だからこそ『李朝木工家具の美』において、俎を家具と関連づけている。[58]当初は四本足のまな板が使用されたとしても、日本と同じように桟足に変化していく。その時期については資料が見当たらない。桟足は第二次大戦以前から使用されており、第二次大戦後も大韓民国では継承されていく。ところが一九七〇年以降は桟足が徐々になくなり、現在では市販のまな板に桟足は見られない。こうした現象も日本とよく似ている。

図243・244[59]は、ソウル市内の市場で撮影したまな板で、食べ物を扱う屋台で使用されている。大きさも日本のまな板とほとんど変わらない。まな板の表面を見る限り、定期的に削るという習慣はないらしい。

東大門市場のまな板を取り扱う店では、木製のまな板よりプラスチック製まな板の占める割合が高い。その中で日本では一切見ないタイプがあった。日本に持ち帰って撮影したものが図245である。イに示した

図 242　俎（李朝時代）

ア

イ

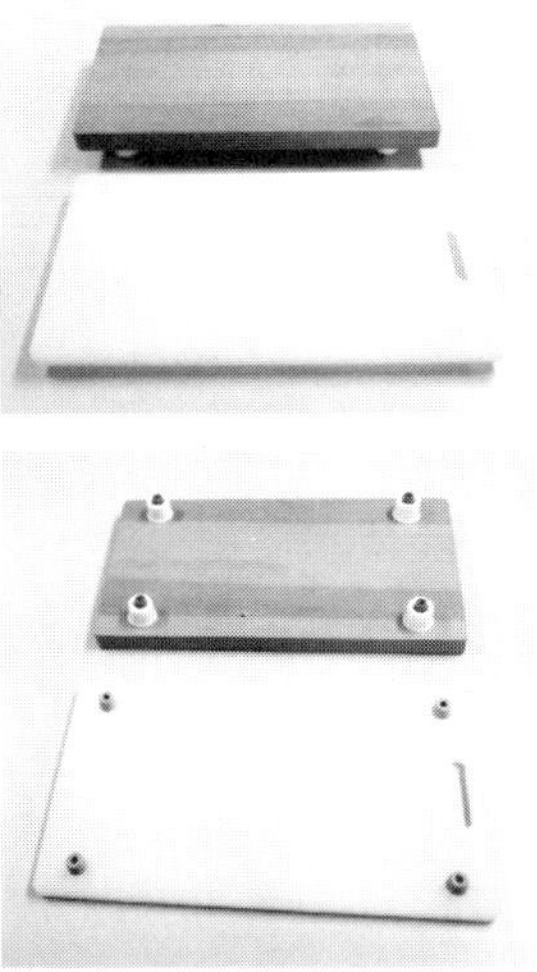

図 245　まな板
（ソウル市）

図 243　まな板
（ソウル市）

図 244　まな板
（ソウル市）

ように、低い四本足が付けられている。足の付けられた目的は、水切りが良いことと、ゴム製であるためスリップしないことにある。実際に調理台に置いて使用してみたが、軽いのに動かないのだから使い心地はよい。両面を使用できないという不満を持つ方もいるだろうが、そうした方には不向きかもしれない。

(3) ベトナムのまな板

図246～250[60]は一九九九年にベトナム南部の生活品調査を実施した際に撮影したものである。ベトナムは中国南部と接しているため、過去には中国の支配を受けた時期もある。まな板も木口面円形タイプが多く、中国との強い関係がうかがえる。

図246はホーチミン市内の市場で売られているまな板である。円形と長方形の二種類を取り扱っているが、円形は木端面を利用しているもので、木口面円形まな板とは質が異なる。長方形のまな板は、ヨーロッパのまな板をモデルにしている。材料は共にゴムノキを使用している。目の粗いゴムノキが、まな板に適した素材であるかははなはだ疑問である。近年ゴムノキが安価な家具材として取り引きされているので、まな板にも使ったというのが実態であろう。

図247・248はホーチミン市内の家庭で使用されているまな板である。市内の住宅ではほとんどが立姿勢で調理している。図247は正方形に近い形をしている。おそらく自家製のまな板であろう。図248は木口面円形まな板である。台所に見られる白いタイルの使い方は中国と似ている。

図249・250はホーチミン市から北へ一五〇キロメートルほどの距離にあるファンラン郊外で見かけたまな板である。ベトナムの農村部では座姿勢で調理する家庭が多く、図249もそうした家庭で使用されているま

な板で、直に地面に置いて使用している。まな板は木口面を利用しているが、辺材を取り除かないで切り株状のまま使用している。図250は魚店にて使用されるまな板で、図249同様、木口面を切り株状で使用している。厚さは一五cm程度あり、使用者は低い腰掛けを用いている。魚の調理は実に単純で、たんにぶつ切りしているにすぎない。

(4) ラオスのまな板

ラオスのまな板については調査の機会がなかったことから、知人に写真撮影を依頼した。図251[61]がラオスの北部に位置するルアンプラバン市で使用されるまな板である。麺類を扱う食堂で使用されており、白い磁器製の器と包丁が上に置かれている。木口面円形タイプに属するもので、三本の足がまな板の側面に固定されている。木口面円形タイプのまな板に足が付けられている事例は、中国の調査でも見当たらない。図251のまな板は、四〇cm程度の高さがあるテーブルに置かれていることから、座姿勢で使用する高さではない。しかし、テーブルや台に置かなければ座姿勢で使用することも可能である。もともとは座姿勢で使用する機能を足が持っていたように思えてならない。

ラオスはベトナム、中国、タイと接することから、木口面円形まな板が広く普及していると推察される。図251に見られる足は、木口面円形まな板の応用と捉えるべきだが、首都のビエンチャン市でも広く市販されており[62]、ラオスの代表的なまな板になっている。

図 246　まな板（ホーチミン市）

図 247　まな板（ホーチミン市）

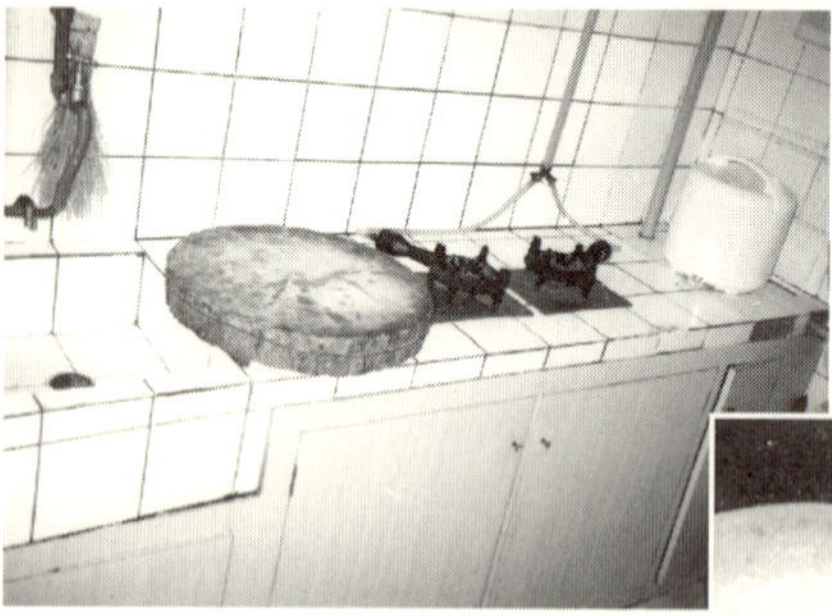

図 248　まな板（ホーチミン市）

図 249　まな板
（ファンラン郊外）

図 250　まな板
（ファンラン郊外）

図 251　まな板
(ルアンプラバン市郊外)

図 254　まな板
(チェンマイ市)

図 252　まな板
(バンコク市)

図 253　まな板
(チェンマイ市)

(5) タイのまな板

図252〜254(63)のまな板は、一九九八年に実施した生活品調査の際に撮影したものである。図252はバンコク市内の屋台で使用されているまな板で、中国の木口面円形タイプとほとんど同じものと考えて間違いない。屋台という狭いスペースの割には、大きなまな板を使用している。すでに割れが入っており、ここまで割れては手の施しようがない。

図253・254は、共にチェンマイ市内の市場で見かけたまな板である。図253は鶏の肉を調理している。まな板は木口面円形タイプで、辺材部分を削り取っていない。中国も漢民族の生活地域以外では、木口面のまな板も完全な円形に削っていないタイプが多くなり、ベトナム、ラオス、タイも同様の傾向を示す。調理に使用している包丁は中国式のものではなく、ヨーロッパの形状に似ている。

図254は図253と同じ市場で、調理後に清掃をした売場である。木口面円形まな板は、すべて立てた状態にし、水切りをしている。日本ではまな板を使用後に立て掛けておくことは日常茶飯に行なっているのに、中国、ベトナム、タイで、木口面円形まな板を乾燥させている場面に出会ったのは、なぜか図254のチェンマイ市だけである。

五　中央アジアのまな板

二〇〇三年に中央アジアのカザフスタンから東ヨーロッパのブルガリアまで、木製品の調査を行なった。

図255〜267(64)はその際に撮影したものである。中央アジアには中国、ベトナム、タイで見られる木口面円形まな板は使用されていない。木端面を利用した小型で桟足の付いたまな板が多い。また取っ手がまな板に付けられたタイプも散見される。中央アジアのまな板はこれまでほとんど紹介されていないことから、類似した形状を持つこね台との比較も含めて見ていく。

(1) ウズベキスタンのまな板

図255は、ウズベキスタン東部のフェルガナ盆地に位置するコーカンド市郊外の村で見かけたまな板で、円形で取っ手が付けられている。木端面を利用し、すでに二つに割れているが、それでも大切に使っている。

図256は、コーカンド市からタシケント市に移動する途中で見かけたもので、アングレイン郊外の村で使用されるこね台とまな板である。小麦粉をこねて伸ばす際に使用する台は細長く、下に桟足が付いている。その上に置いている木片のようなものが、まな板であるというのだが、たんなる木片というのが率直な印象である。

図257〜259のまな板は、タシケント市のバザールとその周辺で見かけたものである。図257は、バザール近くに密集する木製品店の一つで売られていたまな板で、すべて桟足が付けられている。大きさは長さが三五cmにも満たない小型のものが多い。

図258・259は、バザールの屋台で使用しているまな板である。共に桟足があり、長期間使用されて中央が大きく凹んでいる。まな板の表面を削るという習慣はないようだ。

図 256　こね台とまな板（アングレン郊外）

図 255　まな板（コーカンド市郊外）

図 257　まな板（タシケント市）

図 258　まな板
（タシケント市）

図 259　まな板
（タシケント市）

←図 260 こね台
（サマルカンド市）
↙図 261 まな板
（サマルカンド市）

図 262　まな板（上）
（サマルカンド市）
図 263　まな板（下）
（サマルカンド市郊外）

図 264　まな板
（ブハラ市郊外）

図260・261は、サマルカンド市のバザールで売られていた、こね台とまな板である。図260のこね台は、先の図256のこね台と共通した形をしている。異なっているのは板上部が蒲鉾状の曲面を持っている点である。日本のまな板が、近世から昭和初期まで、甲板を蒲鉾状にしていたことを第三章で紹介したが、図260は同じような形に表面を削っている。偶然ではあるにせよ、興味深い現象である。図261のまな板は、タシケント市で売られていたものとほとんど同じタイプである。サマルカンド市ではタシケント市同様、まな板にはすべて桟足が付けられている。図262のまな板は中央部が凹んで、もうこれ以上使えないという状態に近づいている。日本ではまな板がここまで凹むと、包丁で切ること自体が難しい。

図263は、サマルカンド市郊外の農村で見かけたまな板である。このまな板は、桟足と取っ手が付けられた珍しいタイプで、おそらく中央アジアだけにしか存在しない形態と思われる。図264のまな板は、ウズベキスタン南部のブハラ市郊外で見かけたもので、足のないタイプである。やはり形は小さく、中央部が凹むまで使用している。ブハラより以西では、桟足の使用は見られない。足付きまな板の使用は、中央アジアの中でも一つのゾーンを形成している。

(2) トルクメンスタンのまな板

ウズベキスタンのブハラ市から南に砂漠を一二〇キロメートルほど突き進むと、トルクメンスタンの国境になる。トルクメンスタンに入って最初に出会う町がチャルジレフ市で、ロシア系の住民が多い。図265-ア・イはロシア系住民の台所である。ガスレンジや電気冷蔵庫は、旧ソビエト連邦時代のものを現在も使用している。トルクメンスタンは天然ガスが豊富で、国民は無料で使用できる。

図 265
台所
(チャルジレフ市)

図 266　台所とまな板
(チャルジレフ市郊外)

図 267　キッチンの展示場（アシガバート市）

図266はチャルジレフ市郊外の農村で見た台所とまな板である。やはり旧ソビエト連邦時代のガスレンジが見られる。まな板は木端面を利用した長方形で、角を丸めた形をしている。これまで見てきたウズベキスタンのまな板とは、形態に関する考え方がすこし異なる。すなわち、このまな板を見ただけでは、中央アジアのトルクメンスタン固有の地域性は今ひとつ理解できない。

トルクメンスタンの大部分はカラクム砂漠が占め、樹木が生い茂る町は国土全体の一部である。首都のアシガバート市は国の南端に位置し、イランとの国境まで五〇キロメートル程度しかない。現在のアシガバート市は、ほとんどの部分が旧ソビエト連邦時代とそれ以後に建設され、広い碁盤目の通りに近代建築が建ち並ぶ。

図267は首都であるアシガバート市内のキッチン展示場である。欧米のキッチンに似た製品が展示されている。アシガバート市はカザフスタンのアルマトイ市、キルギスタンのビシュケク市と同じように、旧ソビエト連邦時代、ロシア人の指導によって都市計画が進められた。そのため地域固有の景観がすっかり失われてしまった。また旧ソビエト連邦の政策で、地域の伝統的な生活習慣が規制され、画一的な生活様式が形成された。アシガバート市には伝統的な生活様式はほとんど見られず、ロシア系住民が多い。こうした極端な近代化を支えるのは、石油と天然ガスの輸出である。

六　西アジアのまな板

西アジアのイランとトルコも、中央アジアと同時にシルクロードの木製品調査の一環として二〇〇三年に訪れた。図268〜274(65)はその時撮影したものである。イランは米の栽培が盛んで、山地の棚田には日本の景観と似た要素が感じられる。イランの都市部以外には床坐の文化が継承され、この点も日本と共通性がある。トルコもイラン同様、農村部にはいまだに床坐の文化が継承され、ちゃぶ台のような小さなテーブルで食事をする。

まな板の調査数自体は少ない。しかしヨーロッパや中央アジアなどと共通性のある取っ手のあるタイプも見られ、イランとトルコという限られた地域ではあるが、アジアとヨーロッパの文化が広く交流する場という視点で検討する。

(1) イランのまな板

アシガバート市を出発して一時間ほど自動車で走れば、イランとの国境に到達する。イランにはいると禿山が続き、コッペ山脈に入る。その山間部の村を訪れた時の写真が図268-ア・イである。アは床坐の代表的な姿勢で、その他に日本の正座と同じ姿勢が見られる。正座は目上の人の前とか、正式な場ですることから、日本の座姿勢と考え方がよく似ている。イは台所で、ガスがないため石油コンロを使用している。この家ではまな板が見当たらなかったので、別の家庭でまな板を見せていただいた。図269が使用されていたまな板である。やや幅の広い長方形で、角を丸めており、足はない。このまな板が地域の標準的なものとは限らないが、ウズベキスタンのまな板よりサイズが大きい。

図270-ア・イは、イラン北東部のマシュハド市郊外の民家で見た台所とまな板である。台所と言っても、電気冷蔵庫とガスレンジが室内の端にあるだけで、特に調理をするスペースがあるわけではない。「まな

図 268　床坐の生活と台所
（コッペ山脈の村）

図 269　まな板（コッペ山脈の村）

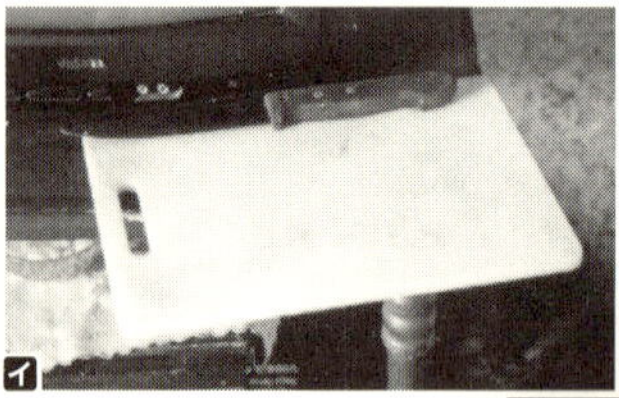

図 270　台所とまな板
（マシュハド市郊外）

図 273　まな板（カルス市郊外）

図 271　まな板
(サーリー市郊外)

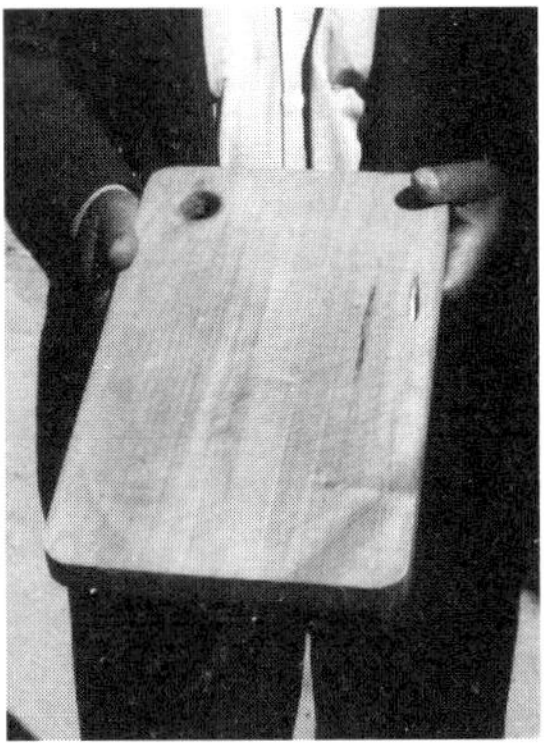

図 272　まな板
(ダブリース市郊外)

図 274　まな板
(サフランボル郊外)

板はありませんか」と主に聞くと、イに示したプラスチック製のまな板を持ってきた。包丁もナイフのような形をしている。この長方形のプラスチック製まな板を受け入れているということは、先の図269のような長方形の木製まな板が伝統的に使われていたということなのだろうか。イのプラスチック製まな板は、ヨーロッパと同じ形状をしており、輸入品の可能性もある。

図271のまな板は、カスピ海に近いサーリー市郊外の村で見たまな板である。小型で板が厚く、取っ手が付けられている。表面には大きな刃物傷が多数見られる。まな板に取っ手を付ける地域は、これまで中国のチベット、ウズベキスタンでも見られた。ヨーロッパにも取っ手の付けられたまな板が各地に見られることから、発達過程でなんらかの関連があるように思えてならない。

図272は、イラン西部のダブリーズ市郊外で見たまな板である。先の図269と共通した形をしている。イランでは女性が調理をしている場面を撮影することが難しく、必ず男性が外にまな板を持ってきて説明してくれる。一家の主が留守にしているときには、家族以外の男性が女性に声を掛けること自体がタブーとされている。

(2) トルコのまな板

図273は、トルコ東部のカルス市郊外で見かけたまな板である。長方形に取っ手を付けた形は、ヨーロッパのまな板に通じる形態といえよう。調理台の上で使用するというよりは、台所の空いたスペースにまな板を置いて調理するといった感じである。トルコは近年経済成長がいちじるしく、都市部と地方の経済格差が広がっている。都市部は欧米のキッチンとほとんど同じであるが、地方の農村では伝統的な生活習慣

が根強く残っている。

図274は、世界文化遺産に指定されたサフランボルの郊外で見かけた珍しいまな板である。大きな丸太を鋸で横挽きして輪切りにし、足を後で付加した構造になっている。形式としては立作業用の足付き大型木口面円形まな板ということになる。筆者はこのタイプを初めてトルコで見た。このような想像もしなかったタイプのまな板が、トルコには存在する。サフランボルはイスタンブール市に百数十キロメートルしか離れていない地域であることから、ヨーロッパのまな板文化となんらかの接点があった可能性もある。特に骨付きの肉を調理する文化と、木口面を利用するまな板は中国においても関連があることから、木口面まな板の東西交流を今後の研究課題としたい。

七　ヨーロッパのまな板

ヨーロッパのまな板も古い歴史を持っていることは間違いない。本書が中国の俎と日本のまな板の関連を中心にまな板の歴史を考察したため、いささかアジアのまな板論に終始した観があるのは否めない。ここでは現在使用しているイギリス、ドイツ、オーストリア、チェコ、フィンランド等の家庭用まな板を事例とし、その特徴を検討する。使用する図275〜291(66)は、一九九八年にヨーロッパの木製品調査を行なった際に撮影したもの、図292(67)は、二〇〇三年のシルクロードの木製品調査の際に撮影したものである。

(1) ドイツのまな板

図275〜278はベルリン市の大学生が共同生活で使用する台所で撮影したものである。清潔好きのドイツ人の台所ではないということで、わざわざ片づけない場面を撮影した。どうか撮影の目的をご理解いただきたい。ご批判もあろうが、生活の実態を見るために、わざわざ片づけない場面を撮影した。

図275は、木端面を利用した円形のまな板で、丸い溝が彫られている。この溝はオーブンやフライパンで料理した肉を、まな板で切ったりする際に肉汁がでるので、まな板から肉汁が流れ出さないための工夫と雑誌で読んだことがある。しかし現実にそうした料理にどの程度使用されているかは判断できない。おそらく通常の料理にはほとんどこの溝は関与していないと思われる。図275のまな板は、直径が三〇cm程度の小さなものである。

図276のまな板は、パンを切るのに使っているが、パン専用のものではない。図275・276は広葉樹材を使用しており、軟質材ではなさそうだ。

図277は、食事の後片づけをしているところで、まな板は取っ手のある長方形のものと、木材の木口面を集成材にした楕円形の二種類が見られる。中央アジアからヨーロッパにかけて、取っ手のあるまな板が再三見られる。ところが、この取っ手の機能が日本人にはよくわからない。手で握るにはどうも形が小さいように感じる。二つのまな板には、先の図275のような溝は付けられていない。つまりヨーロッパのまな板においては、溝を付けることが絶対的な条件にはなっていない。

図278も食事後に片づけを行なっているところで、イのような二つのまな板を使用している。丸いタイプは、使っていて一部が欠損したのか、もともとこのような形状をしていたのかがよくわからない。まな板

が二つあるということは、なんらかの使い分けがなされていると判断すべきである。その点では日本のまな板文化と共通性がある。

図279は、旧東ドイツのデッサウ市で使用される台所である。台所を撮影するとあらかじめ伝えていたため、整理整頓が行き届き、清潔な印象を受ける。おそらくドイツの平均的な台所なのであろう。イのようなまな板を見せていただいたが、パン切り用の包丁が置かれていた。木製のまな板には穴が開けられ、指が入るので持ち運びに関する機能を持っているようだ。この長方形のまな板に穴が開けられたタイプは、ヨーロッパのまな板に関する定番となっており、図201・214の中国、図245の大韓民国、図246のベトナム、図270のイランでも見られ、工業製品のプラスチック製まな板では、大半がこの穴を開けたタイプになっている。つり下げるという機能もあろうが、そうした使い方は見たことがない。

(2) オーストリアのまな板

オーストリアでは、ウィーン市内に二〇年以上滞在している日本人の家庭を訪ねた。日本を離れて、どのような台所で食事を作っているかに興味があった。

まず最初に訪れたのは、ウィーン市内のマンションで生活している家庭である。図280-アが台所で、わざわざ電気冷蔵庫も開けて見せていただいた。とにかく清潔で色調も白で統一されている。事前に訪問を伝えていたが、これほど整然と片づけられているとは想像していなかった。使用されているまな板はイに示したもので、日本製のものと、小型で薄い長方形の角を丸めた木製のものがあった。日本製のまな板は長く慣れ親しんでいるのか、使いやすいと好評であった。

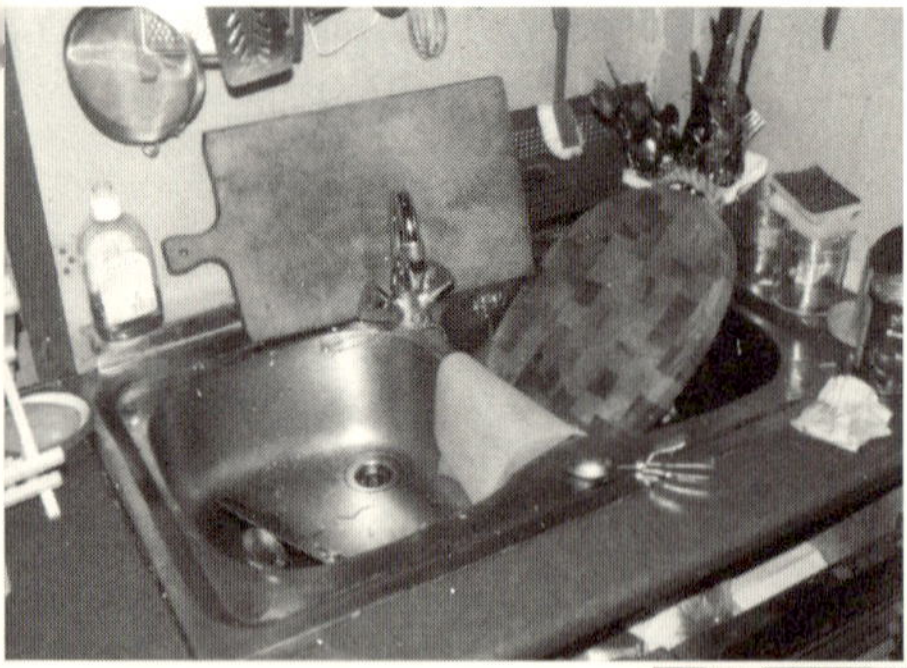

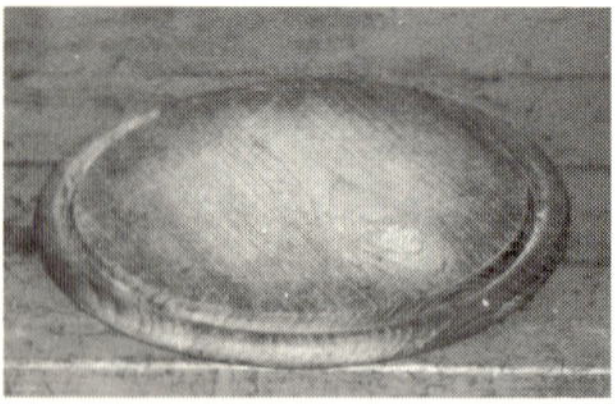

図 275　まな板（ベルリン市）

図 277　まな板（ベルリン市）

図 276　まな板
（ベルリン市）

図 278　台所とまな板
（ベルリン市）

図 279　台所とまな板
（デッサウ市）

図 280　台所とまな板（ウィーン市）

図 281　台所とまな板
（ウィーン市）

次に訪れた家庭はウィーン市の閑静な住宅地で生活されている。図281のような立派な台所であったが、残念ながらまな板を見ることはできなかった。通常は外に置かれているはずなのだが、なぜか見当たらない。日本製の電気ポットと最新の電気釜が置かれており、毎日とは限らないが、ご飯を食べて生活されているらしい。台所の調理機能について質問をしたところ、収納と全体の美観が大切という御意見を賜った。整理された美しい台所の持ち主に、調理機能の質問は的を射ていなかったようだ。

(3) チェコのまな板

ウィーン市からチェコのプラハ市までは列車で移動した。特急列車であるのに、日頃日本の新幹線に慣れている筆者にとっては、やたら遅く感じる。プラハ市では、旧ソビエト時代に建てられた集合住宅を訪ねた。先のドイツの図279、オーストリアの図280・281とは異なり、図282のような質素な台所であった。調理スペースを持つ流し台は、昭和三十〜四十年代の日本で使用されたステンレス製流し台とよく似ている。まな板は取っ手の付いた小さなもので、シンクの脇に置かれている。この家庭では、まな板一つですべての調理をこなしている。社会主義国家時代のチェコでは、こうした集合住宅の台所をおおむね標準としていたようだ。

図283は、プラハ市郊外の民俗博物館で見かけたまな板である。取っ手があり、細い溝が彫られている。このような薄いまな板で、長期間の使用が可能だったとは思えない。取っ手の形に地域の持つ装飾性を感じる。

(4)　イギリスのまな板

ロンドン市内に立ち寄ってB&Aミュージアムの台所を見学した後、知人の紹介で、富裕層の台所を見学する機会を得た。図284がその台所である。非常に広く、システムキッチンのステンレス部分以外は、すべて特注品である。特注にした理由を尋ねると、木製材料を使用することにより、部屋全体を落ち着いた家具調の雰囲気にしたかったという答えが返ってきた。

図284のまな板は、流しの奥行きを利用したもので、長さと幅が五〇㎝以上もあるかなり大型のタイプである。筆者が見たヨーロッパの家庭用まな板では、最も大きなものであった。シンク自体も先の図278に比較すると大きくて深い。ヨーロッパの流しも多種多様である。

(5)　デンマークのまな板

図285は、コペンハーゲン市内の住宅で見た台所である。シンク部分だけがステンレスで、天板となるワークトップ部分はソリッド材を集成した板を使用している。湿度の高い日本では、こうした木材をワークトップに使用した台所はほとんど見当たらない。ワークトップの左奥に立て掛けてあるのが、まな板であろうか。とにかく時間をかけて調理をしている雰囲気が台所にない。

図286はコペンハーゲン市郊外の住宅で見た台所である。比較的小さな住宅で、台所も非常に簡素である。ステンレスのワークトップ部分以外は、すべて家主の手作りでできている。カーテンで仕切ったのはそのためで、一般に見られるキャビネット風の収納にはなっていない。物を多く持たない手作りの台所も日本

図 282　台所とまな板（プラハ市）

図 283　まな板
（プラハ市郊外の民俗博物館）

図 284　まな板（ロンドン市）

図 285　台所（コペンハーゲン市）

図 286　台所（コペンハーゲン市郊外）

図 287　台所とまな板
（ヘルシンキ市郊外）

図 288　まな板（ヘルシンキ市）

図 289　まな板（ヘルシンキ市）

図 290　まな板（ヘルシンキ市）

図 291　まな板（ヘルシンキ市）

図 292　まな板
（ソポト市郊外）

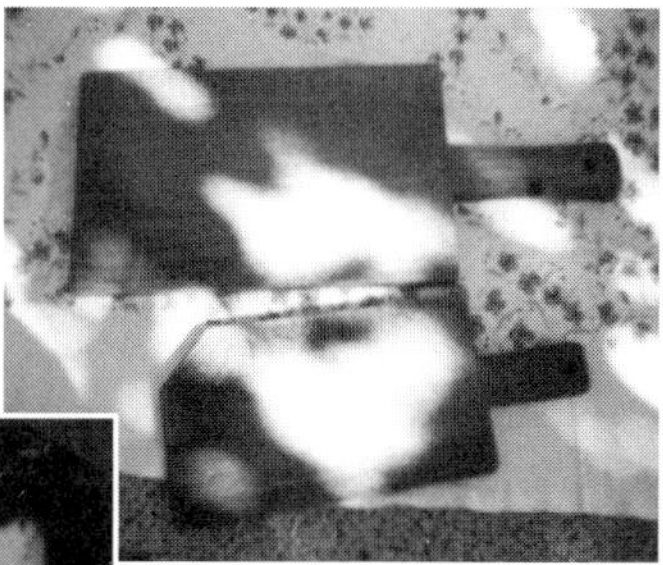

図 293　床坐の生活
（プロフディフ市の歴史
民俗博物館）

人には参考になる。なぜかまな板が台所に見当たらない。

(6) フィンランドのまな板

図287-ア・イは、ヘルシンキ市郊外の住宅を訪問した際に撮影した台所である。ヘルシンキ郊外の住宅は平屋建てが多く、図287もそうした平均的な住宅だ。ダイニングセット以外はダークな色調に統一されている。とにかく展示場のようなきれいな台所である。きれい好きな方にはお叱りを受けるかもしれないが、ここまで整理整頓され、収納が徹底されていると、筆者には地域や家庭が持つ生活の臭いというものが感じられない。ヨーロッパではドイツに代表されるように、図287の雰囲気を近代的な台所と認識している風潮があり、日本においても近年は同様の収納重視の綺麗な台所、人に見せても恥ずかしくない台所といった風潮が強い。まな板について尋ねると、イに見られる薄いプラスチック製を使用しているとのことであった。プラスチック製のまな板にも周囲に溝が付けられていた。

図288〜291は、ヘルシンキ市で見かけたキッチンのショールームで撮影したものである。図288・289は、シンクの上にはめ込むようにして使用するまな板である。図288は周囲に、図289は部分的に電動ルーターで溝を彫っている。やはり肉汁対策なのだろうか。

図290はワークトップの手前にひっかける形式のまな板である。形は正方形に近い。形状から見る限り、両面の使用が可能となっている。このまな板にも、溝が周囲に彫られている。

図291は木口面を利用した長方形のまな板である。このタイプのまな板は北欧の百貨店でよく見かける。使用材は特定できないが、特に軟質でもなさそうだ。図288・289も木材を接着剤で集成している。図290・291

はさらに細かな材を接着剤で集成している。こうした集成材のまな板は、日本の一枚板のまな板の価値観とはやや異なる。図288〜290はブナ科の硬質材を使用している。包丁の刃を保護するために軟らかい樹種を使用する日本のまな板とは、かなり考え方に違いがある。

(7) ブルガリアのまな板

図292のまな板は、二〇〇三年にシルクロードの木製品調査でブルガリアを訪れた際に撮影したもので、木製樽を製造する工房で使用されていた。庭で撮影したので木漏れ日が当たり、すこし見づらい写真となった。まな板は長方形に取っ手の付いたもので、大小二つを日常で使用している。トルコで使用されていた図273に形状が似ている。

ブルガリアは、二十世紀になっても一部の地域では床坐の生活が継承されていたようで、図293のような写真がプロフディフ市の博物館に展示されている。低い円卓で食事をしている様子は、トルコの生活様式とよく似ている。低い円卓はウズベキスタンの伝統的な生活にも認められることから、図292の取っ手のあるまな板は、広域で展開する床坐の文化と関連性があるのかもしれない。

八　まな板の分類と日本のまな板が持つ特性

日本を含めたアジアとヨーロッパの一部で使用されているまな板をフィールド調査で概観した結果、材料、形態、構造、機能を通して次のようにまな板を分類した。

（1）材料

1　木端面を利用した木製

①針葉樹　広葉樹

②一枚板　集成材

2　木口面を利用した木製

①針葉樹　広葉樹　竹

②一枚板　集成材

3　プラスチック製

（2）甲板の形態

1　長方形

①取っ手の有無　②溝の有無　③端嵌めの有無　④フックの有無　⑤穴の有無　⑥上部丸みの有無　⑦角の丸みの有無

2　円形（切り株状も含む）

①取っ手の有無　②溝の有無　④フックの有無　⑤穴の有無　⑥箍《たが》の有無

3　シンクの形状

（3）足

1　四本足――枘接合

①垂直　②テーパーあり　③四方転び

2　三本足――釘接合

3　桟足

①蟻接合　②釘接合

（4）使用方法

1　地面に直接置く

2　床に置く

3　台の上に置く

（5）使用時の姿勢

1　座姿勢

①正座　②胡座　③片膝立て　④低い腰掛け　⑤腰掛け

2　立姿勢

上記の分類を基礎として日本の俎とまな板の特性は次のようにまとめられる。日本の俎は、木端面を利用した針葉樹の一枚板、長方形で四本足または桟足を持ち、正座で使用すると規定することができる。

日本のまな板は、木端面を利用した針葉樹または広葉樹の一枚板を基本に発達した。足は四本のタイプから桟足へと変化し、近年はほとんど足のないものとなった。長方形を基本とするが、戦前までは自家製のものもあり、必ずしも完全な長方形であるとは限らない。昭和初期までは座姿勢での使用も多かったが、現在は立姿勢で使用される。

第二次大戦後に生じたまな板の変化については、第六章で詳細に解説する。

第六章　現代のまな板

一　はじめに

第二次大戦後、物資の不足した昭和二十年代前半から昭和二十年代後半になると、生活もすこし安定して、台所の改善も農村部で再開される。都市部では昭和三十年代前半よりステンレス製の流し台が普及し始め、昭和四十年代には、それまでのコンクリート製の流しを席巻するに至る。

台所や流しの変化は、これまで建築学、家政学、住居学、生活学などを中心に研究が進められている。しかし、まな板と台所の関連性については、筆者の知る限り特に話題になったこともない。昭和三十年代以降、キッチンメーカーが、どの程度まな板の使用を考慮して設計していたのかは不明である。昭和三十年代後半には、全国的に栈足のまな板が激減していく。そしてプラスチック製のまな板が昭和四十年代から急増する。本章では戦後の家庭生活における台所の変化とまな板に着目し、まな板の機能と生活での役割について考える。

二　昭和二十年代から四十年代の台所とまな板

筆者は一九四九（昭和二十四）年生まれなので、昭和二十年代の台所事情についてはほとんど記憶にない。昭和三十年代後半は、当時生活していた大阪市の下町では、台所を改善するため小規模な改築をする家庭が多かった。玄関の脇に小さな台所があり、窓を大きくして明かりを取り入れ、流し台が人造石研ぎ出しから徐々にステンレス製となった。まな板も筆者の家では、昭和三十年代の半ばまでは桟足が付いていた。こうした生活の変化を当時の『サザエさん』『暮しの手帖』『毎日新聞』『西日本新聞』を通して見ていく。

(1)　『サザエさん』に見る台所とまな板

『サザエさん』は、一九四六（昭和二十一）年四月より『夕刊フクニチ』に連載された。残念ながら著作権の関係から、画像資料として本書に提示することができない(1)。

『サザエさん』は一九四八（昭和二十三）年まで、福岡県のフクニチ新聞社の『夕刊フクニチ』に連載されていたことから、初期の生活描写に福岡県の生活を表現した部分も多少あったことは否めない。その後作者が東京に転居し、一九四九（昭和二十四）年からは東京での話題が中心になる。それでも台所や生活スタイルは、初期の場面と共通する部分も多く、作者の生活した佐賀県、東京都、福岡県の内容が入り交じった部分もあると推察される。

昭和二十年代から四十年代の台所とまな板

■まな板の描写

栈足の付いたまな板が一九四六（昭和二十一）年四月に掲載されている。その後まな板は一九七〇（昭和四十五）年までに四〇回以上調理場面に登場する。描かれた内容は次のようなものである(2)（○は栈足の付いたまな板、●は足のないまな板）。

①○一九四六（昭和二十一）年　調理台の上にあり、サツマイモが上に置かれている。
②○一九四七（昭和二十二）年　調理台の上にあり、ダイコンか沢庵の一部と包丁が置かれている。
③○一九四八（昭和二十三）年　調理台の上にあり、魚の半身が置かれている。
④○一九四九（昭和二十四）年　床の上にあり、ネギが置かれている。
⑤○一九四九（昭和二十四）年　調理台の上でタマネギを切っている。
⑥○一九五〇（昭和二十五）年　畳の上でスイカを切っている。
⑦○一九五〇（昭和二十五）年　調理台の上でダイコンを切っている。
⑧○一九五一（昭和二十六）年　調理台の上でダイコンのようなものを切っている。
⑨○一九五一（昭和二十六）年　調理台の上にあり、魚が一匹置かれている。
⑩○一九五一（昭和二十六）年　調理台の上でダイコンを切っている。
⑪○一九五一（昭和二十六）年　調理台の上でリンゴを切っている。
⑫○一九五二（昭和二十七）年　畳の上で餅を切っている。
⑬○一九五四（昭和二十九）年　調理台の上でダイコンを切っている。
⑭○一九五五（昭和三十　）年　畳の上で餅を切っている。

⑮ ○一九五七（昭和三十二）年 調理台の上でネギを切っている。
⑯ ○一九六二（昭和三十七）年 調理台の上で菜っ葉を切っている。
⑰ ○一九六二（昭和三十七）年 調理台の上にあり、包丁が上に置かれている。
⑱ ○一九六三（昭和三十八）年 畳の上で餅を切っている。
⑲ ○一九六三（昭和三十八）年 調理台の上でダイコンを切っている。
⑳ ○一九六三（昭和三十八）年 調理台の上から持ち上げている。
㉑ ○一九六四（昭和三十九）年 調理台の上でネギのようなものを切っている。
㉒ ○一九六四（昭和三十九）年 調理台の上でタマネギを切っている。
㉓ ○一九六四（昭和三十九）年 畳の上でスイカを切っている。
㉔ ○一九六四（昭和三十九）年 調理台の上にあり、海苔巻きが置かれている。
㉕ ○一九六四（昭和三十九）年 調理台の上でダイコンのようなものを切っている。
㉖ ○一九六四（昭和三十九）年 調理台の上でダイコンを切っている。
㉗ ○一九六四（昭和三十九）年 調理台の上にあり、ダイコンと下ろし金が置かれている。
㉘ ○一九六五（昭和四十　）年 料理教室の調理台の上にあり、包丁が置かれている。
㉙ ○一九六六（昭和四十一）年 調理台の上で包丁でトマトを切ろうとしている。
㉚ ○一九六六（昭和四十一）年 調理台の上にあり、包丁が置かれている。
㉛ ○一九六六（昭和四十一）年 調理台の上でキュウリを切っている。
㉜ ○一九六七（昭和四十二）年 調理台の上でソーセージを切っている。
㉝ ●一九六七（昭和四十二）年 調理台の上でパン、サンドイッチを切っている。

㉞ ○一九六七（昭和四十二）年　調理台の上でタマネギを切っている。
㉟ ○一九六七（昭和四十二）年　民宿の主が調理台の上で魚を調理しようとしている。
㊱ ●一九六七（昭和四十二）年　調理台の上でスイカを切っている。
㊲ ●一九六七（昭和四十二）年　調理台の上で天麩羅またはカツの具を切っている。
㊳ ●一九六七（昭和四十二）年　調理台の上にあり、リンゴが置かれている。
㊴ ●一九六八（昭和四十三）年　調理台の上でダイコンを切っている。
㊵ ●一九七〇（昭和四十五）年　調理台の上でキュウリを切っている。
㊶ ●一九七〇（昭和四十五）年　調理台の上でダイコンを切っている。
㊷ ●一九七〇（昭和四十五）年　調理台の上で松茸を切ろうとしている。

上記の内容を見る限り、一九六七（昭和四十二）年の春に足のないまな板を購入し、当初は古い栈足の付いたまな板と併用していたが、その年の夏には古いまな板を廃棄したと思われる。また一九六七（昭和四十二）年以降はサザエさん宅だけでなく、他の家庭や施設内で使用するまな板もすべて足のないタイプに描かれている。すなわち、世の中全体が足のないまな板に移行したことを、作者の長谷川町子自身も承知していた。

サザエさん宅では、まな板の表面を削るというシーンは一切描かれていない。また刃物を研ぐシーンも描かれていない。

⑥・⑫・⑭・⑱・㉓では畳の上で、スイカや餅を座姿勢で切っている。ところが、一九六七（昭和四十二）年になると調理台の上でスイカを切っている。足の有無がスイカを切る作業とどのように関連しているかは判断できないが、少なくとも調理台の上に栈足のまな板を置いたとしても、作業自体はできたはずであ

る。おそらく、まな板の足が無くなったことで、畳の上に直に置くことはしなくなったのであろう。足はたんに高さや水切りの問題だけでなく、床坐の生活における精神的な世界を形成していたのである。

■まな板の描写と台所、食卓との関係

サザエさん宅では、戦後間もない頃、煮炊きについては七輪や竈を使い、薪や炭を燃料とし、しゃがんで作業をしている。しかし桟足のまな板は流しで使用しておらず、通常の調理については一貫して調理台の上で行なっている。この調理台は流しに接する場所に置かず、アイランド型に近い使い方をしている。この調理台は戦前から使用しているものであり、戦後も延々と継承したと考えられる。

流しは人造石研ぎ出しのものを使用していたが、一九六七（昭和四十二）年あたりからステンレス製の流しに変わっており、L字タイプのキッチンセットを配している。それ以前もステンレス製の流し台を描いているように見えるが、台所の全体を表現しているわけではない。まな板の足がなくなる時期と、流しなどのキッチンが変わる時期はおおむね等しい。

サザエさん宅では、初期に唐木《からき》の座卓を使用している。その後は円形のちゃぶ台、客用の小型の座卓に移行する。一家の食事は円形のちゃぶ台を中心に展開する。知人の家庭では昭和三十年代末からダイニングテーブルと椅子を使用しているのに、サザエさん宅では昭和四十年代半ばになって、やっと座卓とダイニングテーブルを併用するようになる。昭和三十年代以降の生活描写は、世の中の流行からすこし遅れて新しい道具や装置を取り入れている。その代表がキッチンセットや足のないまな板である。このすこし遅れた生活の近代化と、一見ちぐはぐに見えるその対応が、高度経済成長で見かけだけ近代化を展開した日本人のギスギスした生活に癒しを与えてくれた。

(2) 『毎日新聞』の写真に見る台所とまな板

図294・295(3)は毎日新聞社が所蔵する昭和二十年代後半の写真である。図294の場所は残念ながら特定化できない。一九五三（昭和二十八）年一月に撮影されたもので、保管されている写真には「改良された台所」という記述がある。台所の竈に煙突があり、周囲にタイルが張られている。左側にはタイル張りの流しが見える。竈の後ろでは女性が腰掛けに座ってお茶を入れているが、調理に関わっているわけではなさそうである。女性の前にある木製の台には硝子のコップ、硝子の醤油差し、陶製の箸立てなどが置かれており、食卓として使用されていたと思われる。図294にはなぜか流しの周囲にまな板が見当たらない。この台所の改良した点は、土間をコンクリートにし、竈に煙突を付け、大きな食卓を設置して、食事ができるようにしたことにあると推察する。図294は農家であり、戦後に生活改良普及員が行なった生活改善の方法に似ている。食卓は朝食や昼食のためのものであり、夕食は別の部屋でちゃぶ台や座卓を利用したはずである。農家の台所は、昭和三十年代までは農作業との関連から、特に昼食を土間に設置した食卓と椅子でとる工夫がなされた。現在はほとんど見られなくなったこの方法は、農家の台所としてきわめて合理的なものと高く評価したい。

図295は一九五四（昭和二十九）年九月に撮影された。撮影された場所は特定できないが、台所の雰囲気がモダンであっても、都市部であるとは必ずしも断定できない。保管されている写真には「台所、まだ七輪や旧型の冷蔵庫」という記述がある。この記述は後に書かれたものであろう。当時は多くの家庭で七輪を使い、電気冷蔵庫は昭和三十年代にならないと普及しない。図295の台所では、何か不思議な道具の使い方をしている。左の女性はトースターにパンを入れたか、または取りだそうとしている。またトースター

図 294
改良された台所
（毎日新聞社提供）

図 295　台所とまな板（毎日新聞社提供）

上部の棚にはコーヒーメーカーが置かれている。一九五四（昭和二十九）年にトースターやコーヒーメーカーを使用している家庭はそう多くはなかった。しかし台所の真ん中に七輪が二つ置かれ、鍋とやかんが上に乗せられている。このことから、この家庭ではガスは使用されていない可能性が高い。

『サザエさん』における一九四九（昭和二十四）年あたりの生活では、調理の熱源を炭、薪、電気、ガスの四種類としている。その中で最も使用頻度が多いのは炭（たどんも含む）であり、七輪で食事の煮炊きをしている。つまり、ガスコンロはあるが、経済的な理由で意図的に多用しなかった。図295の台所は最新の電化製品を使用しており、経済的には中流以上の家庭であることは間違いない。この家庭は都市ガスが普及していない地域だったのである。

まな板は調理台の上にあり、包丁が上に置かれている。おそらくまな板は調理台の上で使用されているのであろう。この方法は『サザエさん』に見られる使用法と共通している。昭和二十年代後半の台所は、農家とサラリーマンの家庭では明確に進化する方向が異なっていた。

(3)　『暮しの手帖』に見る台所とまな板

『暮しの手帖』は、一九四八（昭和二十三）年の創刊以来、台所の改善や台所用品の試験など、生活を快適にするための多様な工夫をテーマに取り組んでいる雑誌である。まず最初に、昭和二十年代から三十年代初頭の台所とまな板の記事を見ていく。

昭和二十年代の台所とまな板

『暮しの手帖』には、桟足のまな板は一切掲載されていない。『暮しの手帖』三三号には「マナイタには足をつけないのが本当ですが、これは例外ということにしてください」という記述がある[4]。おそらく創刊時からそうした考え方が踏襲されているのであろう。ただし、なぜ足をつけないことが正しいのかといった論拠は示されていない。何事も検証することをモットーとする雑誌であるだけに、足がなぜ必要でないのかについて具体的な解説を一言加えていただきたかった。

図296[5]が、まな板に関する最も古い記事である。一九五〇（昭和二十五）年という時代に、テーブルクロスの上に置いた取っ手のある小さなまな板は、ヨーロッパの食文化を紹介するといった趣がある。まな板自体は高価なものではないが、紅茶、果物を家族や知人とテーブルを囲んで楽しむという生活意識は、この時代においては一部の階層に限られていたように思える。だからこそ『暮しの手帖』は実現可能な話題として取り上げたのであろう。

図297[6]は、台所の改造に関する一九五三（昭和二十八）年の記事で、農村の台所を事例としている。流しの中にまな板が見える。流しの右側には洗い籠があり、おそらくまな板は流しの角か、流しの中に洗い桶などを置き、その上を利用したと考えられる。

図298[7]も、台所を紹介した一九五三（昭和二十八）年の記事である。狭い台所では、特に洗い籠を置くスペースが問題となった。後ろにまな板が立て掛けられている。意外にも流しはステンレス製である。流しの脇には洗い籠が置かれ、その後ろにまな板が立て掛けられている。意外にも流しはステンレス製である。昭和三十年代前半に開発されたステンレス製の流し台以前に、少数ではあるが特注品のステンレス製流し台が存在したのである。ディペンデントハウスにも、ステンレス製の流し台を日本の業者が納入しており、一枚板のプレス加工という方式でなければ、流し台を作る技術は昭和三十年代以前に確立していたということになる。しかしながら、

特注品のステンレス製流し台は非常に高価であり、図298のような台所は庶民には夢のような世界であった。

図299(8)は、台所を紹介した一九五四（昭和二十九）年の記事である。すこし小型のまな板が流し左の洗い籠に置かれている。ガスレンジはアメリカ製のものだろうか。とにかく立派なレンジだ。左上に置かれた鍋類も外国製のように見える。それでも布巾掛けは戦前から見られるものと同じであり、たんに欧米の台所を模倣したわけではない。

図300(9)は、一九五四（昭和二十九）年に「流しは何をするところか」という記事に掲載されたもので、流しの中に容器を置き、その上にまな板を乗せて調理をしている。調理スペースのない狭い台所では、こうしたまな板の使い方がよく見られた。図298では大根を切っているようだが、流しの中では水を大量に使う魚の調理がよく行なわれた。

昭和三十年代の台所とまな板

図301(10)は、一九五五（昭和三十）年の台所に関する記事で、北海道における社宅の台所を紹介している。この社宅には水道が引かれておらず、大きなブリキ製の容器に水を蓄えている。先の図296・297とは対照的な生活風景といえよう。まな板は流しの左端に置かれているが、縦方向に置いて使用したとは思えない。日本の長方形のまな板は、縦方向に置くと幅が狭くて使いづらい。このような狭い台所で生活している人たちも一九五五（昭和三十）年には数多くいた。

図302(11)は、一九五六（昭和三十一）年の台所に関する記事に掲載されていたもので、L字型キッチンを紹介した早い事例である。『暮しの手帖』編集部はこのキッチンユニットをかなり高く評価しており、一九五六（昭和三十一）年以降も似たようなタイプが紹介されている。日立社製の電気冷蔵庫が置かれ、非常

図 296　まな板（『暮しの手帖』8 号）

図 297　台所とまな板（『暮しの手帖』19 号）

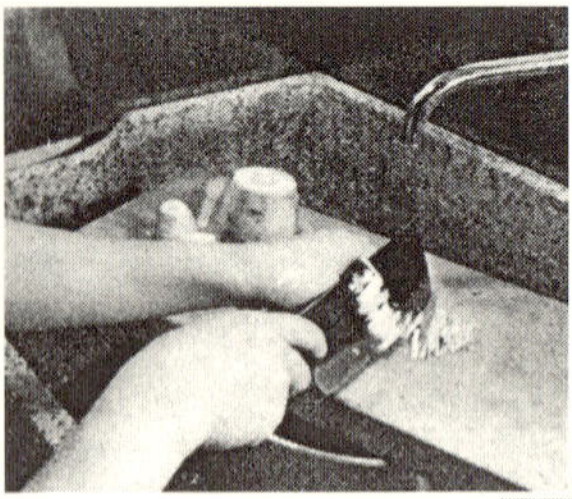

図 300　まな板（『暮しの手帖』27 号）

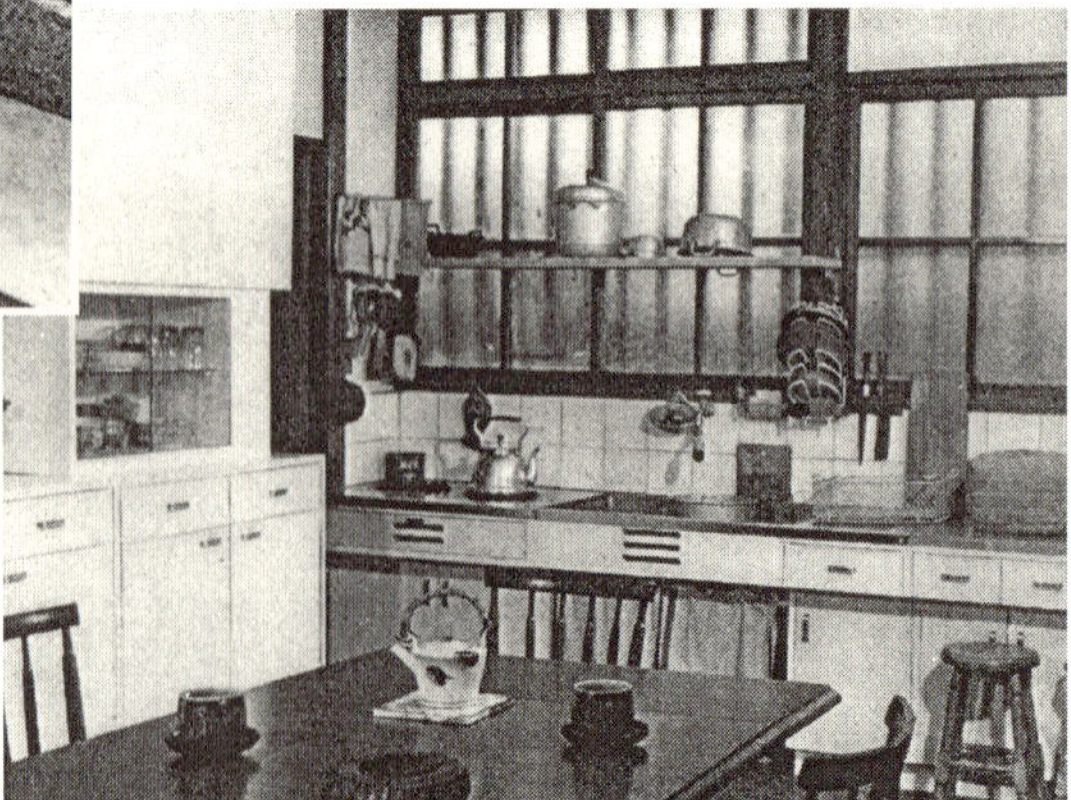

図 298　台所とまな板（『暮しの手帖』21 号）

(上から)
図 299　台所とまな板
　　　　(『暮しの手帖』25 号)
図 302　台所とまな板（同 34 号）
図 303　台所とまな板（同 35 号）

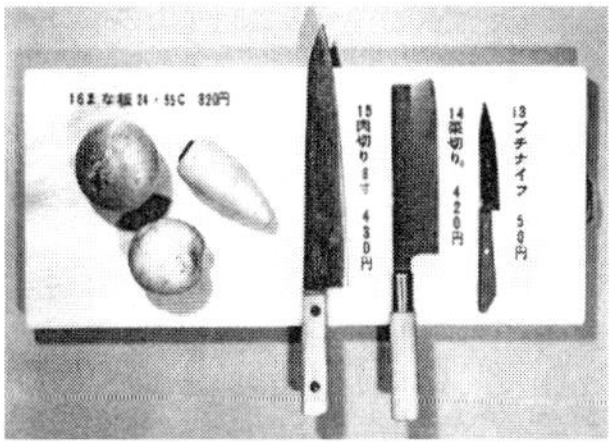

図 304　包丁とまな板
(『暮しの手帖』37 号)

図 301　台所とまな板
(『暮しの手帖』31 号)

に清潔感のある台所という印象を受ける。シンクの奥には定番の洗い籠があり、まな板はその後ろに置かれている。縦向きではなく、水切りの悪い横向きにまな板を置いている理由がよくわからない。

図303[12]は、一九五六（昭和三十一）年の台所に関する記事に掲載されたものである。ガスレンジは新しいタイプであるのに、流しは戦前から見られるタイル張りである。流しには簀の子が使われ、使用後に立て掛けて乾燥させている。まな板も流しの脇に立て掛けられている。まな板を置いている場所は高さが低いため、まな板は流しの中で使用するか、流しの前にある台（調理台）で使用されていたはずだ。おそらくこの台は『サザエさん』の調理台と似たような機能を持っていたと推察される。図303は新しさと伝統的な要素を兼ね備えた台所といえよう。

図304[13]では、包丁・まな板の種類と値段を紹介している。この包丁二本、ナイフ一本は生活の必需品ということになる。包丁はステンレス製のものは切れ味が悪くてダメだと解説している。当時はステンレス刃物の質が現在に比較して低かったのかもしれない。まな板に関しては「両面使えて、たっぷり大きいのをえらびます。毎日のことで非常に能率がちがいます」と解説している。おそらく足のあるまな板を否定している視点も、この両面を使用することに価値を置いているためと思われる。まな板の大きさを五五cm×二四cmとしているが、長さのわりに幅が狭いように感じるのは筆者だけであろうか。明治時代の木工教科書に記載されているまな板の標準寸法は、甲板が一尺五寸×八寸である。『暮しの手帖』編集部は、過去の標準寸法から、なんらかの意図で長さだけを大きくしたということになる。

『暮しの手帖』では一九五九（昭和三十四）年の四八号、一九六三（昭和三十八）年の六九号でステンレス製流しを中心とした台所の研究を特集している。その中にまな板に直接関わる記述はない。シンクを真ん中にして左を調理スペース、右をガスレンジのスペースにすると、作業能率が悪いと言及している程度で、まな板の機能に関しては一切触れていない。

(4) 『西日本新聞』の写真に見る農山村の台所とまな板

『暮しの手帖』には、農村の台所改良に関する特集もすこし見られる。しかし水道を完備していない生活を対象とした記事は図301の社宅だけで、ポンプを使用する農家の台所については触れていない。ここでは『西日本新聞』に掲載された図305・306[14]を事例として、昭和二十年代から三十年代における農村の台所とまな板について検討する。

図305は、一九五二（昭和二十七）年一一月における三潴郡蒲池村下田部落（現在の柳川市）の改良台所である。農村における生活改善運動は戦後も行なわれた。図305の台所は、正面の大きなガラス戸より明かりを採っている。まだ水道が完備されておらず、ポンプに頼っていた。流しはタイル張りで、左側に調理スペースがある。女性が桟足のあるまな板の上で野菜を調理している。甲板の厚みは薄く、足は高さが六cm程度ありそうだ。立作業で使用する桟足のまな板にしては足が高い。先に示した大正期の図132と比較すると、足が二倍程度高くなっている。足というより、何か別の木材を足に転用しているようにも見える。甲板が薄い理由はよくわからない。

図306は、一九六〇（昭和三十五）年一月に撮影されたものである。場所は大分県津久見市と推定されている。[15]『西日本新聞』二〇〇四年一一月二八日では、鳩山一郎首相が提言した「新生活運動」によって、図306のような台所の改善がなされたと解説している。「新生活運動協会」の発足は一九五六（昭和三十一）年であり、それ以前の一九四八（昭和二十三）年には、ＧＨＱの指導で農林省に生活改善課が設置され、

図305　台所とまな板
（福岡県三潴郡蒲池村）

図306　台所とまな板
（大分県津久見市と推定）

生活改良普及員の活動も始まっている。筆者は、図306に見られる台所改善が「新生活運動」だけで進められたとは考えていない。戦前からの内発的な要素のある生活改善運動、戦後の国策としての生活改善指導・新生活運動が連動して実現したと見る。

図306の流しはタイルが張られ、左側のスペースにまな板が置かれている。幅の広い長方形のまな板は、縦方向に置かれている。調理スペースをあと三〇cmほど長くすれば、まな板を横方向に置くことができる。まな板の使用に限定すれば、どのような点に改良が加えられたかが判然としない。改良という点では、流しの前方にもタイルを張った棚状のスペースがあり、現代の台所設計にも活かせる優れた機能を持っている。

農村で広く見られたタイルの流しは、規格品だけではなく、オーダーもできた。その意味では、規格化が先行する現代のステンレス製流しより、個別的な対応が進んでいたという指摘もできる。

ステンレスという素材だけが、必ずしも流しの近代化を進展させたわけではない。

台所の近代化が最も遅れたのは山村地域である。昭和五十年代後半においても、薪などを炊飯や風呂炊きに利用していた。たとえば福岡県朝倉郡杷木町の山村では、果樹栽培が盛んで、その剪定で生じた木の枝を台所で使用していた。また、山村では地域共同体としての意識が高く、猪狩りの後は大きなまな板を用意して、共同で調理した。こうした共同での調理に使うまな板は、集落の共有物として保管されていたようである。(16)

(5) ステンレス製流し台とまな板

一九五八（昭和三十三）年、プレス加工による量産型のステンレスの流し台が、公団住宅用に開発される。(17)第一号の流し台は、長さ一七〇cm、奥行き五五cm、高さ八〇cm、シンクの長さ六〇cmというものであった。図307(18)がその流し台で、シンクは流し台の中央に位置し、片方のスペースにガス台を置くということを想定していた。つまり、まな板を使用する作業スペースは五〇cm程度の長さがあったということになる。当時使用されていた標準的な木製まな板を置くことは十分可能なスペースであった。

公団住宅用に開発されたプレス加工のステンレス製流し台は、昭和三十年代後半には全国の家庭に普及していく。図308はそうした時代のステンレス製流し台とまな板の関係を示した模式図である。図308の基盤となるステンレス製流し台は、1〜3・5・6が長さ一二〇cm、奥行き五五cm、高さ八〇cmというタイプ、4は長さを一八〇cmと想定した。シンクの大きさは、長さ六六cm、幅四四cm、深さ一六cmである。図308の流し台は小型のガスレンジを置くことも可能であるが、その部分は調理スペースとし、ガス台は別に置く

図 307
ステンレス製の流し台
(『暮しの手帖』48 号)

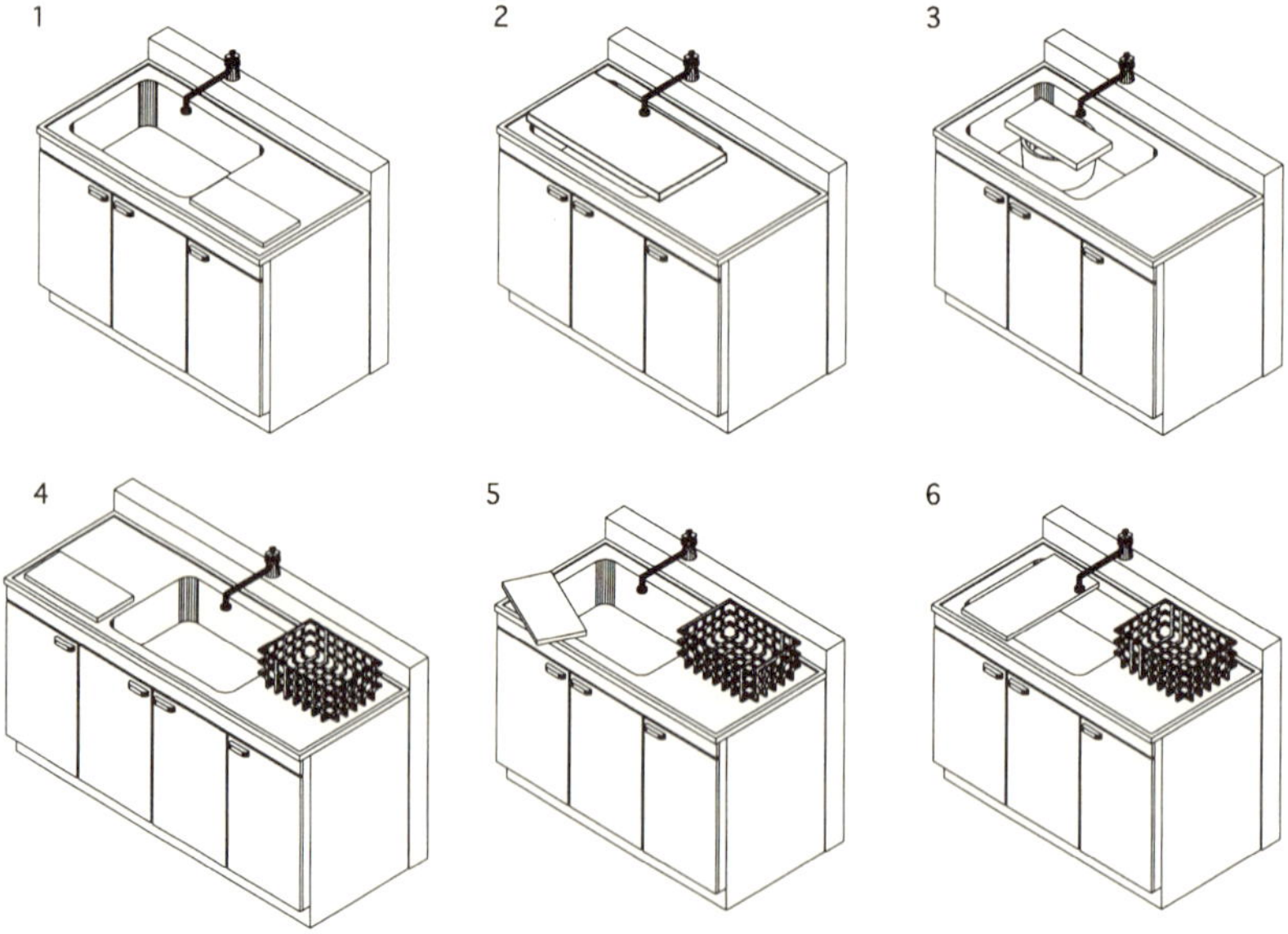

図 308　ステンレス製の流し台とまな板の関係模式図

図 309
ステンレス製の流し台
(福岡市)

図 310
ステンレス製のキッチンセット
とまな板（福岡市）

ことを前提とした。

図309は、図308のモデルに使用した流し台で、筆者の勤務する大学の教官室に置かれている。おそらく昭和四十年代に生産されたものであろう。

図308の調理スペースは平面部分の長さが四一cmしかない。図308-1の方法では、四〇cm程度の長さのまな板を置くことは可能である。桟足の付いたまな板であれば、四五cmの長さがあっても差し支えない。しかし洗い籠を置けば、余分なスペースはまったくない。

図308-2では、まな板の長さが七〇cm以上必要になる。現実的にはありえない大きな寸法で、小型のシンクや二槽式のシンクが登場するまではほとんど利用されなかった方法と思われる。

図308-3は、先の図300でも紹介したように、この方法は戦前から普及しており、ステンレス製流し台になっても継承されている。

図308-4〜6は食器の洗い籠を作業スペースに置くことを想定したものである。現在のステンレス製流し台は、シンクに洗い籠のオプションを装着することが可能であるが、初期のタイプはそうした機能がなかった。図308-4のように両側にスペースがある場合は特に問題がない。ただし、こうした大きさの流し台は初期には普及していないことから、一般的な事例ではない。

図308-5は現在も一部継承されており、図125・137・139の延長上に位置する使用方法である。

図308-6の方法は、現在も少数であるが見られる。シンクの奥行きが四四cm程度であるから、まな板が五〇cm程度あれば十分可能である。イチョウのまな板を専門に製作するメーカーでは、図308-6に対応可能な通常より幅の広いまな板の注文が現在も少数ある。[19] ステンレス製流し台には、シンクの周囲に幅二cm前後、高さ六〜七mmの段差[20]が現在も付けられている。昭和五十年代以降、この段差は水切りパレットのよ

うなオプションを設置するスペースにも利用されるが、もともとはシンクの水が外にはじかない目的で設計されたと解説するメーカーもある。しかしながら工学的には、ステンレス板の歪みを防止したり、強度を持たせるための工夫とも読み取れる。いずれにしてもこの段差は、まな板を固定する溝として設計されたものではない。

図308の流し台にガス台を横に加えたキッチンセットが、昭和三十年代半ばから四十年代の平均的な生活であった。ここで使用するまな板は、大きくても長さが四二cm程度であり、独自の工夫をしない限り四〇cm前後の長さのものを使用せざるをえない。

図310-ア・イ[21]は、昭和五十年代後半に建てられた賃貸マンションに設置されたキッチンセットで、現在も使用されている。先の図309の流しにレンジ台を付加したものということになる。この程度のキッチンセットで十分家庭生活は営める。まな板は、イのように洗い籠をカウンターに置けば、まったくスペースに余裕がなくなる。

三　現代の木製まな板

(1)　市販されているまな板

一九九八年に市販のまな板に関する調査を実施した。まな板の地域差を検証することを目的とし、福岡市、東京都、福島県郡山市の百貨店、生活用品の専門店を対象とした。さらに特定の産地の実態を確認するために、大分県玖珠町のまな板専門店も対象とした。その調査結果は巻末の〈資料〉に示した。〈資料〉の中で長さ・幅・厚みの関係をまとめたものが図311・312である。この図の内容を含め、市販のまな板は次のようにまとめられる。

■足の有無

足の付けられたまな板を販売していたのは、東京都のE百貨店と玖珠町の専門店の二カ所だけであった。その中の一つが東京の百貨店で売られている〈資料〉のNo.45で、足の高さが三・八cmである。もう一つがNo.123の大分県玖珠町で売られているもので、足の高さは四・一cmであった。現在市販されている足付きのまな板は、座姿勢で使用されていた時代ものに比較してかなり低い。立姿勢で使用する足付きのまな板は、大正期にはおおむね三~四cmの低い足に標準化されていったと思われる。

昭和三十年代後半から、足付きのまな板は激減する。現在の使用者は高齢者の方が大半であることから、市販品としては間もなく消えていく運命にある。

■まな板の寸法

図311によれば、長さと幅の関係は相関係数が〇・七ということから、木製もプラスチック製も似たような寸法比を示しているといえよう。

現在百貨店で売られているまな板においては、大型であっても厚さはすべて四cm以下となっている。甲板の面積は戦前と同じであっても厚みがやや薄いのは、使用期間をやや短く想定していることと、持ち運びのために重さを軽くする必要があると考えているためである。

家庭用プラスチック製まな板の寸法は、木製まな板の寸法を参考にしており、L・M・Sという三種類で売られていることが多い。その中のLサイズが木製まな板の標準に近いものであることから、プラスチ

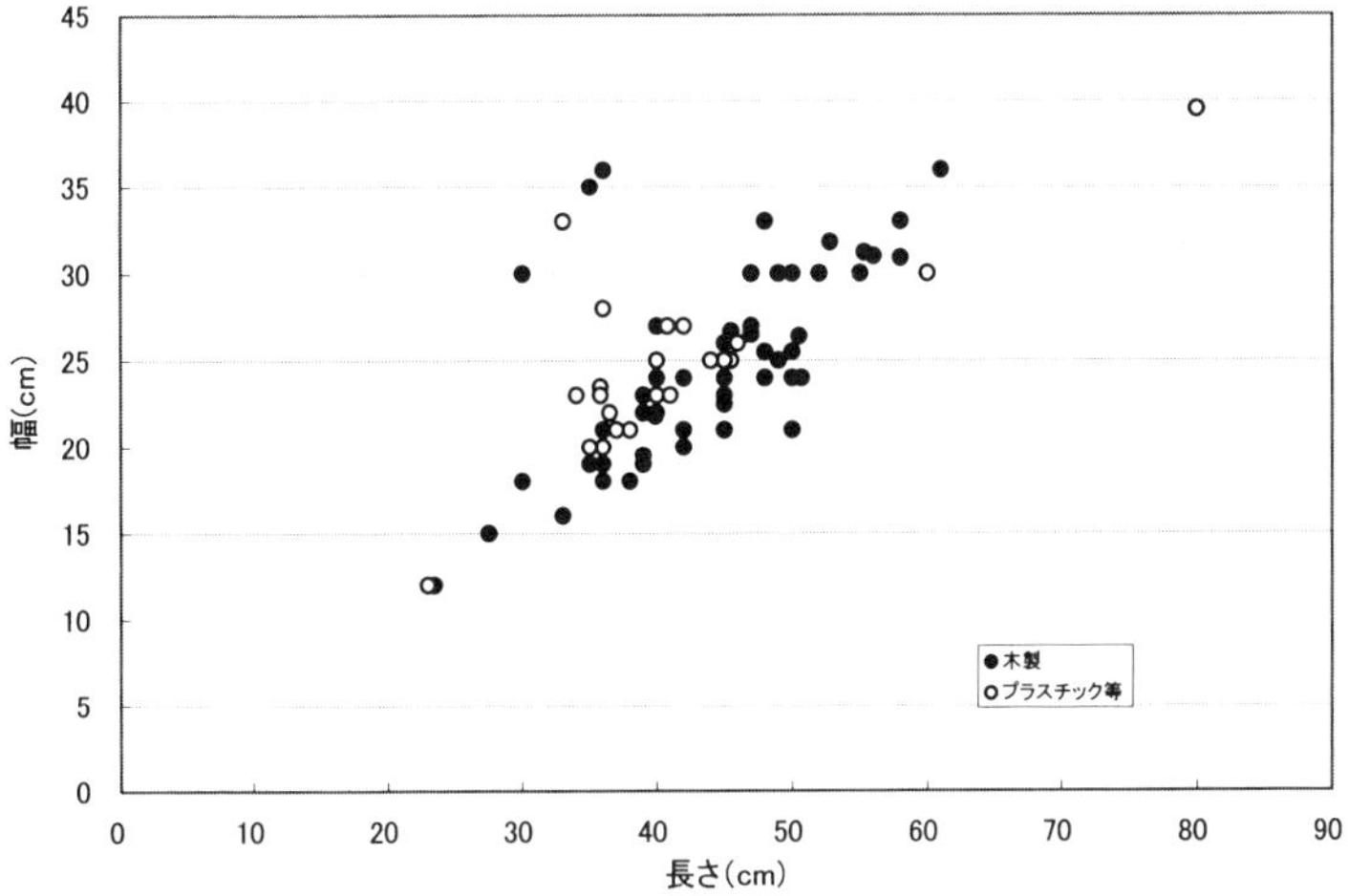

図 311　市販されているまな板の幅と長さの関係

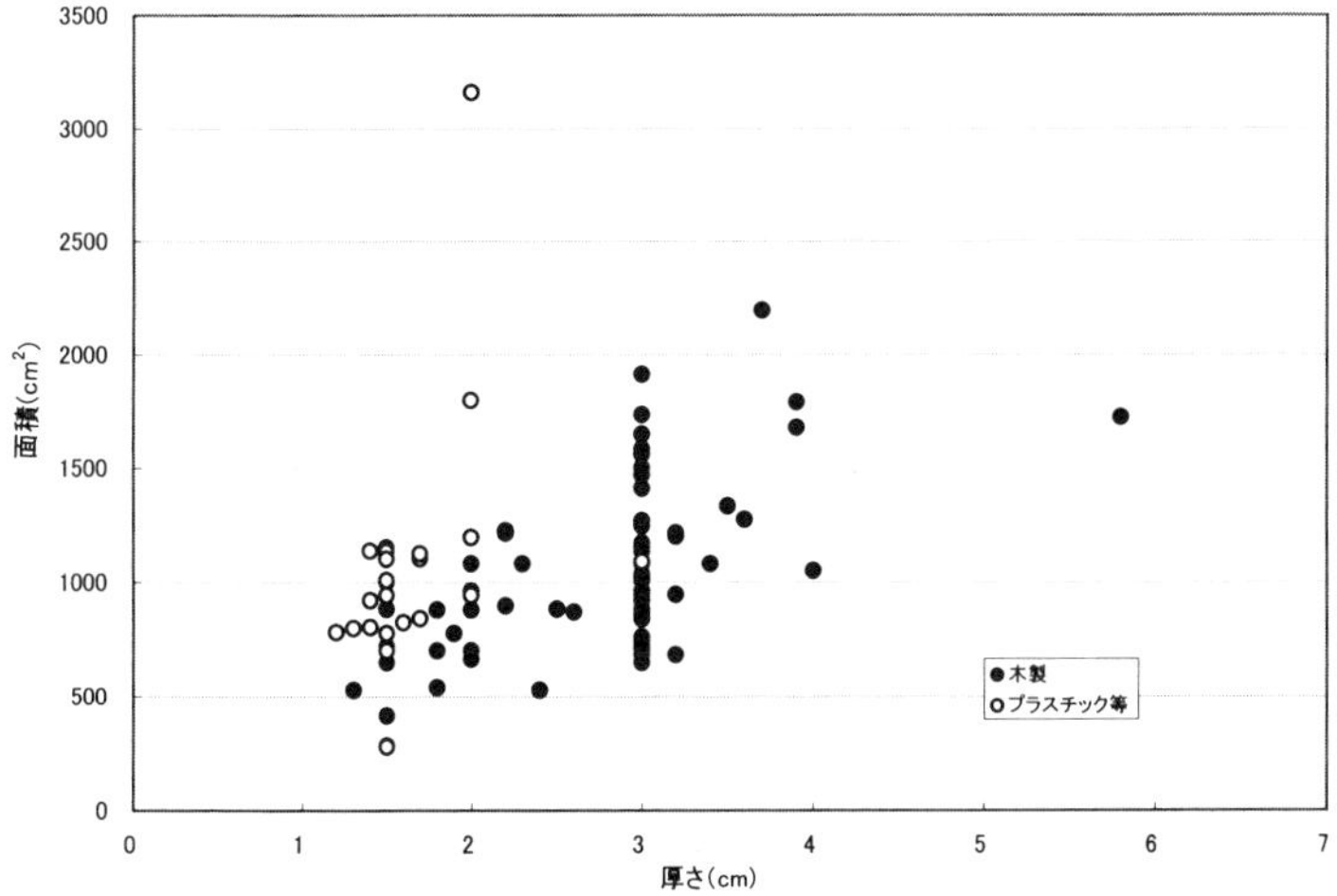

図 312　市販されているまな板の表面積と厚さの関係

ック製まな板は木製まな板より総体的に小型である。

図312より、規格化した木製まな板のみを生産している業界では、高級品とされるものは厚さがすべて三cmとなっていることが理解できる。長さや幅が多少小さくとも三cmの厚みとしている。家庭用木製まな板の厚みは、一〇年程度の長期使用を前提とすれば（一年に一〜一・五mm削る）、少なくとも三cm程度は必要と思われる。ところが〈資料〉のNo.123〜132に示した個人経営の生産者は、適宜長さ・幅・厚みを決定している。長さ五〇〜五五cm、幅二五〜三〇cmのまな板では三・〇〜五・八cmの厚みで作られており、特定の厚みにこだわっていない。寸法比に見られる多少のばらつきは、高級品を専門に製造する生産者ほど顕著である。その主たる理由は、使用材が高価であるため、まな板に大きな節が入らないよう慎重に材料の木取りを行なうためである。プラスチックなどのまな板の厚みは一・二〜二・〇cmに集中しており、木製まな板よりかなり薄く作られている。表面を削らないことを前提としているからこそ、薄く設定しているのである。

まな板の寸法が小さくなる傾向は、大家族制が徐々に崩れ、一人暮らしの生活者が増大したことも影響している。特に調理の時間がなかなか確保できない若い世代は、プラスチック製の小さなまな板を使用する確立が高い。

■まな板の形態

市販のまな板には円形、正方形、三角形という形態も少数見られるが、ほどんどは伝統的な長方形である。結果的に見れば、わが国のまな板は、ヨーロッパ、中国で使用される長方形タイプと似たような形状といえよう。

■まな板の値段

〈資料〉を参考にすると、長さ四五〜四八cm、幅二二・五〜二五・〇cm、厚さ三cmといったLサイズのまな板は、ヒノキの一枚板で一万五〇〇〇円、一万二〇〇〇円、一万三〇〇〇円、一万五〇〇〇円という値段となっている。イチョウの一枚板で一万一五〇〇円、九五〇〇円、六五〇〇円、四八〇〇円となっている。ヤナギもイチョウと同程度の値段であることから、ヒノキの一枚板の値段が最も高い。特に木曽ヒノキはブランド化が進み、日本の木製まな板の最高級品とされている。同じ寸法でも接着剤で集成したものは、一枚板の半値程度で売られている。一枚板を重視するという考え方は日本人特有のものかもしれない。西欧のまな板は集成材が多く、日本人とは嗜好が異なる。

一九九〇（平成二）年の『暮しの手帖』第二六号に木のまな板の特集があった。その中にまな板の値段が次のように記述されている[22]。

ヒノキ	一枚板	幅二四×長さ四五cm	一万二〇〇〇円
ヒノキ	合わせ板	幅二四×長さ四八cm	五八〇〇円
スプルス	一枚板	幅二五×長さ五一cm	一九八〇円
ヒバ	合わせ板	幅二四×長さ四八cm	四三〇〇円
ホオノキ	一枚板	幅二四×長さ四八cm	六六〇〇円

やはりヒノキの一枚板が高価であり、スプルスのような外国産材は極端に安い。木製以外のまな板は、長さ四二cm、幅二五cm、厚さ一・五〜二・〇cmという大きさで、ポリエチレン製は三四〇〇円、三二〇〇円、四八〇〇円、合成ゴム製は八五〇〇円となっている。このことから、合成ゴム製が最も高価である。おそらく適当な硬さ、食材が滑らないという利点から良材とされているのだろうが、値段が高いためか販売店では製品の種類が少ない。

(2) 木製まな板における材料の変化

室町時代の『四条流庖丁書』にはヒノキを俎に用いると記述している。十七世紀に著された『大和本草』では、まな板の材質について一切触れていない。一七一二（正徳二）年に刊行された『和漢三才図会』には、まな板の材はヤナギしか記載していない。[23] しかしながら、現在はまな板の伝統材にはヒノキ・ヤナギの他にイチョウを加えるのが普通である。先に示した一八九七（明治三十）年の『普通木工教科書』ではヒノキ・モミをまな板材としている。[24] 一九〇三（明治三十六）年に刊行された『大日本有用樹木　効用編』には、イチョウ、シダレヤナギ、アカヤナギ、ホオノキの四種類がまな板材として利用されていると記述している。[25] この中にヒノキが含まれていないのは不思議である。イチョウは渡来木であり、日本に持ち込まれた時期は平安期以前には遡らないようである。文献から見る限り、イチョウはヒノキやヤナギより遅くまな板材に取り込まれたように感じる。

一九四四（昭和十九）年に刊行された『最新木材の用途』によれば、まな板材はモミ、ヒノキ、カツラまたはホオノキ（無節または小節）としており、ここには伝統材とされるヤナギやイチョウが欠落している。[26] この時代のまな板材は、戦時中という国家統制時の材木であり、昭和十六年四月一〇日附商工省告示第二九二号で厨房荒物の公定価格が指定されたときの用材が記されている可能性が高い。

一九六九（昭和四十四）年に刊行された『有用樹木図説』では、まな板材の種類が増え、次のような樹種が挙げられている[27]（※印は散孔材と環孔材の区別が不明確なもの）

○ソテツ科――　イチョウ（比重〇・五五　※）

○マツ科――　モミ（比重〇・四四　※）

アカトドマツ（比重〇・四〇　※）
○ヒノキ科――ヒノキ（比重〇・四四　※）
○ヤナギ科――ケショウヤナギ（比重〇・四五、散孔材）
ヤマナラシ（比重〇・五一、散孔材）
オオバヤナギ（比重〇・四五、散孔材）
○カバノキ科――ハンノキ（比重〇・五九、散孔材）
○ニレ科――エゾエノキ（比重〇・六九、環孔材）
エノキ（比重〇・六二、環孔材）
○モクレン科――コブシ（比重〇・四六、散孔材）
ホオノキ（比重〇・四九、散孔材）
タムシバ（比重〇・四九、散孔材）
○カツラ科――カツラ（比重〇・五〇、散孔材）
○スズカケノキ科――アメリカスズカケノキ（比重〇・五六、散孔材）

これらの樹種の中で、アメリカスズカケノキは明治末に移入されたことから、昭和初期以前にはまな板材に用いられていない。おそらく第二次大戦後より用いるようになったのであろう。樹種の硬度は、エノキのような中質の環孔材を除けば、おおむね軟らかく、木目の細かな散孔材である。このことから、まな板の適材条件は、軟らかで粘りがあり、均質な木目ということになる。こうした特質は、包丁の保護と切削時のスムーズな接触性に活かされる。

〈資料〉に見られる樹種はヒノキ（四九）、イチョウ（一〇）、ヒバ（一〇）、ホオノキ（六）、スプルス（六）、シダレヤナギ（三）、ベイツガ（三）、バッコヤナギ（一）、キリ（一）である。

市販品の調査から見る限り、現在はヒノキが木製まな板の主な材料とされていることが理解できる。さらに木曾産のヒノキがまな板のブランドとして定着している。イチョウには産地名が示されていないのに対し、ヒノキとヒバには産地名が示されている場合が多い。ヒノキに関しては、木曾ヒノキのブランドにまな板業界が相乗りしているのである。

ヒバは本来アスナロが標準樹種名であるが、青森県産の木材を使用していることから、青森ヒバという木材産地の地域名を使用している。近年は青森ヒバのブランド化をめざす商業活動が活発である。現在まな板を生産しているメーカーも、昭和五十年代以降の抗菌ブームで生産を開始しており、仮に青森県内でまな板にヒバを使用する習慣が伝統的にあったとしても、大都市圏での販売は三〇年にも満たない。青森県の行政自体が県の特産品であるヒバの活用を推進させており、まな板の生産はその政策の一環という見方もできる。

ホオノキ・カツラといった材は古くから使用されていた。ホオノキは軟らかく、変形は少ない。しかし粘り気に欠けるため、まな板としては特に良材というわけではない。それでも過去に使用されていたのは、ホオノキがきわめて成長が早い点に起因する。成長が早くて広域に分布するため、木材が廉価で取り引きされた。ところが植林を行なわないホオノキは、徐々に資源が枯渇化し、結果的に値段が高くなった。

キリの使用は『有用樹木図説』に示されていないことから、広く普及していた材料ではなかったと思われる。おそらく、全国的な流通商品になったのは近年のことである。[28]

材料そのもので最も高級だとされるのは、大径木の木曾ヒノキ材である。次にイチョウが続く。ヒノキそのものは戦前から使用されていたが、木曾ヒノキの良材がまな板に使用されるようになった契機は、昭和三十年代の伊勢湾台風という指摘がある。[29] 伊勢湾台風で木曾ヒノキは大きな被害を受け、そのときの倒木をまな板材に多数利用したというのである。こうした突発的な出来事が、わが国の針葉樹材では最高峰に位置する木曾ヒノキの良材を、家庭用まな板材に広く利用する契機になったのかもしれない。

ヒノキ、イチョウ、ヤナギの一枚板を使用した高級まな板は、専門店か都市の百貨店でしか取り扱っていない。スーパーマーケットで売られている木製のまな板は、せいぜい国内産の集成材か輸入材の一枚板を使用した安価なものに限られている。老舗の百貨店では、一万円以上もする高価な家庭用まな板も売れているので、都市部の生活者の中には木製まな板に強いこだわりを持っている人も少数存在している。

沖縄県ではリュウキュウマツ、クスノキ、ジンギ（モクセイ科シマタゴ）、ブンギ（ニレ科エノキ）が主に使用されていた。[30] 軟質材の針葉樹がないため、地域に生育する南方系の樹種が利用されていたのである。こうした地域に産する木材を積極的に利用していたというのが、都市部を除いた地方社会の原風景であった。まな板が商品として店頭に並ぶようになり、長く培われてきた各地のまな板材は、ほとんど生活から姿を消していった。木材の経済効率という点ではやむをえないことかもしれないが、木材文化の継承という点では実に残念である。

(3) 商業宣伝に示された木製まな板の特性

ここで〈資料〉に示した木製まな板に表示される宣伝文句を紹介しておきたい（文字も含め、文面は原文通りとした）。

①イチョウ（一枚板）

A社――・包丁の刃がこぼれません。

・食品等に匂いなどが一切うつりません。

・包丁など長時間のせてもサビ色はつきません。

・木クズが表面に出ません。

・使い込むうちに素材が生きてきます。安心して長時間使えます。

B社――・いちょう材に含まれている樹脂分が魚や肉の油分をはじき出し、水切れも優れています。

・材質が均一で軟らかく、刃当たりがよく、プロ好みの俎です。

・弾力があるため、傷が付きにくく、刃物をいためません。

②ヤナギ（一枚板）

C社――・ヤナギ科ヤナギ属の落葉樹。柳は雪折れなしと言われるごとく、柔軟な木材で今では数少ない天然木です。

・柳は水辺の木なので水に強く、包丁の当たりが穏やかで、包丁の切れ味が長持ちします。

D社――・まな板に適した木で、比重が軽く、柔らかめの材質が包丁の刃を痛めず、まな板材に適していると言われています。

・まな板の三大銘木はヤナギ、イチョウ、ヒノキといわれ、バッコヤナギは天然の貴重資源材の意味からも横綱格と申せましょう。

③ホオノキ（一枚板）

E社――・木製のまな板は刃当りもよく、包丁の刃こぼれの心配もありません。

・使用時に水で濡らしてご使用になれば、汚れが付きにくくなります。使用後は水切りをし、日陰干しをして下さい。また、漂白剤を染み込ませた布を一晩ほど巻いておくと汚れが取れます。

F社――・きめ細かく、弾力のある木なので、傷や汚れもつきにくく水切れがよいので、乾き易く衛生的です。

G社――・朴は全体的に硬さが均一で刃物のあたりが良く、雑菌に強い材です。このまな板の切り口に反り止め加工をしているので、狂いが少なく長くご使用いただけます。

④キリ（集成材）

H社――・桐は軽くて取り扱いも簡単です。
・抗菌性に優れ、乾きも早いので、黒ずみにくくいつまでも清潔にご使用いただけます。
・やわらかく復元力がありますので、包丁の刃をいためません。
・刃あたりが良いので包丁はすべりません。

⑤ヒバ（一枚板）

I社――・ヒバには天然の殺菌効果があり、古くから人々の生活に生かされてきました。抗菌力にあたる成分は「ヒバ油」。

⑥スプルス

J社――・刃にやさしい木製まな板
・十分な厚さの柾目を使用していますので本物志向の調理が楽しめます。

①〜⑥の内容で、共通性が多いのは包丁との関係である。日本料理の専門家が持つこだわりを、一般家庭にも積極的にアピールしている。次に殺菌性に関する内容を強調しているものが三例ある。最近の抗菌ブームもあり、特にヒバのまな板は殺菌性を強くアピールしている。

市販品ではヒノキのまな板が圧倒的に多いが、ヒノキに関しては上記のような細かな材のアピールは少なく、抗菌性を一部のメーカーで指摘している程度である。ヒノキの優位性はすでに日本人には広く浸透していることから、強調されるのは木曾産の大木から作られているという産地銘柄に関する部分である。筆者の調査では、木曾産以外のヒノキ材を取り立てて強調した製品は見当たらなかった。

ヤナギに関しては、バッコヤナギが北海道産であることを強調し、貴重な天然木としての価値をアピールしている。

イチョウに関しては地域銘柄が示されていない。福井県に専門のメーカーがあることから、福井産という表示を時折見かける程度で、木曾ヒノキのような銘柄とは表示の質が異なる。近年はイチョウ材のまな板を業界で復活させる傾向があり、東北から九州まで幅広く支持されている。専門の日本料理店では、伝統的にヤナギ、イチョウ、ヒノキのまな板を継承しており、包丁とまな板には常に高い質を求めている。先の〈資料〉で示した東京のD百貨店では、イチョウのまな板に関してだけオーダーを受けている。こうした販売は専門の調理師をターゲットにした商法といえよう。

四　現代のプラスチック製まな板

(1) プラスチック製まな板の登場と普及

比較的安い値段のまな板を販売しているスーパーマーケットでは、商品の八割以上がプラスチック製のまな板である。プラスチック製まな板の普及は、次のような商品の発売時期を基盤にしていると考えられる。(31)

①一九六五年に、山県化学㈱より塩化ビニール製のまな板が発売される。
②一九六八年に、住友ゴム工業㈱より合成ゴム系のまな板が発売される。
③一九六八年に、住友化学工業㈱よりポリエチレン製のまな板が発売される。
④一九七二年よりヨーロッパのポリエチレン（硬質タイプ）製まな板が輸入されだした（最近は輸入されていないようである）。

現在は合成ゴム、ポリエチレン、塩化ビニール、酢酸ビニールの四種類がプラスチック製まな板に使用されていると業界では解説しているが、市販品の表示には塩化ビニールと酢酸ビニールの二種類は見当たらない。特に酢酸ビニールを使用したまな板の販売開始時期と普及については明確な資料がない。この点については今後の検討課題としたい。

業務用のまな板は、すべてプラスチック製が望ましいという話を、以前調理業の聞き取り調査から確認していたことから、厚生労働省食品保健課に業務用まな板に関する規格と使用方法について問い合わせた。厚生労働省のコメントは、次のような内容であった。

・まな板そのものには食品衛生法による規格はない。
・これまでまな板に関する正式な指導とか通知は一切していない。

・一九九七年三月に「なるべくプラスチック製のものを使って下さい」というマニュアルを出した。
この内容は、O－一五七に関連する大型調理施設に限ったものであったと記憶している。

業務用のまな板に関しては、実質的には各都道府県の保健所が監督していることから、福岡市の保健所にも業務用まな板について問い合わせてみた。保健所のコメントは次の内容である。

・以前からプラスチック製がベターと言ってきた。
・まな板には法による規格は一切ない。現場に対する保健所の監督としては、木のまな板の場合、よく乾燥させ、使い終わったら立てかけておく、表面の傷が多くなったら削るという点に力を入れている。

厚生労働省の見解としては、具体的指導はないとしているが、市町村レベルでの監督内容は、実質的には指導に近いという見方もできる。また、市町村の権限も一律ではないらしく、都道府県によってやや異なるという指摘もある。少なくとも、ある時期から業務用まな板については、プラスチック製を使用することが、市町村の保健所より推奨されたということだけは間違いない。

家庭用プラスチック製まな板は、廉価な点に人気が集中している。この値段の安さがプラスチック製まな板を普及させた一つの要因である。次に衛生面での特質が挙げられる。プラスチックの内部に水分が浸透しないことから（まったく浸透しないという化学的な意味ではない）、使い終わったら表面の水分を拭き取るだけで乾燥させることができる。つまり、木質タイプのようにメンテナンスに手間をかけなくとも、衛生面の保持が可能となったのである。この特質は、家庭用だけでなく、業務用まな板にもプラスチック製が普及した理由ということになる。

業務用の大型プラスチック製まな板は、値段がかなり高価である。同じ大きさ（厚さは別とする）で比較すれば、イチョウ材のまな板とほとんど差がない。

(2) 商業宣伝に示されたプラスチック製まな板の特性

現在のプラスチック製まな板は、抗菌処理の有無が売れ行きに多大な影響を及ぼしている。この抗菌処理の宣伝文句を〈資料〉の事例を通して紹介する（特定の商品名にかかわる文言は割愛した）。

①まな板の素材に抗菌加工してあります。その安全性は公的実験機関での厳しいテスト結果が証明しています。

・経口慢性毒性試験
・経口急性毒性試験および発ガン性複合試験
・変異原生試験
・皮膚一次刺激試験
・米国食品医薬品局（FDA）申請受理

②○○は食中毒の三大原因（黄色ブドウ球菌、サルモネラ菌、腸炎ビブリオ菌）、大腸菌（O‐一五七）を含む約四十種類の微生物について無菌化効果が確認されております。無菌化効果の実証例（写真入り）

③○○は常に無菌化状態を保ちますが、食品本体の殺菌効果はありませんので、従来通り充分ご注意下さい。塩素系の洗剤、漂白剤などは変色の原因となるので使用しないで下さい。

④抗菌まな板　最高級ラバー製　無機系抗菌剤使用

⑤安全です。人体に無害な抗菌剤を素材の中までミクロ単位で練り込んであるため、包丁キズからバイ菌やカビの侵入もシャットアウト。
⑥効果があります。金属イオンの抗菌作用と遠赤外線の相乗効果によりバイ菌やカビ等の繁殖を強力に抑制します。
⑦長持ちします。最高級のゴムと持続性のある抗菌剤により、プロも大好評、お手入れカンタン、肉や魚のニオイも水で洗うだけでいつも清潔です。

先の木製まな板の特性表示に比較し、現在市販されているプラスチック製まな板は、抗菌性のアピールに徹している。抗菌処理の方法は一律ではなく、抗菌剤を素材に練り込んだタイプから、金属イオン抗菌作用を利用したものまで多様である。科学的な根拠を強くアピールしているまな板の抗菌処理ではあるが、厚生労働省が抗菌性に関する基準を具体的に提示していない以上、プラスチック製まな板の抗菌性が持つ実質的な効力は簡単に比較できない。『暮しの手帖』第五一号では、木製のまな板とプラスチック製のまな板に対して各種の試験をしている。その結果「抗菌防カビをうたっているマナ板がありますが、今度のテストでは、菌の残り方、増え方は、抗菌といっていないものとほとんど差がありませんでした」というまとめをしている(32)。

都市の百貨店で売られているプラスチック製まな板は、ほとんどが抗菌処理を施したとされるタイプである。安価な商品を主体に販売しているスーパーでは、抗菌処理の対応を表示していないタイプも少量認められるが、割合としては少ない。値段は格段に安いのに、こうしたまな板は人気がない。宣伝を通して知った抗菌製品の安全性を、消費者は具体的に理解していないのに、ひたすら信じ、抗菌表示のあるまな

図313　電気消毒機（福岡市）

板を購入する。このあたりが現代の消費者が持つ生活用具に対する意識の実態といえよう。

プラスチック製まな板には、耐熱温度が必ず表示されている。ポリエチレン製では、一部にマイナス三〇度Cから九〇度Cまでの耐熱温度を持つものも認められるが、おおむねマイナス三〇度Cから七〇度Cという表示が多い。つまり、ポリエチレンは熱への対応力が弱いことから、熱湯や火気に注意しなければならないとメーカーは明記しているのである。耐熱温度が低ければ、当然熱湯消毒は家庭用プラスチック製まな板に施すことができない。プラスチック製まな板は、木製まな板に対して耐熱性が劣っている。そのため大量炊事の現場では、衛生面に対応するため、図313㉝に示したようにまな板を乾燥させ、その後紫外線で殺菌している。

(3)　プラスチック製まな板のメンテナンス

軟質の木材を使用したまな板に対し、ポリエチレン製のまな板に付く刃物傷は浅い。使用されているポリエチレン樹脂が、軟質の木材より硬く緻密なため、刃物傷が浅いのである。まな板には包丁の刃先を保護する重要な役割がある。軟質で木理の細かなヒノキやイチョウが好まれるのは、専門の調理師が使用する高い精度に研がれた包丁の刃を保護するからである。包丁の精度で味が変わるといわれる和食の世界では、目的によって使用する包丁が異なる。包丁の種類が少ない中国の調理とは刃物に対する考えが異なる。

ポリエチレン製に代表されるプラスチック製まな板は、刃物の保護と刃物を使用したときの触感という点では、ヒノキやイチョウ材より劣っているというのが調理師業界の見解である。家庭用や大量炊事用の包丁は、専門の調理師用ほど精度を求めていない。そうした使用目的には、プラスチック製まな板でも包丁の刃先を保護することは可能である。

プラスチック製まな板も長年使用すれば細かな傷が多数つく。木製まな板は表面を切削することで再生できるが、プラスチック製では簡単に表面を切削できない。この点を解消するために薄いポリエチレンを積層にし、一定期間使用した後は剝がしていく積層まな板が販売されているが、家庭用にはそれほど普及していない。

プラスチック製まな板は、衛生的という観点では、使用頻度と使用期間に関する目安が実に曖昧である。たとえば、数年間使用して生じるプラスチック製まな板の傷が、定期的に表面を削った木製まな板に対して衛生的であるという根拠は乏しい。では専門の調理師がなぜプラスチック製まな板を使用しているかということになるが、その理由は次のようにまとめられる。

○専門の調理師が使用する大型の木製まな板は、使用後に洗って立て掛けることが大変なため、衛生面での改善を保健所から指摘される。その対応としてプラスチック製まな板に変更した。

○保健所が地域の調理師会に対し、衛生面から水切りのよいプラスチック製まな板を推奨するため、

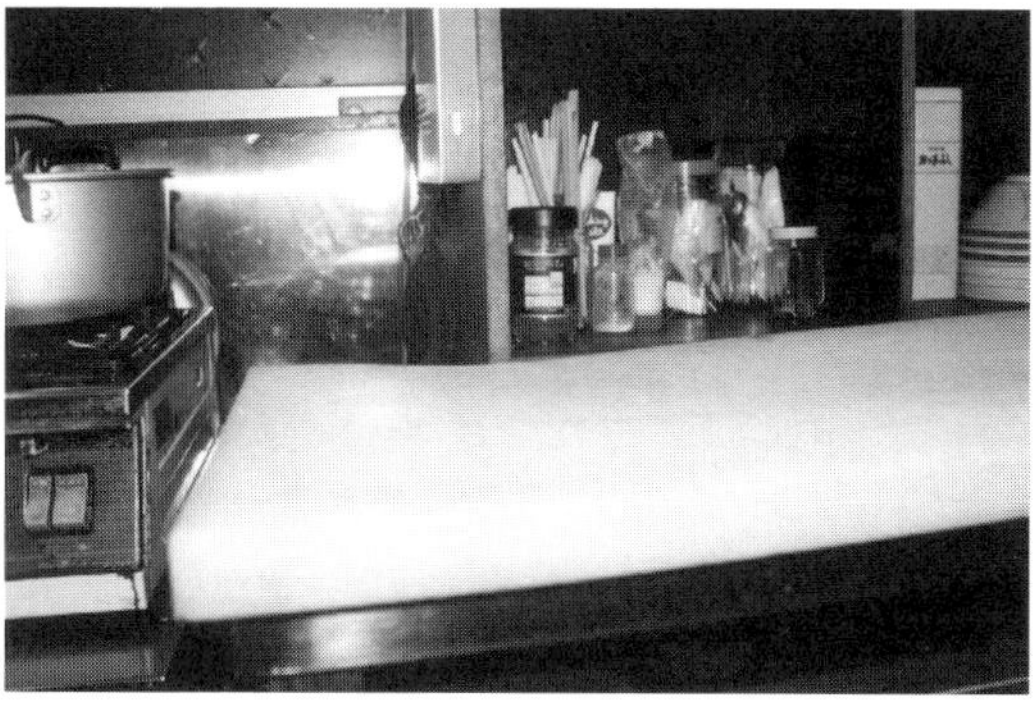
図314
長期間使用されたプラスチック製まな板（福岡市）

調理師会として一定の協力を行なっている。

上記の内容は、すべて衛生面を基調とした調理師の行政への対応であり、調理師会の行政への協力である。プラスチック製まな板につく刃物傷と衛生面の具体的な関連には触れていない。

プラスチック製まな板の耐久力については、具体的な指標は見当らない。事例として図314(34)のまな板を挙げ、表面の凹みに関する耐久力を考える。

図314のまな板はポリエチレン製で、長さ八四cm、幅三九cm、厚み三cmである。大衆食堂のまな板として二七年間使用されている。調理師はこのまな板の手前右半分を使用する習慣があるため、まな板を定期的に反転させ、摩耗する部分が分散するよう工夫している。まな板は片面しか使用しておらず、結果的にまな板の手前右と奥の左部分が摩耗している。摩耗が最も大きな部分は九～一〇mm低くなっている。二七年間毎日使用していることから、一年間で約〇・三～〇・四mm表面が削れていることになる。家庭用のプラスチック製まな板は、使用頻度から考えれば、一〇年間使用しても一～一・五mm程度しか摩耗しない。刃物傷による問題点を除けば、とにかくプラスチック製まな板の耐久性は、木製まな板に対してきわめて高い。

五　まな板の使用法

(1)　まな板の表面形状と包丁の使用法

わが国のまな板における特徴の一つとして、甲板表面の丸みを先に挙げた。この丸みについては、図122に示した『普通木工教科書』の解説で「上板ノ表面ハ實際ノ用ニ適センガタメ、平坦ニ削ラズシテ、側面圖ニ示ス如ク、兩小端ヨリ中央ニ至ルニ從ヒ漸々厚クナシ置クモノトス」と記している。(35)

この実際の用に適す形態という意味を検討してみたい。和食を専門とする一部の調理師は、甲板上部に丸みを持つ大型のまな板を昭和三十年代まで使用している。この大型のまな板は、甲板が長さ一八〇cm、幅六〇cm、厚み九cmという寸法であった。まな板を三人が向かい合い、六名で作業したというのである。魚の細かな調理は手前の低い部分を使用し、魚をさばく、野菜を切るといった調理は、中央の高い部分で行なっている。こうしたまな板の使用法を通して見る限り、調理者は通常まな板の手前半分のスペースしか使用していない。そしてまな板中央の高い部分は、包丁による深い傷がつく作業を想定している。調理師用まな板は、鰻用のもので半年に一度、和食用のもので一年に一度削るという習慣が確立している。上部に丸みのあるまな板もこうした周期で削ったとすれば、削った当初と一年後では、中央の高さは少なくとも二mm程度低くなる。つまり、包丁の使用による中央部の凹みに対する長期的な対応が、甲板に丸みを持つわが国独自の形態を生み出した主な理由と考えられる。水切りの良さが丸みのある形態に関与したという見方もあろうが、流しの中ではなく、もともと室内での調理で発達した坐姿勢用のまな板では、水切

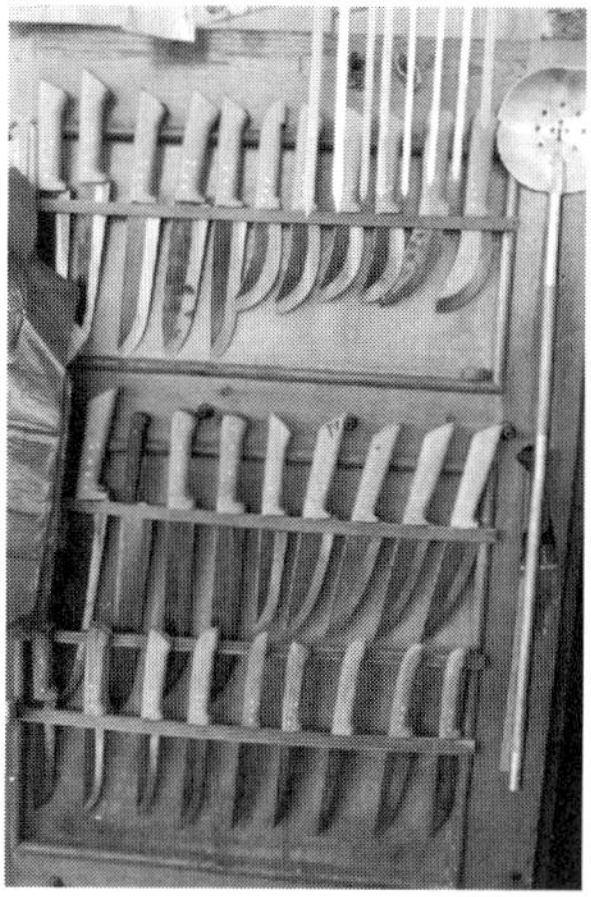

図 315　包丁（東京都港区築地）

図 316　包丁
（ウズベキスタン・タシケント市）

りの用途がどの程度必要であったのかは判然としない。

和食を中心とする専門の調理師であっても、みずから鉋でまな板の表面を削るという習慣はほとんど認められない。先に示した一年間に一度削るという習慣は、他の木工技術者の関与が前提となっており、おそらく近世における職能の細分化によってそうした習慣が成立したのであろう。「俎板を煙草のあいに削らせる」と十八世紀末の『俳風柳多留』で詠んでいる[36]。大工が仕事に来ると、休憩時間にまな板の表面を削ってくれる程度の仕事だったというのである。このまな板は家庭用のタイプを想定してのことであって、専門の調理用まな板は大工であっても簡単には削れない。〇・五平方メートル以上の面積を二㎜程度均一に削ることは大変な労力がかかる。特に上面に丸みを持たせるように削ることは苦労が多い。川柳の事例とは逆に、大工はまな板を削ること自体を本来好まない。長期間使用したまな板には包丁の刃先が埋まっている場合もあり、鉋の刃こぼれの原因となるから嫌うのである。

仮に調理師が鉋を上手に使いこなす技量があれば、四カ月に一度一㎜程度表面を削ることは可能であり、一年周期というメンテナンスに依存する必要はない。包丁を研ぐ修業はし

図 317　まな板（東京都港区築地）

図 318　まな板（福岡市）

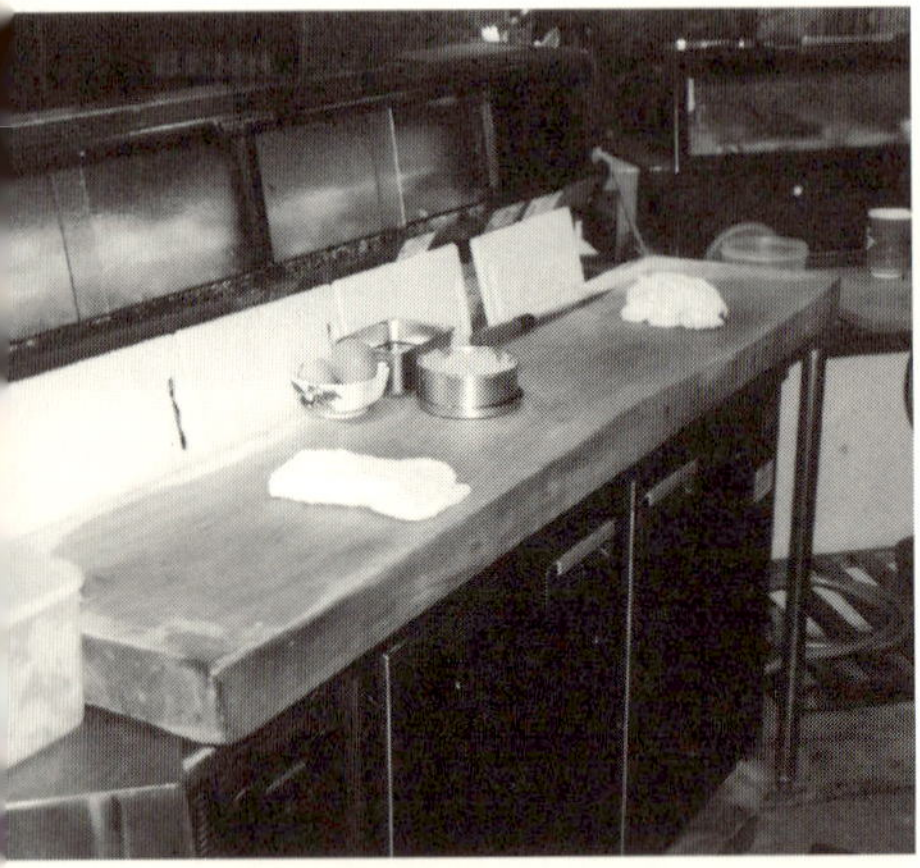

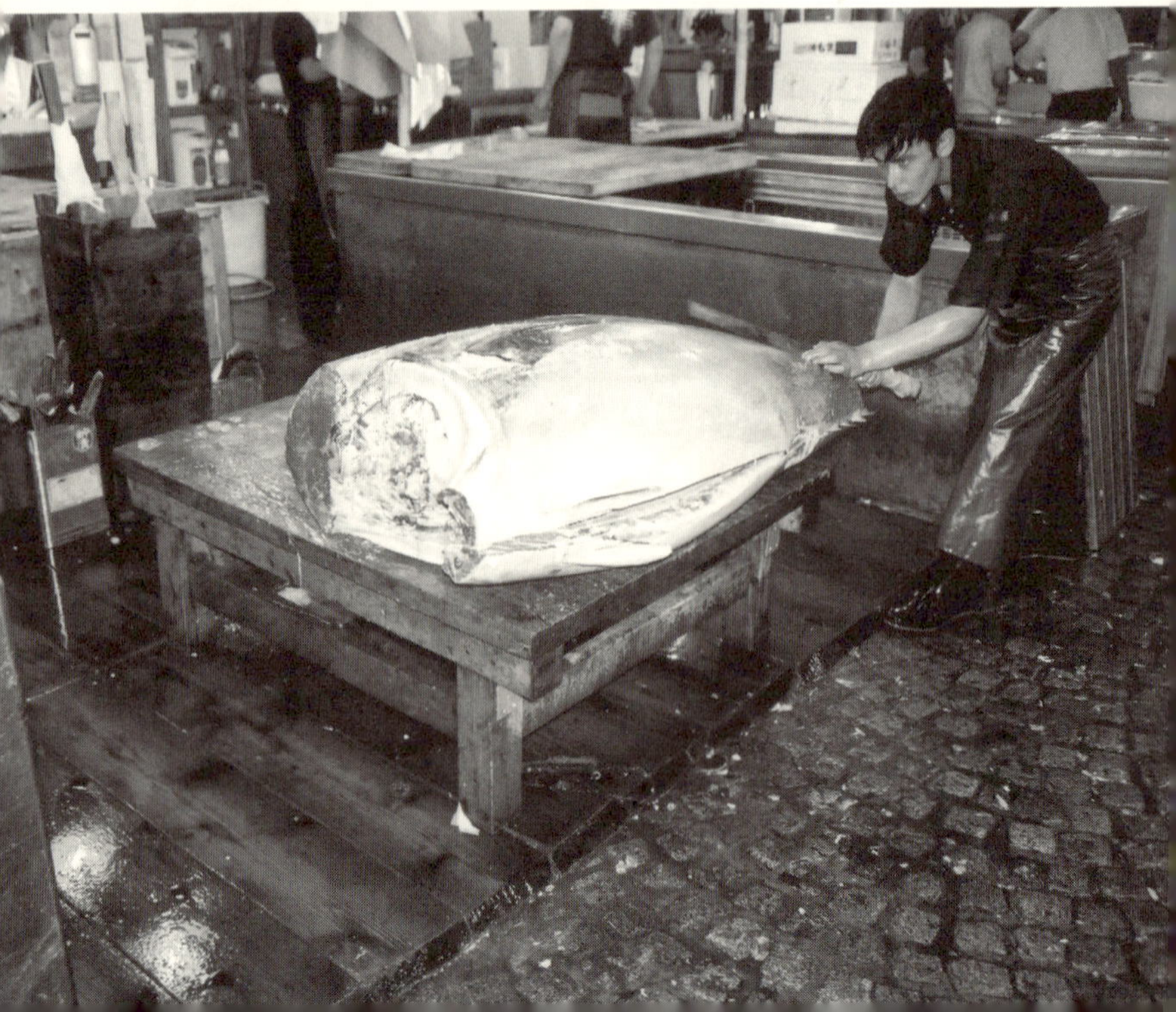

図320　可変まな板
（東京都港区築地）

図321　まな板
（東京都港区築地）

図322　まな板
（東京都港区築地）

➡（前頁）
図319　まな板
（東京都港区築地）

ても、鉋の刃を研ぐ修業をしない調理師の職制が、結果として次第にまな板の表面を平らにしていったという見方もできる。すなわち、木工技術者による簡便な平面の機械切削に、まな板のメンテナンスが大正期以降徐々に移行していったと読み取れるのである。

日本の伝統的な包丁は、図315㊲に示したように現在も継承されている。図316㊳はウズベキスタンのタシケント市で見かけた刃物店である。海外で見かける包丁の種類は多くてこの程度である。日本の包丁はとにかく世界に誇る優れた刃物といえる。蒲鉾状の甲板上部は、こうした刃物との関係から生じた実用的な形態だといえる。

(2) 業務用大型まな板

図317・318㊴は現在の鮨店で使用される木製のまな板である。図317は長さが一間以上もある大型のもので、スプルス材を使用しているようだ。図318のまな板はイチョウ材を使用しており、調理師がみずから電動鉋で表面を削っている。伝統的な職域においても、材質やメンテナンスはすこしずつ変化している。

図319〜322㊵は、東京都港区築地の魚市場で使用されるまな板である。いずれもマグロの調理に使用される。図319は本マグロを解体しているところである。まな板というより作業台といった方が適切かもしれない。図320のまな板は、高さを可変できる構造を備え、上部はプラスチック製になっている。マグロ専用に開発されたまな板といえよう。図321もプラスチック製の甲板を備えている。左奥には小型のまな板にマグロの一部が置かれている。大型のまな板の上に置かれた小型のまな板ということになろうか。図322は栈足の付いたまな板にマグロの切り身が置かれている。細かな調理になると、現在も足付きのまな板が使用されて

おり、このあたりに包丁師の技術と道具の伝承を感じる。

(3) 家庭におけるまな板の使用法

福島県の短期大学にて、女子学生を対象にまな板に関するアンケートを二〇〇四年に実施した。アンケートの内容と結果は表1のようなものである。

アンケートの結果(1)・(2)については、だいたい予想していたように、二枚以上まな板を持つ家庭が四割以上あり、またプラスチック製のまな板を持つ家庭の方が多い。

(3)は圧倒的にヒノキ材を使用したまな板が多い。ところがマツ・サワラといった一般には市販されない材を使用したまな板も見られ、自宅で製作する人や、大工などに木材を持ち込んで加工を依頼する習慣があるようだ。木材の材質に関しては未回答者が三一名もいる。まな板の材質に、半数近くの家庭が興味を持っていないのである。

(4)の調理の対象による使い分けに関しては、まな板の裏と表を使い分けている家庭が一割以上ある。台所のスペースとも関連するので、集合住宅が多い都心に近い地域ではさらに多くなると思われる。

(5)の①では、足付きまな板の使用がまったく見られなかった。わざわざ特注で足付きまな板を使用する人はいないということである。②の寸法に関しては、長さが三〇cm、三五cm、四〇cm、四五cmに集中している。また幅は二〇cm、二五cmに集中している。市販のまな板の大、中、小とこれらの寸法が重なっていることは間違いない。厚みに関しては、一・五cm、二cm、三cmに集中している。一・五cmはプラスチック製のまな板の厚みであり、三cmは木製のまな板の厚みである。

表1　家庭におけるまな板の使用法に関するアンケートと回答

1）あなたの家ではまな板を何枚使用していますか。

・一枚（67名）・二枚（40名）・三枚（6名）・四枚（1名）

2）まな板の材質は次のどれですか。

・木製（61名）・プラスチック製（75）・その他（0名）

3）先の2）で木製と答えた方にお聞きします。木製のまな板はどのような種類の木材ですか。

・ヒノキ（20名）・マツ（2名）・スプルス（2名）・イチョウ（1名）
・キリ（1名）・ヤナギ（1名）・ホウノキ（1名）・サワラ（1名）
・父の手作り（1名）・回答なし（31名）

4）まな板の使用方法についてお聞きします。

①　野菜用と肉・魚用に分けて使用している。

ア．はい（31名）イ．いいえ（83名）

②　アと答えた方はどのように分けていますか。

・一枚の表と裏に目印をつけて分けている。（16名）
・それぞれ専用のまな板を使用している。（15名）

5）まな板の形と大きさについてお聞きします。

①　形は次のどちらですか。　ア．平板（114名）イ．足付き（0名）

②　まな板の大きさはどの位ですか。

ア．長さ

・20 cm（1名）	・25 cm（3名）	・30 cm（15名）	・34 cm（2名）
・35 cm（10名）	・36 cm（4名）	・37 cm（5名）	・39 cm（1名）
・40 cm（21名）	・41 cm（4名）	・42 cm（6名）	・43 cm（3名）
・44 cm（4名）	・45 cm（14名）	・48 cm（1名）	・50 cm（7名）
・51 cm（1名）	・52 cm（1名）	・55 cm（3名）	・60 cm（2名）

イ．幅

・15 cm（7名）	・18 cm（4名）	・20 cm（28名）	・21 cm（9名）
・22 cm（9名）	・23 cm（9名）	・24 cm（2名）	・25 cm（24名）
・27 cm（1名）	・28 cm（1名）	・30 cm（13名）	・40 cm（1名）

ウ．厚さ

・1.0 cm（7名）	・1.2 cm（2名）	・1.3 cm（1名）	・1.5 cm（34名）
・1.8 cm（2名）	・2.0 cm（21名）	・2.5 cm（8名）	・2.8 cm（1名）
・3.0 cm（29名）	・3.5 cm（1名）	・5.5 cm（2名）	

6）まな板をどこに置いて使用しますか（図323を提示）。

ア．調理台の上（101名）イ．流しに渡して使用（8名）

ウ．洗い桶の上に乗せて使用（5名）　※魚の調理の時だけウを使用（1名）

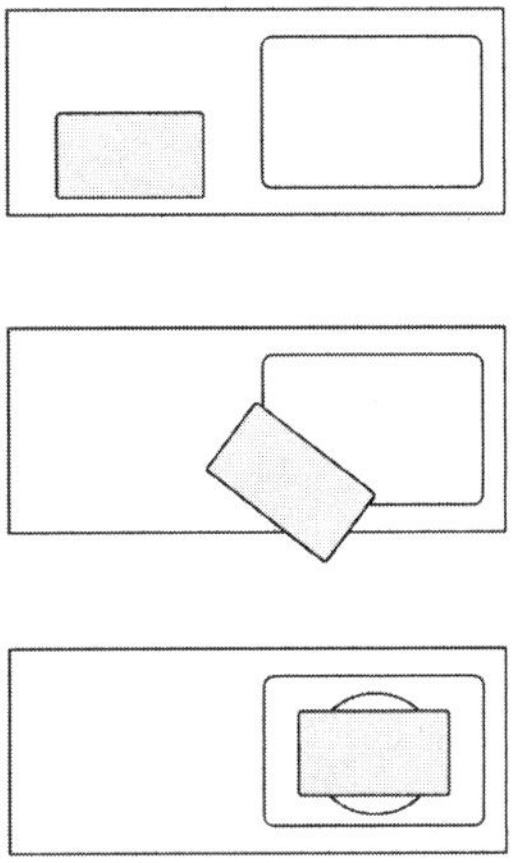

図323　まな板の使用方法

(6)については、コンクリートの流しの角に渡して置く、洗い桶の上に置くといった方法が、現在も一割以上の家庭で見られる。明治時代に確立した使用方法が延々と継承されていることに驚かされる。

六　ステンレス製流し台の高さとまな板

(1)　ステンレス製流し台の高さとまな板の関係

ステンレス製流し台の高さに関する規格化が、どの程度生活者に貢献しているかについても検討の余地がある。

ステンレス製流し台の高さは、発売当初よりおおむね八〇cmを規格としていた。欧米の流し台が近年八六cmから九〇cmの高さに規格が移行したこともあり、一九九八年のＪＩＳ規格改訂では家庭用流し台の高さは、八〇cm、八五cm、九〇cm、九五cmの四種類となり、多くのメーカーでは従来の寸法に対し、五cm上乗せした八五cmを採用した。

現在メーカーは台輪部分の寸法を調節することで、使用者の希望する高さに対応しており、八五㎝を標準とする規格化が社会全体に深く浸透していることは否めない。こうした高さに対する規格化とは、そもそもメーカー側に主体があるもので、使用者の実態にどの程度反映されているかは疑問も残る。使用者の身長だけが適正な作業高を決定するわけではないが、男女が共用する流し台を前提とすれば、一四五〜一九〇㎝の身長を対象としなければならない。そのためには使用者に合わせて高さが可変する流し台が望ましい。ところが、現在電動可変式流し台を販売している国内メーカーは数社だけである。可変式の取り組みは各社でなされた。しかしコスト面から販売を中止したり、製品化しなかったというのが実態である。

和食の調理師は、一定の高さの作業台を共用していたことから、下駄の歯の高さを調節機能として個別対応していたという話がある。すなわち、背の高い人は低い下駄を履き、背の低い人は高い下駄を履いたとされている。こうした話がどの程度社会で浸透していたかは別としても、伝統的な調理文化の中に、すでに高さの適正に関する工夫がなされていたことは事実である。

食物の調理は、まな板と包丁を利用する場合、対象とする食材の大きさ、硬さなどで調理台の高さを変える必要があった。サザエさん宅では硬くなった餅を切る際、必ず床にまな板を置いて上から強い力を加えている。また麵類に必要な捏ねるといった作業では、まな板を使用する際の高さより少なくとも一〇㎝以上は低くする必要がある。(41)

ステンレス製流し台が発達するまでは、家庭の流しや調理台も作業高は一律ではなかった。おおむね二尺五寸以下の高さで個々に対応していた。高さ八〇㎝のステンレス製流し台が発達したことによって、まな板の上部は八五㎝以上の高さになり、足がなくなったという見方もできる。

戦後の工業製品はとにかく標準化をめざした。日本中の家庭が高さ八〇㎝のステンレス製流し台を基盤として調理が展開していく。しかしながら、調理における高さの適正は、調理者の身体条件と共に、調理する食材や道具とかかわっていく。高さの標準化は、一般的に調理する頻度の高い食材を対象として捉え、さらにまな板・鍋といった道具の寸法も標準化させる。つまり画一的な台所文化を生みだしていくことにつながるのである。

(2) システムキッチンとまな板

昭和五十年代以降、ステンレスの一枚板、キャビネット内の空間を一体化したシステムキッチンが普及する。このシステムキッチンのオプションとして、プラスチックのまな板が販売されている。図324〜326[42]は、現在市販されているシステムキッチンとオプションのまな板である。図324・326はシンクの上に組み込む方式を採用している。この方式はヨーロッパでも広く普及している。図325のような使用方法であれば特定の形に拘束されないため、木製のまな板を使用しても差し支えない。

近年はシステムキッチンも多様化し、綺麗で新たな収納機能を備えた台所をコンセプトとしたものだけでなく、本格的な調理を家庭でも楽しむタイプも市販されている。その代表的なものが図327・328[43]に示したもので、いずれもシンクが初期のステンレス製流しのように大きく、その中に段差を設けてまな板を置くという方法を採用している。広いシンクで、水をふんだんに使って魚を調理することが設計のコンセプトである。図327はシンクにはめ込む方式ではないので、使い手の好むまな板を使用することができる。図328は、イのような使用方法に限ってオプションのまな板が必要だが、ア・ウの使い方では特に寸法や材質にこだわらない。画一化されたシステムキッチンの時代から、すこしずつ使い手の目的に適した個性のある

図 324　システムキッチン用まな板

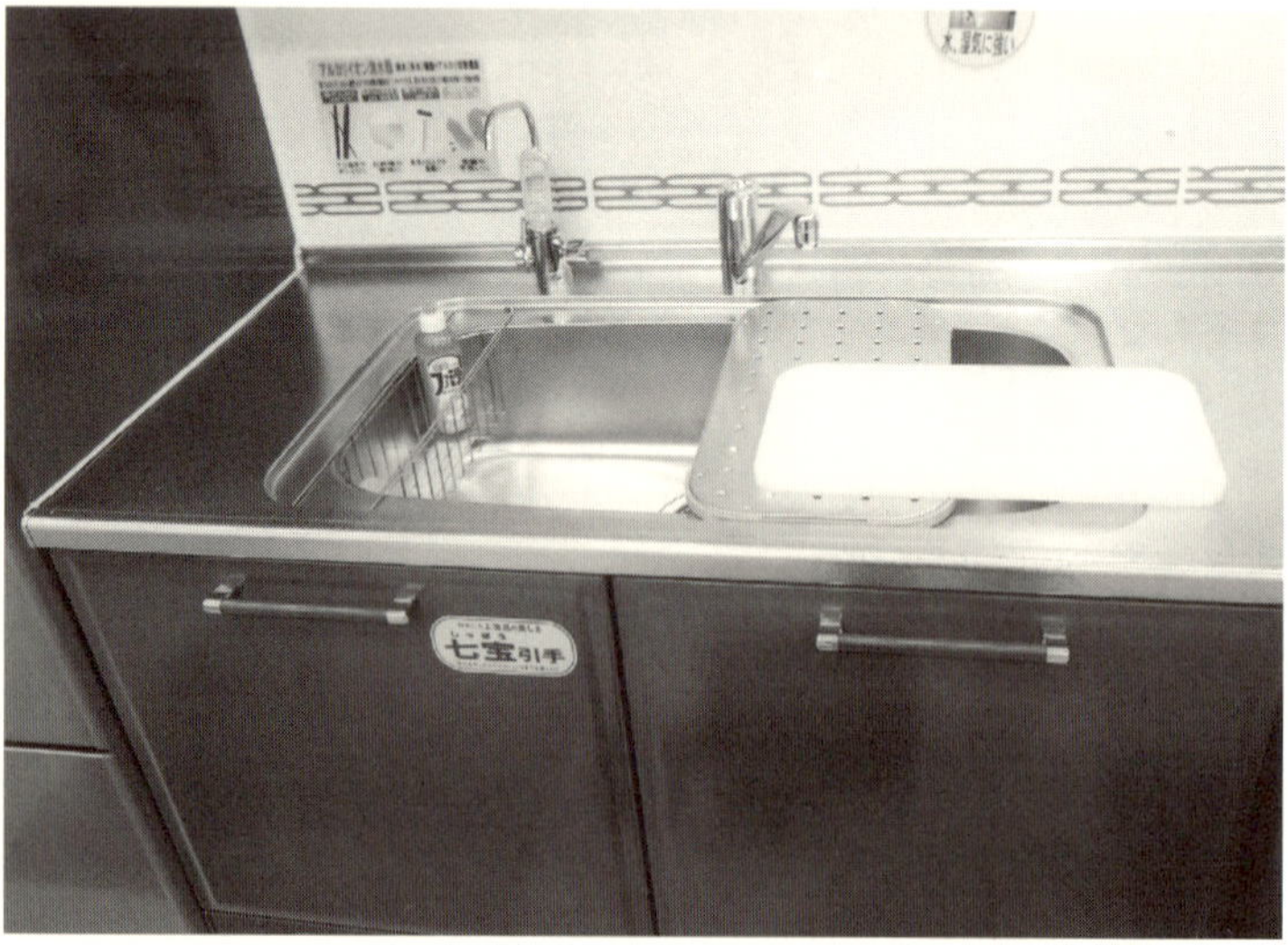

図 325　システムキッチン用まな板

図 326　システムキッチン用まな板

図 327　システムキッチンとまな板

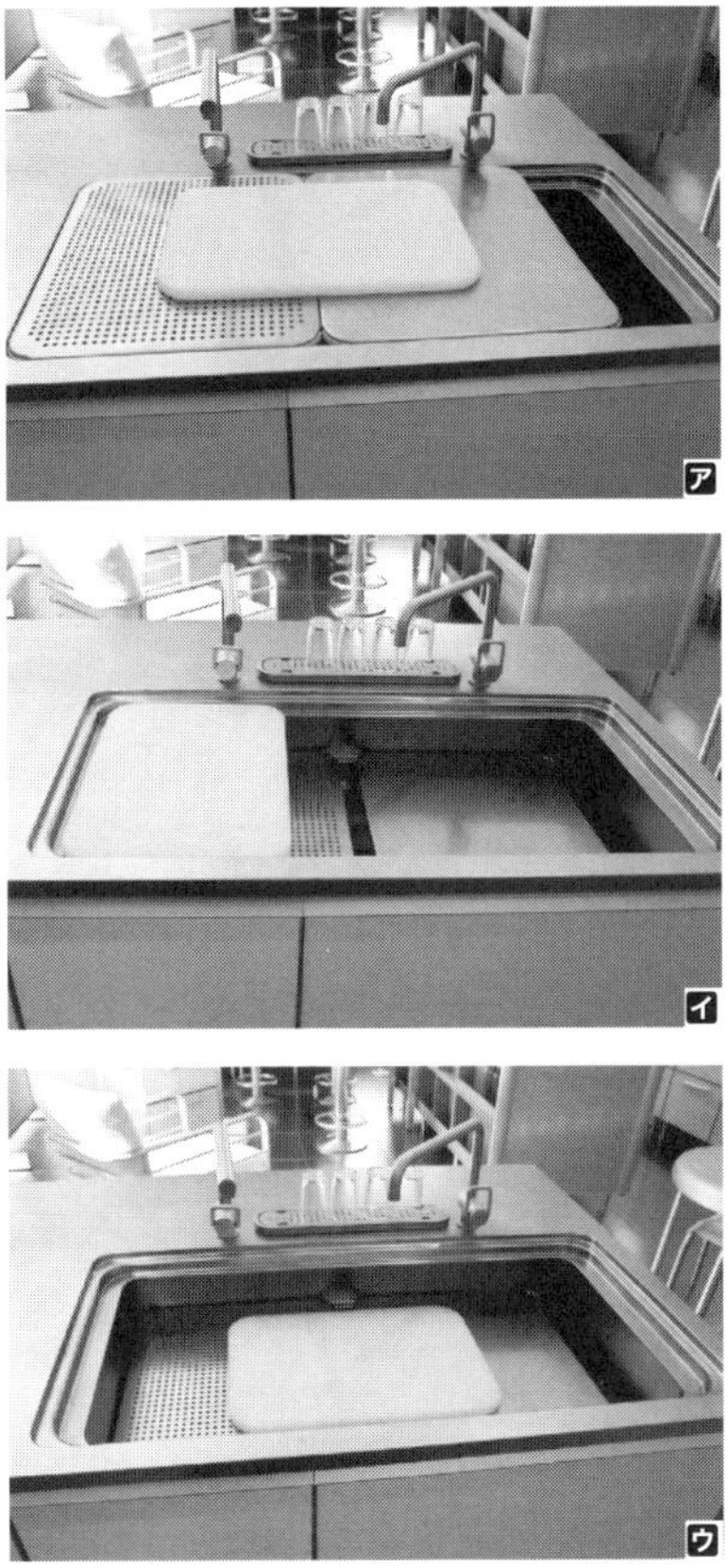

図 328　システムキッチンとまな板

製品がメーカーから提案されている。今後は農家のためのシステムキッチンといった、地域性や生活文化を基盤にした研究がなされることを期待したい。

おわりに

ネパール、インドなど、一部の地域以外では、たいていまな板を使用して調理をしている。このまな板の起源は簡単にはわからない。椅子のように、エジプトが先行していたといった具体的な発掘資料が見つからないことから、地域と年代を特定化することは難しい。本書では最初に提示したように、中国の俎を基盤に日本のまな板・俎を考察し、アジア、ヨーロッパ各国のまな板も、すべて中国、日本のまな板・俎と比較して特徴を述べた。仮にヨーロッパのまな板を原型にしてアジアのまな板を探究すれば、すこし違った見方になる可能性もある。

中国の俎は祭器として発達したが、案・几といった家具類の発達にも深く関与している。中国は隋、唐時代以降、椅子坐と立作業に変化し、案も足を長くして立姿勢に対応するようになる。すなわち、座姿勢で使用されていたまな板・俎もすべて立作業用に改良された。この中国の椅子坐と立作業への移行は、他のアジアの国と比較してもいちじるしく早い。トルコのようなヨーロッパに近い地域においても、地方の農村部ではいまだに床坐の生活が継承されている。ブルガリアにおいても二十世紀初頭は床坐の生活が残存していた。中国の新疆ウイグル自治区・チベット自治区では床坐の生活が現在も継承され、まな板も座姿勢で使用している。中国の起居様式に関する変化は、漢代以降のシルクロードを通したヨーロッパとの文化交流が主たる要因と推察するが、シルクロードに沿った地域の起居様式がすべて変化したわけでもなく、現状の資料だけでは断言できない。

日本は中国文化の影響を受けながら、現在も床坐の文化を一部継承している。当然座姿勢でまな板を近年まで使用してきた。それにしても日本の中世から近世にかけて発達したまな板は、絵画資料で見る限り、大型で実に精緻に描かれている。当時のまな板は現存しないが、江戸後期の伝世品を見ても、現在の市販品とは比較にならないほど大型のものがある。こうしたまな板は、富裕な一部の生活者が使用したものであることは間違いない。しかし現在も和食の調理師は大きなまな板を使用しており、庶民の生活にも影響を与えた。

本書においては足の成立と発達、甲板上部の丸みにすこしこだわりを持って日本のまな板を概観したが、足の持つ機能には中国の俎を源流とする祭祀性が関与していたことは事実で、現在も祭祀性に関わる習慣が継承されている。その代表的なものが包丁儀式である。大草流・四条流などの包丁師による俎を用いた式法も継承され、さらに神事の一環として包丁式が伝えられている。

日本のまな板は、質の高い包丁の保護を基調としながら、材質や形態に階層性を示して発達したことも大きな特徴となっている。包丁傷とそのメンテナンスがわが国独自の蒲鉾形の甲板を生みだし、足と甲板の大きさ、厚さが身分や職制を示した。

使い手がまな板の足をなくす運動を展開したという話は聞かない。ところが、まな板を長年取り扱う問屋からは、ステンレス製流し台の普及だけが主たる要因ではなく、まな板の製造業者の方から意図的になくしていったという指摘がある。まな板製作には、足を固定する際に必要な蟻溝や蟻枘の技術力、労働力が大きなウエイトを占めていた。こうした面倒な仕事のわりに利益が少ないことから、製造業者に後継者がいなくなり、そのために足を省いていったというのである。こうした製造者側の事情も足が省かれた理由の一つと考えられる。

家庭用まな板に足付きのタイプが使用されなくなったことと、まな板製造業による足の省略は、精神的には似たような動機に依拠している。刃物の取り扱いも含め、共通するのは利便性を生活や仕事の中心に据え、訓練の必要な生活技術に無関心になったことである。この利便性の追求と技術への無関心さは、第二次大戦後の積極的な欧米文化受容が深く関与している。さらに高度経済成長期に進行した大家族制度の衰退により、家庭で伝統的に継承されてきた生活の工夫、技術が軽視されるようになったことも、利便性の追求と技術への無関心さを加速させる大きな要因となった。

台所の近代化は、必ずしも科学的根拠に立脚しているとは限らない。座姿勢から立姿勢への移行という生活改善に関する論拠は理解できるが、日本の調理文化が培った独自の美意識や作法と生活改善の目標がやや乖離しているところに、台所の近代化に関する本質的な問題があるように思えてならない。結果的に都市と農村が同じような台所を規範とするような道をたどる。まな板も標準化される傾向が強くなり、使用方法も範囲が狭められた。

昭和四十年代以降、欧米のビルトインタイプをモデルとしたシステムキッチンが流行し、調理機能重視より収納やファッション的な家具性を重視する傾向が強くなった。また女性の就業率が高まったことにより、調理済み食品や冷凍食品の需要が増し、国民全体としては、アメリカに似たような調理作業を軽減する生活スタイルを受け入れる傾向にある。その結果、総じてまな板や包丁の質は問われなくなった。しかし何事にも急速な変化には必ず反動がある。近年はプロ仕様のキッチンで、本格的な調理に取り組む人もいる。スローフードという考え方も含め、一見手間のかかる調理に興味のある人は意外に多い。さらに廃れた地域の伝統的な料理を復活させようという動きも各地で見られる。

木製まな板の需要はますます減少するであろうが、まな板自体は簡単になくなることはない。調理の基本用具であるまな板の機能、形態、材質、使用方法に関する変化は、今後も食に関する価値観を探る一つの手がかりになることは確かである。

注

緒言

（1）鳥越憲三郎『日本人の生活文化史2　箸と俎』毎日新聞社、一九八〇年。祭祀用具として箸と俎をセットで捉えており、箸を主体に論を進めている。

（2）三浦純夫「まな板と包丁」、日本民具学会『食生活と民具』雄山閣出版、二一一－四四頁、一九九三年。

（3）石村眞一「まな板の発達に見る機能、形態、材質の変化」、『芸術工学研究』五号、四三－七〇頁、二〇〇二年。石村眞一「中国の俎が日本の家具に与えた影響」、『芸術工学研究』第二巻、一－一四頁、二〇〇四年。

（4）栄久庵憲司・GK研究所『台所道具の歴史』柴田書店、一九七六年。「古代の台所道具」ではまな板を取り扱っている。神崎宣武『台所用具は語る』筑摩書房、一九八四年。「庖丁と俎板」という内容で記述している。中世の俎板の解説では『延喜式』の寸法を事例としている。

高橋昭子・馬場昌子『台所のはなし』鹿島出版会、一九八六年。まな板だけを論じているわけではないが、中世から近世の絵画資料に、まな板とのかかわりが示されている。

小菅桂子『にっぽん台所文化史』雄山閣出版、一九九一年。明治以降の台所の変遷を資料を通して論じている。画像資料の中にまな板が多数含まれている。

小泉和子『台所道具いまむかし』平凡社、一九九四年。「まないたとまな箸」という内容で、中世以前から近世にかけての食文化という視点で、まな板・まな箸について論じている。

(1) 三菱財団研究助成による桶・樽を中心とした木製品調査。
(2) 筆者撮影、二〇〇〇年。農家の土間でしゃがんだ姿勢にて調理作業をしている。
(3) 筆者撮影、二〇〇〇年。この宿泊所は外国人の利用も多いが、住人は床坐での生活を一部継承している。
(4) 筆者撮影、二〇〇一年。
(5) 筆者撮影、一九九九年。凱里市近くの雷山県で使用されている家庭用のまな板。
(6) 郭廉夫編『中国工芸大辞典』江蘇美術出版、四四四頁、一九八九年。
(7) 永積安明・池上洵一訳『今昔物語集5 本朝部』平凡社、三八–五八頁、一九六八年。
(8) 王仁湘/鈴木博訳『中国飲食文化』青土社、三六九頁、二〇〇一年。
(9) 李徳喜他『中国古典家具』華中理工大学出版社、六五頁、一九九八年。
(10) 前掲注9、六六頁。
(11) 李学勤・松丸道雄『中国美術全集4 工芸編青銅器(1)』京都書院、七四頁、一九九六年。
(12) 前掲注9、六六頁。
(13) 高濱秀・岡村秀典編『世界美術大全集 東洋編1 先史・殷・周』小学館、二七九頁、二〇〇〇年。
(14) 林壽晉『戰國細木工枘接合工藝研究』中文大學出版社、図版1、一九八一年。
(15) 前掲注9、六七頁。
(16) 前掲注9、六八頁。
(17) 前掲注9、六八頁。
(18) 前掲注9、七一頁。
(19) 前掲注9、六九頁。
(20) 李宗山『中国家具史図説』湖北美術出版社、一七九頁、二〇〇一年。
(21) 松本伸之監修『新シルクロード展』NHK・NHKプロモーション・産経新聞社、九六頁、二〇〇五年。この図録では四脚台と表記しているが、本書では四本足案と表記した。
(22) 前掲注9、六五頁。
(23) 鄭振鐸編『中国古代版画叢刊』1、上海古籍出版社、一八二―八四頁、一九八八年。
(24) 前掲注9、六五頁。
(25) 王圻・王思義編集『三才図會』中、上海古籍出版社、一〇九〇頁、一九八八年。
(26) 孫機『漢代物質文化資料図説』文物出版社、三三九頁、一九九一年。
(27) 前掲注8、一六〇頁。
(28) 前掲注9、七四頁。
(29) 前掲注9、七四頁。
(30) 前掲注9、七五頁。
(31) 胡之編『甘粛嘉峪関魏晋一号墓彩繪磚』重慶出版社、五―八頁、二〇〇〇年。
(32) 甘粛省文物考古研究所編『酒泉十六國墓壁畫』人物出版社、西壁、一九八九年。
(33) 前掲注8、一八五頁。
(34) 筆者撮影、二〇〇二年。
(35) 前掲注9、六五―六七頁。
(36) 前掲注8、三六五―六九頁。
(37) 胡徳生「伝統的家具与伝統観念」、『家具』一二九号、四〇頁、二〇〇二年。
(38) 前掲注9、四七―六四頁。
(39) 前掲注9、五〇―五一頁。
(40) 湖南省博物館・湖南省文物考古研究所・長沙市博物館・長沙市文物考古研究所『長沙楚墓』文物出版社、図版120-4、二〇〇〇年。
(41) 前掲注14、図版7。
(42) 中国社会科学院考古研究所編輯『廣州漢墓』下、文物出版社、図版167-1、一九八一年。

(43) 前掲注42、図版167-2。
(44) 前掲注9、六四頁。
(45) 前掲注9、三九頁。
(46) 前掲注9、三三―四六頁。
(47) 前掲注14、図版6。
(48) 前掲注14、図版7。
(49) 前掲注42、図版143-1。
(50) 前掲注42、図版143-2。
(51) 王世襄『明式家具珍賞』南天書局、三三頁、一九九五年。
(52) 張鴻編『中国唐墓畫集』嶺南美術出版社、一六二頁、一九九五年。
(53) 故宮博物館所蔵/小川裕充監修『故宮博物院 第一巻 南北朝~北宋の絵画』日本放送出版協会、二九頁、一九九七年。
(54) 前掲注31、南壁。
(55) 王世襄『明式家具研究 図版巻』三聯書店、六九頁、一八九六年。
(56) 前掲注55、七二頁。
(57) 筆者撮影、二〇〇二年。

第二章

(1) 鳥越憲三郎『日本人の生活文化史2 箸と俎』毎日新聞社、一〇頁、一九八〇年。『貞丈雑記』の膳部には、同様の文言を「『北史』という書巻九十四」に記されていると解説している。膳部の「かしわでの事」では、柏葉を用いて飲食を盛るという内容があることから、『北史』を挙げて柏葉の根拠を述べたのであろう。
(2) 前掲注1、六六―一三〇頁。

(3) 栄久庵憲司・GK研究所『台所道具の歴史』柴田書店、五五頁、一九七六年。
(4) 三浦純夫「まな板と包丁」、日本民具学会『食生活と民具』雄山閣、二二一―二二三頁、一九九三年。
(5) 筆者撮影、二〇〇四年(四條畷市歴史民俗資料館所蔵)。
(6) 奈良国立文化財研究所編『木器資料集成』、奈良国立文化財研究所、四三頁、図版4318-4319、一九八四年。
(7) 福岡市埋蔵文化財センター所蔵(提供)『平成八年度福岡市埋蔵文化財センター年報』第十六号では「組み合せ式案」と命名している。
(8) 下村智「安国寺遺跡出土の「井の字形組合せ木器」と木製机」、『別府大学アジア歴史文化研究所報』第一八号、七三頁、二〇〇一年。
(9) 前掲注6、四三頁、図版4330。
(10) 浜松市博物館提供。
(11) 『古事類苑』器用部一、吉川弘文館、三二八―三三三頁、一九七〇年。
(12) 日本大辞典刊行会編『日本国語大辞典』第九巻、小学館、一一二六頁、一九七五年。この中に記載されているまな板の内容は『古事類苑』の内容とおおむね共通している。
(13) 関根真隆『奈良朝食生活の研究』吉川弘文館、一九六九年。
(14) 黒板勝美篇輯・國史体系編修會編輯『國史大系1下　日本書紀後篇』、吉川弘文館、九一頁、一九六七年。
(15) 前掲注13、三七三―七四頁。
(16) 黒板勝美篇輯『國史体系　延喜式後篇』吉川弘文館、七八五頁、一九七二年。
(17) 前掲注16、七八五―八六頁。
(18) 前掲注16、八七一頁。
(19) 前掲注16、八六八頁。
(20) 前掲注16、九九九―一〇〇一頁。
(21) 前掲注16、九九八―一〇〇四頁。
(22) 前掲注13、三七三頁。

(23) 京都大學文学部國語學國文學研究室編『諸本集成倭名類聚抄　本文篇』臨川書店、三〇〇頁、一九六八年。読み下し文および現代語訳については、九州大学大学院生の大島明秀氏が行なった。
(24) 河野多麻校注『日本古典文学大系10　宇津保物語一』岩波書店、二一三頁、一九五九年。
(25) 前掲注24、三四〇頁。
(26) 河野多麻校注『日本古典文学大系10　宇津保物語二』岩波書店、二〇九―一〇頁、一九五九年。
(27) 永積安明・池上洵一訳『今昔物語集5　本朝部』平凡社、三八―五八頁、一九六八年。
(28) 前掲注1、七一―九二頁。
(29) 木村法光編『正倉院宝物にみる家具・調度』紫紅社、六〇頁、一九九二年。
(30) 前掲注29、六〇頁。
(31) 李徳喜他『中国古典家具』華中理工大学出版社、一九五頁、一九九八年。
(32) 前掲注31、一九九頁。
(33) 前掲注4、二二一―二四頁。
(34) 蟻溝、蟻柄は古墳時代から使用されている木材加工技術である。
(35) 筆者撮影、二〇〇五年（広島県立博物館所蔵）。
(36) 前掲注11、三二八―三三頁。
(37) 黒板勝美篇輯『國史体系　吾妻鏡第一』吉川弘文館、一一八頁、一九七四年。
(38) 塙保己一編纂『群書類従　第二十二輯　武家部』群書類従完成會、七六四―六五頁、一九五九年。
(39) 塙保己一編纂『群書類従　第十九輯　管弦・蹴鞠・鷹・遊戯・飲食部』五八〇―八一頁、一九五九年。
(40) 前掲注38、七九〇頁。
(41) 前掲注4、三〇頁。
(42) 小松茂美編『日本の絵巻7　餓鬼草紙　地獄草紙　病草紙　九相詩絵巻』中央公論社、七二―七三頁、一九八七年（個人蔵）。
(43) 前掲注42、一四六頁。

(44) 源豊宗編『新修日本繪巻物全集　第9巻　北野天神縁起』角川書店、五六頁、一九七七年（北野天満宮所蔵）。
(45) 小松茂美編『日本の絵巻5　粉河寺縁起』中央公論社、六頁、一九八七年（粉河寺所蔵）。
(46) 小松茂美編『続日本の絵巻22　松崎天神縁起』中央公論社、五一頁、一九九二年。
(47) 前掲注4、二九頁。
(48) 小松茂美編『続日本絵巻大成14　春日権現験記絵上』中央公論社、八五頁、一九八二年（東京国立博物館所蔵）。
(49) 奈良国立博物館編『聖徳太子絵伝』東京美術、図358、一九六九年（本證寺所蔵）。
(50) 小松茂美編『続日本の絵巻4　慕帰絵詞』中央公論社、四六頁、一九八七年（西本願寺所蔵）。
(51) 島田修二郎編『新修日本繪巻物全集　別巻1』角川書店、三〇頁、一九八〇年（フリア美術館所蔵）。
(52) 網野善彦他編『近世風俗図譜　第十二巻　職人』小学館、一六頁、一九九四年（前田育徳会所蔵）。
(53) 岩崎佳枝他編『職人歌合総合索引』赤尾照文堂、一六二頁、一九八二年。
(54) 横井清・河野元昭編『近世風俗図譜　第五巻　四条河原』小学館、九七頁、一九九四年（三時知恩院所蔵）。
遠藤元男『ヴィジュアル史料　日本職人史　第1巻　職人の誕生』雄山閣出版、一三八頁、一九九一年（茶道資料館所蔵）。
(55) 栄久庵憲司・GK研究所『台所道具の歴史』柴田書店、一六六―六七頁、一九七六年。
(56) 前掲注11、三三一頁。
(57) 山中裕他『近世風俗図譜　第一巻　年中行事』小学館、二六頁、一九八三年（東京国立博物館所蔵）。
(58) 毎日新聞社重要文化財委員会事務局編『重要文化財26　工芸品Ⅲ』毎日新聞社、九八頁、一九七七年。
(59) 前掲注31、一九六頁。
(60) 小松茂美編『日本の絵巻11　長谷雄草紙・絵師草紙』中央公論社、七〇頁、一九八八年（東山文庫所蔵）。
(61) 筆者撮影、二〇〇四年。
(62) 毎日新聞社重要文化財委員会事務局編『重要文化財25　工芸品Ⅱ』毎日新聞社、四二頁、一九七六年。
(63) 前掲注31、二〇〇―〇二頁。
(64) 前掲注62、四四頁。

(65) 前掲注31、一九九頁。
(66) 鄭振鐸編『中國古代版畫叢刊』2、上海古籍出版社、八七一頁、一九八八年。
(67) 前掲注62、六七頁。
(68) 筆者撮影、一九九八年。
(69) 筆者撮影、一九九二年。
(70) 前掲注39、五八頁。

第三章

(1) 島田勇雄校注『貞丈雑記』2、平凡社、一〇六頁、一九八五年。『貞丈雑記』の原文は一七八四（天明四）年には書き終えているが、刊行されたのは一八四三（天保十四）年である。
(2) 川嶋将生他編『近世風俗図譜　第四巻　洛中洛外（二）』小学館、一〇七頁、一九八三年（東京国立博物館所蔵）。
(3) 石村眞一・石村由美子「中世の食物と木製容器」、『生活文化史』第三六号、日本生活文化史学会、五九－八四頁、一九九九年。
(4) 前掲注3、六三頁。
(5) 前掲注1、一八三頁。
(6) 日本生活学会今和次郎賞の受賞講演会の際、石毛直道氏からご教示をいただいた。
(7) 森谷尅久他編『近世風俗図譜　第九巻　祭礼（二）』小学館、七二頁、一九八二年（徳川美術館所蔵）。
(8) 原田伴彦他編『近世風俗図譜　第二巻　遊里』小学館、一〇二頁、一九八三年（高津古文化会館所蔵）。
(9) 横井清他編『近世風俗図譜　第五巻　四条河原』小学館、六四頁、一九八二年（ボストン美術館所蔵）。
(10) 西山松之助他編『近世風俗図譜　第六巻　遊里』小学館、三九頁、一九八二年（徳川美術館所蔵）。
(11) 前掲注10、八〇・八五・九八頁（個人蔵）。
(12) 日本名著全集刊行會編『日本名著全集　江戸文藝之部　第三十巻　風俗圖繪集』日本名著全集刊行會、二四頁、一九二九年。
(13) 前掲注12、九七頁。
(14) 正宗敦夫編纂『人倫訓蒙圖彙』日本古典全集刊行會、七七―七八頁、一九二八年。
(15) 前掲注14、七九頁。
(16) 前掲注14、二二九頁。
(17) 前掲注14、二二六頁。
(18) 石山洋解説『江戸科学古典叢書39　職人絵詞／人倫重宝記』恒和出版、二五五頁、一九八三年（国立国会図書館所蔵）。
(19) 辻惟雄監修『ボストン美術館肉筆浮世絵』第一巻、講談社、図55-2、二〇〇〇年（ボストン美術館所蔵）。
(20) 寺島良安編『和漢三才圖會』上、東京美術、三九〇頁、一九七〇年。
(21) 寺島良安／島田勇雄・竹島淳夫・樋口元巳訳注『和漢三才図会』5、平凡社、二三五―三六頁、一九八六年。
(22) 前掲注20、三〇四頁。
(23) 前掲注20、一一一頁。
(24) 『江戸時代女性文庫』61、大空社、一九九七年。
(25) 『江戸時代女性文庫』40、大空社、一九九五年。
(26) 江森一郎監修『江戸時代女性生活絵図大辞典』第四巻、大空社、一八八頁、一九九三年。
(27) 石川松太郎編『女大学集』平凡社、一〇―一一頁、一九七七年。
(28) 前掲注27、五〇頁。
(29) 樋口清之監修『ヴィジュアル百科　江戸事情　第一巻　生活編』雄山閣出版、二〇五頁、一九九一年（東京家政学院大学図書館所蔵）。
(30) 前掲注29、二〇五頁。
(31) 黒川直美『江戸風俗図絵』柏美術出版、六三〇頁、一九九三年。
(32) 前掲注12、三四六頁。
(33) 辻惟雄監修『ボストン美術館肉筆浮世絵』第二巻、講談社、図57、二〇〇〇年（ボストン美術館所蔵）。

(34)市岡正一『徳川盛世録』平凡社、一八二—八三頁、一九八九年。
(35)「日本の食生活全集　宮城」編集委員会『日本の食生活全集4　聞き書宮城の食事』農山漁村文化協会、二二四頁、一九九〇年。
(36)「日本の食生活全集　福島」編集委員会『日本の食生活全集7　聞き書福島の食事』農山漁村文化協会、一三七頁、一九八七年。
(37)「日本の食生活全集　栃木」編集委員会『日本の食生活全集9　聞き書栃木の食事』農山漁村文化協会、一四七頁、一九八八年。
(38)「日本の食生活全集　群馬」編集委員会『日本の食生活全集10　聞き書群馬の食事、農山漁村文化協会、七六頁、一九九〇年。
(39)「日本の食生活全集　埼玉」編集委員会『日本の食生活全集11　聞き書埼玉の食事、農山漁村文化協会、二五七—五八頁、一九九二年。
(40)「日本の食生活全集　東京」編集委員会『日本の食生活全集13　聞き書東京の食事』農山漁村文化協会、一〇一頁、一九八八年。
(41)「日本の食生活全集　新潟」編集委員会『日本の食生活全集15　聞き書新潟の食事』農山漁村文化協会、一〇〇—〇一頁、一九八五年。
(42)「日本の食生活全集　福井」編集委員会『日本の食生活全集18　聞き書福井の食事』農山漁村文化協会、二一七頁、一九八七年。
(43)「日本の食生活全集　長野」編集委員会『日本の食生活全集20　聞き書新潟の食事』農山漁村文化協会、一七九頁、一九八六年。
(44)「日本の食生活全集　静岡」編集委員会『日本の食生活全集22　聞き書長野の食事』農山漁村文化協会、四一—四二頁、一九八六年。
(45)「日本の食生活全集　愛知」編集委員会『日本の食生活全集23　聞き書愛知の食事』農山漁村文化協会、四八頁、一九八九年。

(46)「日本の食生活全集　三重」編集委員会『日本の食生活全集24　聞き書三重の食事』農山漁村文化協会、一六八頁、一九八七年。
(47)「日本の食生活全集　滋賀」編集委員会『日本の食生活全集25　聞き書滋賀の食事』農山漁村文化協会、七四頁、一九九一年。
(48)「日本の食生活全集　大阪」編集委員会『日本の食生活全集27　聞き書大阪の食事』農山漁村文化協会、二二頁、一九九一年。
(49)「日本の食生活全集　和歌山」編集委員会『日本の食生活全集30　聞き書和歌山の食事』農山漁村文化協会、一四三頁、一九八九年。
(50)「日本の食生活全集　鳥取」編集委員会『日本の食生活全集31　聞き書鳥取の食事』農山漁村文化協会、一九八―九九頁、一九九一年。
(51)「日本の食生活全集　島根」編集委員会『日本の食生活全集32　聞き書島根の食事』農山漁村文化協会、六七頁、一九九一年。
(52)「日本の食生活全集　徳島」編集委員会『日本の食生活全集36　聞き書徳島の食事』農山漁村文化協会、二一頁、一九九〇年。
(53)「日本の食生活全集　愛媛」編集委員会『日本の食生活全集38　聞き書愛媛の食事』農山漁村文化協会、二五六頁、一九八八年。
(54)「日本の食生活全集　福岡」編集委員会『日本の食生活全集40　聞き書福岡の食事』農山漁村文化協会、二二―二三頁、一九八七年。
(55)九州大学大学院芸術工学研究院尾本章助教授の研究室にて実験が行なわれ、共鳴に関するご教示をいただいた。
(56)永田生慈『北斎美術館　第2巻　風景画』集英社、九八頁、一九九〇年（神奈川県立歴史博物館所蔵）。
(57)蔀関月画『日本山海名産図会』名著刊行会、一八三頁、一九七九年。
(58)前掲注31、六一一頁。
(59)室松岩雄編輯『類聚近世風俗志』名著刊行会、一四三頁、一九八九年。

(60) 一九九一年に実施した三陸の桶・樽調査で、魚運搬用の桶が製作されていた。
(61) 前掲注29、二〇〇頁(国立国会図書館所蔵)。
(62) 前掲注29、二一〇頁(都立中央図書館所蔵)。
(63) 永田恵子・麓和善「建築書系道具雛形における〈まな板〉の設計論」、『日本産業技術史学会第一八回年会講演概要集』九―一二頁、二〇〇二年。
(64) 塙保己一編纂『群書類従 第十九輯 管弦・蹴鞠・鷹・遊戯・飲食部』七九〇―九五頁、一九五九年。
(65) 正宗敦夫編纂『婚禮道具圖集』下、日本古典全集刊行會、四四八―四九頁、一九三七年。
(66) 永田恵子氏によると『寿彭覚書』の成立年代は、一五六二(永禄五)年、または一五七四(天正二)年とされている。
(67) 謙堂文庫の館長よりご教示をいただく。
(68) 春田徳太郎『女教草大和錦』一八八一年(謙堂文庫所蔵)。
(69) 大河直躬「台所流しはいつから使われたか」、『全集日本の食文化 第九巻 台所・食器食卓』雄山閣、四七頁、一九九七年。
(70) 曲亭馬琴/林美一校訂『傾城水滸伝』河出書房新社、一五頁、一九八六年。
(71) 前掲注18、六九頁(東京国立博物館所蔵)。
(72) 前掲注29、二〇二頁(東京家政学院大学図書館所蔵)。
(73) 十返舎一九/棚橋正博校訂『叢書江戸文庫43 十返舎一九集』国書刊行会、一三一頁、一九九七年。
(74) 前掲注69、五二頁。
(75) 前掲注73、七三頁。
(76) 芳賀登・石川寛子監修『全集 日本の食文化 第九巻 台所・食器・食卓』口絵、雄山閣出版、一九九七年(たばこと塩の博物館所蔵)。
(77) 拙稿「木製容器における脚の変化――中世絵画資料に描かれた行器の脚を中心として」、『芸術工学研究』第二号、三頁、二〇〇〇年。三浦純夫氏は、反り足は古墳時代より木製品の脚にみられ、奈良・平安時代を通じて存在すると述べている(三浦純夫「まな板と包丁」、『食生活と民具』雄山閣出版、三〇頁、一九九三年)。反り足の原型が中国・

朝鮮半島に存在したかについては今後の課題とするが、平安期あたりからの展開はわが国の独自性が強いとすべきであろう。
(78) 川嶋将生他編『近世風俗図譜　第四巻　洛中洛外（二）』小学館、一〇六頁、一九八三年。
(79) 筆者撮影、二〇〇一年。

第四章

(1) 高橋昭子・馬場昌子『物語ものの建築史　台所のはなし』鹿島出版会、四八頁、一九八六年。
(2) 小菅佳子『にっぽん台所文化史』雄山閣出版、三六頁、一九九一年。
(3) 小菅佳子、前掲注1、一九七頁。
山口昌伴『図説台所道具の歴史』柴田書店、一五二頁、一九七八年。
小菅佳子、前掲注1、一九八頁。
(4) 小泉和子『昭和台所なつかし図鑑』平凡社、九六頁、一九九八年。
小菅佳子、前掲注1、四七頁。
(5) 山口昌伴『台所空間学〈摘録版〉』建築資料研究社、一三五頁、二〇〇〇年。
(6) 佐々木和子『人間の知恵台所のはなし』さ・え・ら書房、三三頁、一九八五年。
(7) 栄久庵憲司・GK研究所『台所道具の歴史』柴田書店、一九〇頁、一九七六年。
飛鳥井雅道編『図説日本文化の歴史11　明治』小学館、一七二頁、一九八一年。
(8) E・S・モース／斉藤正二・藤本周一訳『日本人の住まい』八坂書房、二〇二―〇三頁、二〇〇〇年。
(9) 瓜生寅『通信教授女子家政學　前編』通信講學會、三六頁、一八九〇年。
(10) S・ギーディオン／榮久庵祥二訳『機械化の文化史』鹿島出版、五〇〇頁、一九七七年。
(11) 成毛金次郎『DOMESTIC JAPAN, JAPAN DAILY LIFE VOLUME 1』一八九五年。
(12) 岡山秀吉『普通木工教科書』金港堂書籍、四一頁、一八九七年。

(13) 天野誠齋『家庭寶典　臺所改良』博文館、一七三・二〇三・二二三頁、一九〇七年。
(14) 高橋昭子・馬場昌子、前掲注1、七七頁。
(15) 筆者撮影、二〇〇五年。
(16)『家事教科書　高等小學校理科　第二學年教師用』文部省、七・二三頁、一九一五年。
(17) 大江スミ子『應用　家事教科書』上卷、東京寳文館、一一〇・一一二頁、一九一七年。
(18) 佐方志津子他『高等女學校用家事教科書』上卷、目黒書店・成美堂、図版、一九一六年。
(19) 今和次郎「戦後改革以前の武蔵野の民家」、『民家採集　今和次郎集』第三巻、ドメス出版、一四七頁、一九七一年。
(20) 今和次郎「本所深川貧民窟付近風俗採集」、『考現学　今和次郎集』第一巻、ドメス出版、一一一頁、一九七一年。
(21) 前掲注20、「新家庭の品物調査」三六四頁。
(22) 高島司郎「炊事臺漫語」、『住宅』四月号、二八―二九頁、一九二八年。
(23) 川喜多煉七郎「一疊半の標準台所」、『住宅』一一月号、三九三頁、一九三三年。
(24) 筆者撮影、二〇〇五年。
(25) 宇多繁野「誰にでも上々にできるおいしいおすしの作り方」、『家の光』三月号、一七〇―七二頁、一九三七年。
(26) 千葉敬止「臺所の批評會」、『家の光』二月号、産業組合中央会、一八―二二頁、一九二五年。
(27)「臺所改善を實行した先驅町村　婦人の勤勞と節約によって」、『家の光』九月号、産業組合中央会、六〇―六八頁、一九三〇年。
(28) 島田千秋氏所蔵。
(29) 千葉県滑川町富澤氏改造台所見取図。

第五章

(1) 大草流家元井上一郎氏よりご教示をいただく。
(2) 日本風俗史学会編『図説食生活事典』雄山閣出版、三六〇頁、一九九六年。

(3) 中川正行氏撮影、二〇〇二年。
(4) 仲山神社社務所よりご教示をいただく。
(5) 筆者撮影、二〇〇五年。
(6) 鳥越憲三郎『日本人の生活文化史2　箸と俎』毎日新聞社、一一一―一六頁、一九八〇年。
(7) 宇氣比神社よりご教示をいただく。
(8) 岡部喜浩氏撮影、二〇〇五年。
(9) 『中日新聞』二〇〇五年一月六日伊勢志摩版を参考にさせていただいた。
(10) 藤尾義光氏撮影、二〇〇四年。
(11) 永松敦『狩猟民俗と修験道』白水社、九五頁、一九九三年。
(12) 前掲注11、九六―一〇二頁。
(13) 前掲注11、一〇二頁。
(14) 椎葉民俗芸能博物館黒木光太郎氏撮影。
(15) 前掲注11、二三一頁。
(16) 筆者撮影、二〇〇二年（英彦山神社所蔵）。
(17) 筆者撮影、二〇〇四年（須恵町歴史民俗資料館所蔵）。
(18) 筆者撮影、二〇〇二年（筑紫野市歴史博物館所蔵）。
(19) 筆者撮影、二〇〇四年。
(20) 筆者撮影、二〇〇四年。
(21) 筆者撮影、二〇〇五年。
(22) 筆者撮影、一九九九年（日田市岳林寺所蔵）。
(23) 筆者撮影、一九九九年。
(24) 筆者撮影、二〇〇四年（津和野町民俗資料館所蔵）。
(25) 筆者撮影、二〇〇四年（五箇村隠岐郷土館所蔵）。

(26) 筆者撮影、二〇〇四年。
(27) 筆者撮影、二〇〇四年(安芸高田市吉田歴史民俗資料館所蔵)。
(28) 筆者撮影、二〇〇四年(箕面市郷土資料館所蔵)。
(29) 出光美術館所蔵。
(30) 筆者撮影、二〇〇四年(奈良県立民俗博物館所蔵)。
(31) 岩永哲郎氏撮影、二〇〇四年(岐阜県博物館所蔵)。
(32) 筆者撮影、二〇〇五年(羽村市郷土博物館所蔵)。
(33) 筆者撮影、二〇〇四年(守門村目黒邸所蔵)。
(34) 筆者撮影、二〇〇四年(只見町教育委員会所蔵)。
(35) 筆者撮影、二〇〇四年(田島町奥会津地方歴史民俗資料館所蔵)。
(36) 奥会津地方歴史民俗資料館よりご教示をいただく。
(37) 筆者撮影、二〇〇五年。
(38) 筆者撮影、二〇〇四年(三春町歴史民俗資料館所蔵)。
(39) 筆者撮影、二〇〇五年(福島市民家園所蔵)。
(40) 筆者撮影、二〇〇五年(八戸市博物館所蔵)。
(41) 筆者撮影、二〇〇五年(三沢市小川原湖民俗資料館所蔵)。
(42) 筆者撮影、二〇〇五年(青森郷土館所蔵)。
(43) 筆者撮影、一九九九年。
(44) 筆者撮影、一九九九年。
(45) 筆者撮影、二〇〇三年。
(46) 筆者撮影、一九九九年。
(47) 筆者撮影、一九九九年。
(48) 筆者撮影、二〇〇〇年。

(49) 筆者撮影、二〇〇一年。
(50) 筆者撮影、一九九九年。
(51) 筆者撮影、二〇〇一年。
(52) 筆者撮影、二〇〇一年。
(53) 林巳奈夫『漢代の文物』京都大学人文科学研究所、六五頁、一九七六年。
孫機『漢代物質文化の研究』文物出版社、三三八頁、一九九一年。
(54) 筆者撮影、二〇〇二年。
(55) 筆者撮影、二〇〇五年。
(56) 裴満實『李朝木工家具の美』普成文化社、一三六頁、一九七八年。
(57) 前掲注56、一三七頁。
(58) 前掲注56、一三六－三七頁。
(59) 筆者撮影、一九九九年。
(60) 筆者撮影、一九九九年。
(61) 中村滋延氏撮影、二〇〇五年。
(62) ラオス在住の中村寿美子氏よりご教示をいただく。
(63) 筆者撮影、一九九八年。
(64) 筆者撮影、二〇〇三年。
(65) 筆者撮影、二〇〇三年。
(66) 筆者撮影、一九九八年。
(67) 筆者撮影、二〇〇三年。

(1) 長谷川町子美術館では刊行物への転載を原則として許可していない。
(2) 長谷川町子『長谷川町子全集』朝日新聞社、一九九八年。ここに収録されている内容からまな板に関する場面を集めた。
(3) 毎日新聞社提供。
(4) 『暮しの手帖』三三号、暮しの手帖社、一八頁、一九五六年。
(5) 『暮しの手帖』八号、暮しの手帖社、図版、一九五〇年。
(6) 『暮しの手帖』一九号、暮しの手帖社、二六頁、一九五三年。
(7) 『暮しの手帖』二一号、暮しの手帖社、三四頁、一九五三年。
(8) 『暮しの手帖』二五号、暮しの手帖社、一三頁、一九五四年。
(9) 『暮しの手帖』二七号、暮しの手帖社、六頁、一九五四年。
(10) 『暮しの手帖』三一号、暮しの手帖社、五九頁、一九五五年。
(11) 『暮しの手帖』三四号、暮しの手帖社、二八頁、一九五六年。
(12) 『暮しの手帖』三五号、暮しの手帖社、六一頁、一九五六年。
(13) 『暮しの手帖』三七号、暮しの手帖社、一四頁、一九五六年。
(14) 西日本新聞社提供。
(15) 『西日本新聞』二〇〇四年一一月二八日に「新九州紀行」という内容で一九六〇(昭和三五)年の写真が紹介された。しかし大分県津久見市の日見公民館の台所に似ているというだけで、確証はない。
(16) 当時、生活改良普及員をされていた松隈正子氏よりご教示をいただく。
(17) 藤森照信『昭和住宅物語』新建築社、三〇八—〇九頁、一九九〇年。
(18) 『暮しの手帖』四八号、暮しの手帖社、二〇頁、一九五九年。
(19) 福井市のまな板メーカーである双葉商店より御教示をいただく。

(20) この段差の形状を、フランジまたはリブと業界では呼んでいるが、フランジとリブという用語と形状に整合性があるかどうかは判断できかねる。
(21) 筆者撮影、二〇〇五年。
(22) 『暮しの手帖』二六号、暮しの手帖社、一〇三頁、一九九〇年。
(23) 寺島良安編『和漢三才図会』下、東京美術、一一八五頁、一九八五年。
(24) 岡山秀吉『普通木工教科書』金港堂書籍、四一頁、一八九七年。
(25) 諸戸北郎編著『大日本有用樹木　効用編』林業科学技術振興所、一九〇三年。
(26) 田中勝吉『最新木材の用途』湯川弘文社、一九四四年。
(27) 林彌栄『有用樹木図説』誠文堂新光社、一九六九年。
(28) 岐阜県のまな板メーカーである（株）曾南では、キリ材のまな板を一九九七年より製造しており、この製品が全国に出回っている。
(29) 大阪市のタジマヤ商事より御教示をいただく。
(30) 沖縄県立博物館よりご教示をいただく。
(31) 岡山県倉敷市の（株）山県化学より御教示をいただく。
(32) 『暮しの手帖』五一号、暮しの手帖社、六〇頁、一九九四年。
(33) 筆者撮影、二〇〇五年。
(34) 筆者撮影、二〇〇三年。
(35) 第四章注12。
(36) 『俳風柳多留』の三編に収録されていることから、一八世紀末の作と推定した。
(37) 筆者撮影、二〇〇五年。
(38) 筆者撮影、二〇〇三年。
(39) 筆者撮影、二〇〇五年。
(40) 筆者撮影、二〇〇五年。

(41) 陶磁器の粘土を練る作業台は高さ七〇cm以下である。六〇cm以下で練る人もいる。蕎麦などの捏ねるという作業も基本的には似た作業であり、男性であっても八〇cm以上の高さで作業することは難しい。稲庭うどんの業界では、現在も座姿勢で作業をする人がいる。
(42) 筆者撮影、二〇〇五年。
(43) 筆者撮影、二〇〇五年。

〈資料〉 市販されているまな板の形状，材質，値段（——は価格表示なし）

No.	調査地	店舗の種類	形状	寸法（cm）（幅×長さ×厚み）	材質	値段（円）
1	福岡市	A百貨店	長方形（足なし）	19.0 × 36.0 × 3.0	ヒノキ（1枚板）	——
2	〃	〃	〃	21.0 × 42.0 × 3.0	〃	——
3	〃	〃	〃	24.0 × 48.0 × 3.0	〃	——
4	〃	〃	〃	16.0 × 33.0 × 2.4	ヒノキ（集成材）	1,800
5	福岡市	B百貨店	長方形（足なし）	21.0 × 42.0 × 2.5	ホオノキ（1枚板）	3,900
6	〃	〃	〃	21.0 × 36.0 × 3.0	イチョウ（1枚枚）	6,000
7	〃	〃	〃	23.0 × 40.0 × 3.0	〃	8,300
8	〃	〃	〃	27.0 × 47.0 × 3.0	〃	11,500
9	〃	〃	〃	20.0 × 35.0 × 2.0	ヒノキ（集成材）	2,900
10	〃	〃	〃	24.0 × 40.0 × 2.0	〃	3,300
11	〃	〃	〃	21.0 × 42.0 × 3.0	〃	5,800
12	〃	〃	〃	24.0 × 48.0 × 3.0	〃	6,300
13	〃	〃	〃	18.0 × 36.0 × 3.0	ヒノキ（1枚板）	5,300
14	〃	〃	〃	21.0 × 42.0 × 3.0	〃	8,600
15	〃	〃	〃	24.0 × 48.0 × 3.0	〃	10,500
16	〃	〃	〃	30.0 × 50.0 × 3.0	〃	——
17	福岡市	C百貨店	長方形（足なし）	21.0 × 45.0 × 3.0	イチョウ（1枚板）	5,500
18	〃	〃	〃	24.0 × 45.0 × 3.0	〃	6,500
19	〃	〃	〃	19.5 × 39.0 × 3.0	スプルスまたは米ツガ	2,500
20	〃	〃	〃	21.0 × 42.0 × 3.0	〃（1枚板）	3,000
21	〃	〃	〃	22.5 × 45.0 × 3.0	〃	3,500
22	〃	〃	〃	19.0 × 39.0 × 3.0	ヒノキ（1枚板）	10,000

No.	調査地	店舗の種類	形状	寸法（cm）(幅×長さ×厚み)	材質	値段（円）
23	福岡市	C百貨店	長方形（足なし）	21.0 × 42.0 × 3.0	ヒノキ（1枚板）	12,000
24	〃	〃	〃	24.0 × 45.0 × 3.0	〃	13,000
25	東京都	D百貨店	長方形（足なし）	23.0 × 40.0 × 3.0	イチョウ（1枚板）	7,000
26	〃	〃	〃	24.0 × 42.0 × 3.0	〃	8,000
27	〃	〃	〃	26.0 × 45.0 × 3.0	〃	9,000
28	〃	〃	〃	27.0 × 47.0 × 3.0	〃	10,000
29	〃	〃	〃	30.0 × 47.0 × 3.0	〃	11,000
30	〃	〃	〃	30.0 × 49.0 × 3.0	〃	12,000
31	〃	〃	〃	30.0 × 52.0 × 3.0	〃	13,000
32	〃	〃	〃	30.0 × 55.0 × 3.0	〃	15,000
33	〃	〃	〃	31.0 × 56.0 × 3.0	〃	17,000
34	〃	〃	〃	33.0 × 58.0 × 3.0	〃	20,000
35	〃	〃	〃	21.0 × 42.0 × 3.0	ヒノキ（1枚板）	——
36	〃	〃	〃	24.0 × 48.0 × 3.0	〃	——
37	〃	〃	〃	19.0 × 35.0 × 2.0	ヒバ（1枚板）	3,200
38	〃	〃	〃	22.0 × 40.0 × 2.0	〃	4,000
39	〃	〃	〃	24.0 × 45.0 × 2.0	〃	5,500
40	〃	〃	〃	20.0 × 35.0 × 1.5	〃	——
41	〃	〃	〃	18.0 × 38.0 × 3.2	〃	——
42	東京都	E百貨店	長方形（足なし）	21.0 × 45.0 × 3.2	ヒバ（1枚板）	5,800
43	〃	〃	〃	24.0 × 50.0 × 3.2	〃	7,000
44	〃	〃	〃	27.0 × 40.0 × 2.3	ホオノキ（1枚板）	——
45	〃	〃	長方形（足あり）	23.0 × 45.0 × 3.0	ヒノキ（1枚板）	——

46	〃	〃	長方形（足なし）	20.0 × 36.0 × 3.0	〃	8,000
47	〃	〃	〃	〃	ヒノキ（集成材）	5,000
48	〃	〃	〃	22.0 × 39.0 × 3.0	ヒノキ（1枚板）	10,000
49	〃	〃	〃	〃	ヒノキ（集成材）	6,000
50	〃	〃	〃	24.0 × 45.0 × 3.0	ヒノキ（1枚板）	15,000
51	〃	〃	〃	〃	ヒノキ（集成材）	9,000
52	〃	〃	〃	12.0 × 23.5 × 1.5	ヒノキ（1枚板）	1,200
53	〃	〃	〃	15.0 × 27.5 × 1.5	〃	2,000
54	〃	〃	〃	18.0 × 30.0 × 1.8	〃	3,800
55	〃	〃	〃	20.0 × 35.0 × 1.8	〃	5,500
56	〃	〃	〃	22.0 × 40.0 × 1.8	〃	6,500
57	〃	〃	円形（足なし）	35.0 径× 3.0	ヒノキ（集成材）	——
58	〃	〃	長方形（足なし）	20.0 × 36.0 × 1.5	ポリエチレン	2,800
59	〃	〃	〃	25.0 × 40.0 × 1.5	〃	3,800
60	〃	〃	〃	25.0 × 44.0 × 1.5	〃	4,800
61	〃	〃	長方形（足あり）	12.0 × 23.0 × 1.5	〃	——
62	〃	〃	長方形（足なし）	22.0 × 36.5 × 1.4	合成ゴム	7,800
63	〃	〃	〃	25.0 × 45.5 × 1.4	〃	——
64	〃	〃	〃	30.0 × 60.0 × 2.0	〃	——
65	〃	〃	〃	39.5 × 80.0 × 2.0	〃	——
66	東京都	F百貨店	長方形（足なし）	18.0 × 36.0 × 3.0	ヒノキ（1枚板）	4,500
67	〃	〃	〃	21.0 × 42.0 × 3.0	〃	9,500
68	〃	〃	〃	24.0 × 48.0 × 3.0	〃	12,000
69	〃	〃	〃	23.0 × 40.0 × 3.0	イチョウ・シダレヤナギ	9,500
70	〃	〃	〃	24.0 × 45.0 × 3.4	〃（1枚板）	15,000
71	〃	〃	〃	18.0 × 38.0 × 3.2	ヒバ（1枚板）	4,600

No.	調査地	店舗の種類	形状	寸法（cm）（幅×長さ×厚み）	材質	値段（円）
72	東京都	F百貨店	長方形（足なし）	21.0 × 45.0 × 3.2	〃	5,800
73	〃	〃	〃	24.0 × 50.0 × 3.2	〃	7,000
74	〃	〃	〃	16.0 × 33.0 × 1.3	ヒノキ（集成材）	1,800
75	東京都	G百貨店	長方形（足なし）	18.0 × 36.0 × 3.0	ヒノキ（1枚板）	4,200
76	〃	〃	〃	21.0 × 42.0 × 3.0	〃	7,200
77	〃	〃	〃	24.0 × 48.0 × 3.0	〃	8,900
78	〃	〃	〃	18.0 × 36.0 × 3.0	ヒノキ（集成材）	2,800
79	〃	〃	〃	21.0 × 42.0 × 3.0	〃	3,850
80	〃	〃	〃	24.0 × 48.0 × 3.0	〃	4,350
81	〃	〃	〃	18.0 × 36.0 × 1.5	〃	1,700
82	〃	〃	〃	21.0 × 42.0 × 1.5	〃	2,100
83	東京都	H百貨店	長方形（足なし）	24.0 × 48.0 × 1.5	ヒノキ（集成材）	2,400
84	〃	〃	〃	25.0 × 44.0 × 1.5	ポリエチレン	3,200
85	〃	〃	〃	23.0 × 41.0 × 1.5	〃	2,000
86	〃	〃	〃	23.0 × 41.0 × 2.0	合成ゴム	——
87	〃	〃	〃	26.0 × 46.0 × 2.0	〃	8,500
88	〃	〃	〃	21.0 × 37.0 × 1.9	キリ（1枚板）	3,000
89	東京都	H百貨店	正方形（足なし）	33.0 × 33.0 × 3.0	ポリエチレン	3,000
90	〃	〃	長方形（足なし）	21.0 × 38.0 × 1.3	合成ゴム	3,500
91	〃	〃	〃	23.5 × 35.8 × 1.7	ポリエチレン	2,400
92	〃	〃	〃	27.0 × 40.8 × 1.7	〃	2,600
93	〃	〃	〃	23.0 × 34.0 × 1.2	〃	1,880
94	東京都	I専門店	円形（足なし）	30.0 径× 3.0	ヒノキ（集成材）	3,700

95	〃	〃	〃	36.0 径× 3.0	〃	4,600
96	〃	〃	三角形（足なし）	33.0 × 48.0 × 3.0	〃	——
97	〃	〃	長方形（足なし）	20.0 × 42.0 × 3.0	スプルス（1枚板）	1,600
98	〃	〃	〃	24.0 × 48.0 × 3.0	〃	2,200
99	〃	〃	〃	27.0 × 42.0 × 3.0	〃	3,200
100	〃	〃	〃	18.0 × 36.0 × 3.0	ホオノキ（1枚板）	——
101	〃	〃	〃	21.0 × 42.0 × 3.0	〃	2,950
102	〃	〃	〃	24.0 × 48.0 × 3.0	〃	3,300
103	〃	〃	〃	23.0 × 39.0 × 2.2	〃	3,200
104	〃	〃	〃	25.0 × 49.0 × 2.2	〃	3,400
105	〃	〃	〃	21.0 × 50.0 × 4.0	バッコヤナギ（1枚板）	6,400
106	〃	〃	〃	21.0 × 42.0 × 3.0	イチョウ（1枚板）	5,700
107	〃	〃	〃	24.0 × 48.0 × 3.0	〃	7,900
108	〃	〃	〃	21.0 × 37.0 × 1.5	プラスチック系	680
109	〃	〃	〃	23.0 × 41.0 × 1.5	〃	750
110	〃	〃	〃	27.0 × 42.0 × 1.5	ポリエチレン・ポリプロピレン	6,500
111	東京都	J 専門店	長方形（足なし）	36.5 × 61.0 × 3.7	シダレヤナギ（1枚板）	——
112	郡山市	K 百貨店	〃	20.0 × 36.0 × 3.0	ヒノキ（1枚板）	8,000
113	〃	〃	〃	22.0 × 39.0 × 3.0	〃	10,000
114	〃	〃	〃	24.0 × 45.0 × 3.0	〃	15,000
115	〃	〃	〃	21.0 × 42.0 × 3.0	ヒノキ（集成材）	5,000
116	〃	〃	〃	23.0 × 40.0 × 1.4	ポリエチレン	2,300
117	〃	〃	〃	25.0 × 45.0 × 1.7	〃	3,400
118	郡山市	H 百貨店	長方形（足なし）	20.5 × 35.0 × 1.5	〃	1,100
119	〃	〃	〃	23.0 × 41.0 × 1.5	〃	1,580

No.	調査地	店舗の種類	形状	寸法（cm）（幅×長さ×厚み）	材質	値段（円）
120	郡山市	H百貨店	長方形（足なし）	25.0 × 44.0 × 1.5	〃	1,980
121	〃	〃	小判形（足なし）	28.0 × 36.0 × 1.5	〃	1,800
122	〃	〃	長方形（足なし）	23.5 × 35.8 × 1.6	〃	2,200
123	玖珠町	L専門店	長方形（足あり）	24.0 × 50.7 × 3.2	イチョウ（1枚板）	5,500
124	〃	〃	長方形（足なし）	21.8 × 39.9 × 2.6	〃	2,400
125	〃	〃	〃	26.7 × 45.5 × 2.2	〃	3,100
126	〃	〃	〃	25.5 × 48.0 × 2.2	〃	3,300
127	〃	〃	〃	26.5 × 47.0 × 3.0	〃	4,800
128	〃	〃	〃	26.4 × 50.5 × 3.5	〃	5,800
129	〃	〃	〃	25.5 × 50.0 × 3.6	〃	6,200
130	〃	〃	〃	31.8 × 52.8 × 3.9	〃	7,800
131	〃	〃	〃	30.9 × 58.0 × 3.9	〃	8,600
132	〃	〃	〃	31.2 × 55.3 × 5.8	〃	12,500

あとがき

まな板の文化に興味を持つようになったのは、中国の木製品調査に出かけるようになった一九九〇年あたりからである。定番となっている丸い木口面を利用したまな板以外に、長方形のタイプが意外に多いことに驚いた。日本のまな板のルーツは中国だと直感した。その後海外でフィールド調査を行なう際には、必ずまな板も調査の対象としてきた。

まな板の研究については、鳥越憲三郎氏、三浦純夫氏の先行研究がある。民俗学、考古学といった専門の立場からまな板の歴史と文化について追究されており、多くの示唆に富んだ内容を学ばせていただいた。文献史料については『故事類苑』を参考にした。膨大な古文書を、文物の内容別によくこれだけ整理したものだ。とりわけ『四條流庖丁書』に記述される、俎のルーツを八足とするという指摘に圧倒された。室町期に、中国の俎が家具に影響を与えたことを一部の知識人はすでに知っていたのである。先人の勉学の深さと着想の豊かさに感服した。

本書は、考古資料、文献史料、絵画資料、明治期以降の写真資料、フィールド調査による資料という、きわめて多岐にわたる内容を取り込んでいる。物質文化研究という範疇でまな板を見ていることには違いないが、意匠、素材、加工、使用の推移に少しこだわりを持った。文化史といった領域では特異な見方かもしれない。おそらく勤務する職場の芸術工学といった概念が、無意識のうちに作用しているのであろう。既存の専門分野の方々からは、きわめて学際的な内容で研究が深化しないといったご批判もあろうかと推察されるが、学際的な分野に身を置く筆者にとっては、あえて一つの試みとして臨んだ。

他の生活用品と同様に、俎・まな板にも常に階層観がつきまとう。日本人の階層観は、俎・まな板の大きさ、材質、足の形状等といった要素と共に、まな箸や包丁の使い方、さらには使用時の姿勢にまで及んでいる。しかしながら、明治期以前の俎・まな板に関する資料は、ほとんどが上流社会で使用されたもので、庶民の生活で使用されていたものはきわめて少数である。本書においても、中世から近世中期における庶民の生活実態に関する考察は、資料も少なく希薄なものになっており、今後の検討課題としたい。明治期以降、まな板を含めた生活道具の階層性は少し幅が狭くなる。おそらく規格化や標準化が都市社会を中心に進み、地域固有の特徴が失われたからであろう。近年は、庶民とか大衆といった対象自体が不明確になり、特に家庭用まな板の階層性はより狭くなってきている。

「使い捨て」という言葉が流行するようになったのはいつ頃だろうか。メンテナンスを必要としない道具は総じて寿命が短い。そして使い終わった「使い捨て」の道具は、大量のゴミとなっていく。一年ほど使って少し凹んだ木製のまな板を鉋《かんな》で削って平らにすると、鮮やかに本来の木肌がよみがえってくる。実に楽しい作業だ。実はこの楽しさを得るためには、鉋に関する技量とメンテナンスが必要になり、砥石などの付随する道具も不可欠となる。道具のメンテナンスは手間と根気がいる。それだけにやりがいもある。

生活で使用する道具には、それぞれに歴史があり、発達過程も異なる。日常の生活で使用する道具も、調べてみれば東西文化の交流と深くかかわっていることが多い。生活道具は、おおむね高級でハレの席で使用するものと、日常に使用するものとの二つのもので成り立っている。過去の研究は高級なものに対象が偏っていた。本来、生活で使用する道具は、ハレとケの両面から階層観を通して検討しなければならない。本書がそうした道具研究の一助になれば幸いである。

本書を執筆するにあたり、アジア、ヨーロッパのフィールド調査では、地域で暮らす多くの方々にご協力をいただいた。日本のフィールド調査では、民俗資料館、博物館が収蔵するまな板について、学芸員の方々から詳しい解説をいただいた。また九州大学芸術工学研究院の中村滋延教授、尾本章助教授、そして研究室の大学院生諸君には、実験や資料収集で大変お世話になった。記して謝意を表したい。

最後に、遅れがちな原稿にもかかわらず、常に励ましの言葉をいただいた法政大学出版局の松永辰郎氏、研究を支えてくれた家族に心から御礼を述べたい。

二〇〇六年二月

石村眞一

索　引

ア　行

アイランド型　139, 142, 153, 165, 270
青森郷土館　210, 212
アカトドマツ　291
アカヤナギ　290
安芸高田市吉田歴史民俗資料館　189-190
アシガバート市　243-245
アスナロ　292
『吾妻鏡』　57, 60
天瀬町　185, 187
『アメリカ女性の家庭』　134
アメリカスズカケノキ　291
蟻枘　55-56, 317
アングレイン　239-240
『家の光』　152, 156, 158, 161, 163
イギリス　249, 255
生贄　7, 8, 9, 14-15, 18, 46, 48, 51, 85, 181
イスタンブール市　249
イスラエル　161
伊勢湾台風　293
板起こし　176-177, 179
板紙　69, 90
板式俎　12, 13, 35
板前　81, 100
イチョウ　110, 183, 188, 190, 284, 289-294, 296, 298, 302, 308
イラン　244-245, 251
殷時代　7-10, 12, 14, 16, 25, 35
インド　2-3, 316
ウイーン市　251, 253-254
魚沼市　199, 201
宇氣比神社　169, 172
ウズベキスタン　239, 242, 244-245, 248, 261, 305, 308
『宇津保物語』　43, 47-49
ウルムチ市　14, 224-226
雲南省昆明市　77, 79
『運歩色葉集』　57, 60
栄久庵憲司　72
『絵師草紙』　74-75
エジプト　316
エゾエノキ　291
『江戸四季風俗図巻』　92-93
『江戸職人づくし』　122, 124
『江戸名所図屏風』　92-93, 100
エノキ　190, 291
『絵本吾妻抉』　106
『絵本江戸爵』　106
L字型キッチン　275
円覚寺　74, 76
塩化ビニール　297
『延喜式』　43-45, 54, 62, 180
縁台　34, 82
朷　1
王念孫　47
『應用　家庭教科書　上巻』　141, 143, 146
大河直躬　121, 125
『大草家料理書』　57, 60, 117
大草流　61, 68, 100, 117, 167-169, 176, 317
オオバヤナギ　291
大鋸　24
岡山県御津郡大野村南野　162
小川湖民俗資料館　181, 208-210, 212
奥会津歴史民俗資料館　201-202
折敷　56
オーストリア　249, 254
『おもちゃ絵』　132-133, 135
『女教草大和錦』　120, 122

『女教大全姫文庫』 107
『女教訓鑛嚢』 102
『女寿蓬莱台』 101, 103, 183
『女諸礼綾錦』 101-102
『女諸礼集』 101-102, 121, 157
『女大学宝箱』 103
『女用訓蒙図彙』 120

カ 行

『開元式』 48
貝原益軒 103
凱里市 216, 218
開封市 220, 222
『下學集』 57-60
カザフスタン 238, 244
『家事教科書 高等小學校理科 第二學年教師用』 141, 143, 146
カシュガル市 23-24, 221, 225, 227, 230
『春日権現験記』 61, 64, 67, 72, 74, 130
画像甎 24
カツラ 177, 290-292
『家庭寶典 臺所改良』 134, 137, 139, 149
カトマンズ市 2, 4
唐草文様 31
カラクリ湖 225, 227
唐土の鳥 107-110
唐櫃 62, 127
カルス市 247-248
川喜多煉七郎 158
『川口遊郭図』 88, 89, 91-92, 100
炕 33, 35
椀俎 15-16, 18
漢代 11, 14, 19-20, 22, 27-31, 34, 44, 52, 76
漢中市 221-222
魏・晋時代 2, 11, 20-21, 23-24, 32, 34-35, 44
木曾ヒノキ 289, 292-293, 296
喜多川歌麿 106
喜多川月麻 124
喜多川守貞 115
『北野天神縁起』 61, 63, 66, 128
岐阜県博物館 197, 200
キャサリン・ビーチャー 134, 136
貴陽市 216
脇息 30
京都国立博物館 73
玉門市 223-224
キリ 292, 295
切案 44-46, 51, 62
切机 39, 44, 47, 51
切盤 50
キルギス族 225
キルギスタン 244
禁 18
草戸千軒遺跡 56
クスノキ 293
玖珠町 128-129, 286
棋俎 15-16, 18
組物 9, 12-14
『暮しの手帖』 266, 273-279, 282, 289, 300
クリ 198
刳物 12-13, 40
『群書類従』 57
『君台観左右帳記』 77, 79
『経済をしへ草』 123-124
『傾城水滸伝』 121-122, 124
蕨俎 15, 18, 52, 77
景徳鎮市 213, 215-216
ケショウヤナギ 291
巻耳 31, 34-35, 76-77, 80
『源平盛衰記』 57, 58
鯉板 186
『項羽本記』 47
抗菌 296, 299-300
広州 31
『廣州漢墓』 27
合成ゴム 6, 289, 297
厚生労働省 297-298, 300

『高等女學校　家事教科書　上巻』　141, 146, 149
黄土高原　35, 221
『弘法大師行状絵詞』　62, 68, 70
甲丸　64, 72, 130
郡山市　156, 285
五箇村隠岐郷土館　188-190
『粉河寺縁起』　61, 63-64, 66, 128
コーカンド市　239-240
故宮博物院　25
小倉城　185-186
五胡十六国時代　20
『古事記』　48
御自作天満宮　167, 170
『古事類苑』　42, 57, 71-73, 130
コッペ山脈　245-246
胡徳生　25-26
『骨董集』　72
コブシ　291
コペンハーゲン市　255, 257
ゴムノキ　234
コルラ市　225-226
『五礼儀』　232
『今昔物語集』　8, 43, 50, 181
ごんぼ祭　169
『婚禮道具圖集』　117-119
今和次郎　151

サ　行

西郷町　188-189
『最新木材の用途』　290
サクラ　177, 180
『サザエさん』　266, 269, 273, 278, 312
『雑画巻』　96, 99
『雑物請帳』　43-44
『茶道資料館本』　69
サフランボル　247, 249
サマルカンド市　241-242
サーリー市　247-248
サワグルミ　199, 202-203
サワラ　198, 309
『三才図会』　17, 18
『三時知恩寺本』　69
山東京伝　72, 115
『三礼図』　15-16, 20, 25, 232
山門峡市　221-222
シイ　183
椎葉村　176, 179-180
シガツエ市　228, 230
『史記』　47
『四季交加』　114-115
式包丁奉納　168, 170
『四季料理』　132-133
『地獄草紙』　61-64, 66, 127
志式神社　175, 178
シシマツリ　179-180
『四条河原遊楽図』　87, 90
四條畷市　39
四条流　58, 68, 100, 168, 317
『四条流献方口伝書』　84
『四条流包丁書』　57-58, 60, 290
JIS 規格　311
システムキッチン　255, 313-315, 318
シダレヤナギ　290, 292
十返舎一九　124
下郷町大内宿　203, 206
上海市　213-214
周時代　16, 19, 25-26
『住宅』　152-155, 157-158
『重屏会棋図』　34
『周礼』　19
酒泉市　21, 221, 223-224
『酒飯論絵詞』　62, 69-73, 130
『主婦之友』　142, 147, 150-155, 157
『寿彭覚書』　120
春秋時代　10, 12, 14
書院　77
正倉院　52-53
『串戯しつこなし』　123-125
『聖徳太子絵伝』　61, 65-67
『昌平本』　47-48

食案　27
女子用往来　106
徐州市　213-214
シルクロード　20, 35, 221, 224, 244, 249, 261, 316-317
新疆ウイグル自治区　14, 24, 213, 221, 224-227, 230, 316
ジンギ　293
シンク　255, 262, 278, 281, 285, 313
新生活運動　279-280
人造石研ぎ出し　270
『新定三礼図』　15, 17-18, 34, 77, 98
『神道仏道書』　176
『人倫訓蒙図彙』　93, 95-96
『人倫重宝記』　95-96
隋　52
『隋書』　38
須恵器　38
須恵町歴史民俗資料館　182, 184
スギ　180, 182, 186, 198, 202, 211
スプルス　289, 291, 308
スローフード　318
西安市　220-221
生活改善運動　159, 161, 279-280
西周時代　26
成都市　217, 219-222
『清明上河図』　24, 34
関市　197
石製俎　13
釋奠式　46-47, 180-181
関根真隆　44, 47
『説文解字』　47
磚　68
戦国時代　10, 12, 14, 18, 27-29, 31, 35, 52, 74
『箋注和名類聚抄』　47, 49
『宗五大草紙』　57, 60
宋代　23-24
ソウル市　232-233
添田町　182, 184
蘇州市　213-214
俎豆　97-100

タ　行

タイ　235, 238-239
大韓民国　231-232, 251
台切　24
台所改善講　161, 163
『台所道具の歴史』　38
『台所の改良』　132-133
台盤　50
滝沢馬琴　124
卓　25, 73-74, 76, 78, 81
卓子　35
竹田　177
タシケント市　239-240, 242, 305, 308
田島町　201-202
多足几　53
只見町　201-202
舘岩村　203
ダブリーズ市　247-248
タムシバ　291
ちゃぶ台　270
チェコ　249, 254
チェンマイ市　237-238
違い棚　77
筑紫野市　167, 170, 183
筑紫野歴史博物館　183-184
チトワン市　3-5
千葉敬止　159, 161
チベット　212, 228, 230-231, 248, 316
チベット族　3
チャルジレフ市　242-244
『チャングムの誓い』　231
中央アジア　39, 238-239, 242, 244, 250
『忠義水滸伝』　77
『中国古典家具』　15, 18, 26, 30
厨娘　21, 23-24, 101
『厨房心得』　132-133, 135
朝鮮半島　27, 232
築地　305-308

『月次風俗図』 62, 71, 73
机 25, 73-74, 77, 79
『漬物早指南』 114-116
鶴板 186
津和野町民俗資料館 187
『通信教授女子家政學 前編』 134, 136
『貞丈雑記』 82, 84, 100
『邸内遊楽図』 88-90
ディペンデントハウス 274
テッサウ市 251, 253
鉄木 216
寺島良安 97-98, 100
電気消毒器 301
電動可変式流し台 312
デンマーク 255
ドイツ 249-251, 254
『東海道五十三次』 106, 111, 113
銅俎 10, 12-14, 27, 31
『東京風俗志』 132-133
刀俎俑 19, 21-22
唐代 32, 34-35, 52, 68, 76
刀砧板 7, 21, 24
東福寺 74, 76
唐墓 52
『徳川盛世録』 107
土佐 111
トチ 198
『DOMESTIC JAPAN, JAPAN DAILY LIFE VOLUME 1』 134-136
鳥越憲三郎 38, 169
トルクメンスタン 242, 244
トルコ 244-245, 248, 261, 316
トルファン市 224, 226
敦煌市 224

ナ 行

永田恵子 116
仲田定之助 158
長野県佐久地方 85
永松敦 176
仲山神社 168-169, 171
奈多 175-176, 178
七草 106-111
『七草の囃図』 106
『七十一番職人歌合』 62, 68, 71, 92, 100
『難波鑑』 107
膾 24, 43, 62
奈良県立民俗博物館 192, 194-195, 197
奈良国立文化財研究所 40
『奈良朝食生活の研究』 42, 44, 47
『西日本新聞』 266, 279
『日用助食 竈の賑ひ』 114-115
『二部般若用度解案』 43-44
『日本國見在書目録』 48
『日本国語大辞典』 42
『日本山海名産図会』 111, 113
『日本書紀』 43, 62
『日本人の住まい』 132
『日本その日その日』 132
猫足 54
ネパール 2-5, 316

ハ 行

『俳風柳多留』 305
バウハウス 158
パキスタン 24
箱形流し 101, 115, 121, 125, 133, 135, 140, 149
長谷川町子 269
八戸市博物館 205, 207
バッコヤナギ 292, 294, 296
八足案 52, 59-60, 74-75
浜島町 169, 172-174, 176
浜松市伊場遺跡 42
羽村市郷土博物館 197, 200
早魚神事 175-176, 178
バンコク市 237-238
盤魚神事 169, 174
ハンノキ 291
ビエンチャン市 235

『東山遊楽図』　87, 90
挽物　40
ビクトリア＆アルバートミュージアム　77
英彦山神社　182, 184
ビシュケク市　244
飛驒　51, 177
日田市岳林寺　185-186
人身御供　50, 62
ヒノキ　191-192, 196, 198-199, 289-294, 296, 302, 309
『百人一首女教草大和錦』　120-121
広島県立博物館　56
ヒバ　289, 291-292, 295
琵琶湖　111
ビルトイン　318
柎　15, 18, 20-21, 27, 31, 52
ファンラン　234, 236
フィンランド　249, 260
フェルガナ盆地　239
福岡県築上郡黒土村　161-163
福岡県三井郡味坂村　161
福岡県三潴郡蒲池村　279
福岡市　40, 75, 172, 176, 183-184, 283, 285, 298, 301, 303, 306
福島市民家園　204, 206
『婦人画報』　134, 137-141, 143-144
『婦人公論』　142, 151
『婦人之友』　141-142, 144, 147, 150-151
豊前市黒土　163
『普通木工教科書』　135-136, 304
『双蝶色成曙』　123, 125
筆返し　80
ブナ　261
ブハラ市　241-242
プラハ市　254, 256
ブルガリア　238-249, 261, 316
プロフディフ市　259, 261
ブンギ　293
平城京　40, 74
ベイツガ　292
ベトナム　234-235, 238-239, 251
ヘルシンキ市　258, 260
ベルリン市　250, 252
『豊国祭礼図』　85-86
房俎　15-16, 18, 20-21, 27, 30-31, 35, 52, 54, 74, 232
包丁刀　38, 72, 177
包丁師　54, 68-69, 73, 82, 85, 90-92, 96-97, 100, 116-117
包丁式　62, 82, 84-85, 91, 100, 168-169, 171, 176
包丁人　93
ホオノキ　177, 180, 289-292, 294
ポカラ市　3
『慕帰絵詞』　61, 65, 67
北斎　111
柄　9, 14, 42, 191
ホーチミン市　234, 236
ポリエチレン　289, 297, 301-303
『本草綱目』　97

マ　行

『毎日新聞』　266, 271
前机　74, 76, 78
蒔絵　77
曲物　40, 56
マシュハド市　245-246
マツ　176, 188, 196, 210, 309
『松崎天神縁起』　61, 64, 67, 127, 180
俎　7
俎板　7
魚板　7, 57, 60, 72, 97
真魚板　7, 48
末那板　7, 116
末奈以太　47
真那板　117-118
木砧　97-98
壓板　191
まな板叩き　106-107, 110-112, 124
まな箸　54, 63-64, 68, 73, 90, 97-98, 169,

175, 177
眞鍋博愛　162
三浦純夫　39, 55
三沢市　181, 208-210
美杉村　168-169, 171, 174
水谷武彦　158
水町たつ子　142
三井三郎助　139
箕面市郷土資料館　190, 193
三春町歴史民俗資料館　204, 206
明代　17-18, 34-35, 76
明器　19, 27
モース　132-133
『木器集成図録』　40
木工寮　44
モミ　290
文部省実業補習教育　159, 161

ヤ　行

ヤナギ　205, 289-290, 293-294, 296
八柱神社　173-174
山県化学（株）　297
山くじら屋　121
『山科家礼記』　83-84, 92
『大和本草』　290
ヤマナラシ　291
山脇巌・道子　158
『夕刊フクニチ』　266
『有用樹木図説』　292
有虞氏時代　15
ユニバーサルデザイン　158
『よしはらの躰　台所』　92, 94

ラ　行

『礼記』　18
礼器　18
ラオス　235
『洛中洛外図屏風（旧池田本）』　128
『洛中洛外図（舟木本）』　83, 86
ラサ市　228, 230
『李朝木工家具の美』　232
竜山文化　9-10, 25-26
林芝　228, 231
ルアンプラバン市　235, 237
『類聚近世風俗志』　114-115
リュウキュウマツ　293
楼蘭　14
『論語』　97
ロンドン市　255-256

ワ　行

『和漢三才図会』　97-100, 290
ワークトップ　255, 260
『和国諸職絵尽』　92, 94
『和俗童子訓』　103
『和名抄』　97
『和名類聚抄』　43-44, 47-49
割肴師　93

著者略歴

石村眞一（いしむら　しんいち）

1949 年岡山市に生まれる．福島大学教育学部卒業．博士（工学）．専攻：デザイン史・デザイン文化論．郡山女子大学附属高校教諭，専門学校生命の森学園教員，九州芸術工科大学教授を経て，現在九州大学芸術工学研究院教授．
著書：『桶・樽』全 3 巻（1997 年，法政大学出版局，1998 年日本文化藝術振興賞受賞）

ものと人間の文化史 132　まな板

2006 年 3 月 20 日　　初版第 1 刷発行

発行所　財団法人 法政大学出版局
〒 102-0073 東京都千代田区九段北 3-2-7
電話 03(5214)5540　振替 00160-6-95814
整版・緑営舎 /印刷・平文社 /製本・鈴木製本所
Printed in Japan

ISBN4-588-21321-0

❧ ものと人間の文化史

★第9回梓会出版文化賞受賞

文化の基礎をなすと同時に人間のつくり上げたもっとも具体的な「かたち」である個々の「もの」について、その根源から問い直し、「もの」とのかかわりにおいて営々と築かれてきたくらしの具体相を通じて歴史を捉え直す

1　須藤利一編

船

海国日本では古来、漁業・水運・交易はもとより、大陸文化も船によって運ばれた。本書は造船技術、航海の模様の推移を中心に、漂流、船霊信仰、伝説の数々を語る。　四六判368頁 '68

2　直良信夫

狩猟

人類の歴史は狩猟から始まった。本書は、わが国の遺跡に出土する獣骨、猟具の実証的考察をおこないながら、狩猟をつうじて発展した人間の知恵と生活の軌跡を辿る。　四六判272頁 '68

3　立川昭二

からくり

〈からくり〉は自動機械であり、驚嘆すべき庶民の技術的創意がこめられている。本書は、日本と西洋のからくりを発掘・復元・遍歴し、埋もれた技術の水脈をさぐる。　四六判410頁 '69

4　久下司

化粧

美を求める人間の心が生みだした化粧―その手法と道具に語らせた人間の欲望と本性、そして社会関係。歴史を遡り、全国を踏査して書かれた比類ない美と醜の文化史。　四六判368頁 '70

5　大河直躬

番匠

番匠はわが国中世の建築工匠。地方・在地を舞台に開花した彼らの造型・装飾・工法等の諸技術、さらに信仰と生活等、職人以前の独自で多彩な工匠的世界を描き出す。　四六判288頁 '71

6　額田巌

結び

〈結び〉の発達は人間の叡知の結晶である。本書はその諸形態および技法を作業・装飾・象徴の三つの系譜に辿り、〈結び〉のすべてを民俗学的・人類学的に考察する。　四六判264頁 '72

7　平島裕正

塩

人類史に貴重な役割を果たしてきた塩をめぐって、発見から伝承・製造技術の発展過程にいたる総体を歴史的に描き出すとともに、その多彩な効用と味覚の秘密を解く。　四六判272頁 '73

8　潮田鉄雄

はきもの

田下駄・かんじき・わらじなど、日本人の生活の礎となってきた伝統的はきものの成り立ちと変遷を、二〇年余の実地調査と細密な観察・描写によって辿る庶民生活史　四六判280頁 '73

9　井上宗和

城

古代城塞・城柵から近世代名の居城として集大成されるまでの日本の城の変遷を辿り、文化の各領野で果たしてきたその役割を再検討。あわせて世界城郭史に位置づける。　四六判310頁 '73

10 室井綽
竹
食生活、建築、民芸、造園、信仰等々にわたって、竹と人間との交流史は驚くほど深く永い。その多岐にわたる発展の過程を個々に辿り、竹の特異な性格を浮彫にする。四六判324頁 '73

11 宮下章
海藻
古来日本人にとって生活必需品とされてきた海藻をめぐって、その採取・加工法の変遷、商品としての流通史および神事・祭事での役割に至るまでを歴史的に考証する。四六判330頁 '74

12 岩井宏實
絵馬
古くは祭礼における神への献馬にはじまり、民間信仰と絵画のみごとな結晶として民衆の手で描かれ祀り伝えられてきた各地の絵馬を豊富な写真と史料によってたどる。四六判302頁 '74

13 吉田光邦
機械
畜力・水力・風力などの自然のエネルギーを利用し、幾多の改良を経て形成された初期の機械の歩みを検証し、日本文化の形成における科学・技術の役割を再検討する。四六判242頁 '74

14 千葉徳爾
狩猟伝承
狩猟には古来、感謝と慰霊の祭祀がともない、人獣交渉の豊かで意味深い歴史があった。狩猟用具、巻物、儀式具、またけものたちの生態を通して語る狩猟文化の世界。四六判346頁 '75

15 田淵実夫
石垣
採石から運搬、加工、石積みに至るまで、石垣の造成をめぐって積み重ねられてきた石工たちの苦闘の足跡を掘り起こし、その独自な技術の形成過程と伝承を集成する。四六判224頁 '75

16 高嶋雄三郎
松
日本人の精神史に深く根をおろした松の伝承に光を当て、食用、薬用等の実用の松、祭祀・観賞用の松、さらに文学・芸能・美術に表現された松のシンボリズムを説く。四六判342頁 '75

17 直良信夫
釣針
人と魚との出会いから現在に至るまで、釣針がたどった一万有余年の変遷を、世界各地の遺跡出土物を通して実証しつつ、漁撈によって生きた人々の生活と文化を探る。四六判278頁 '76

18 吉川金次
鋸
鋸鍛冶の家に生まれ、鋸の研究を生涯の課題とする著者が、出土遺品や文献・絵画により各時代の鋸を復元・実験し、庶民の手仕事にみられる驚くべき合理性を実証する。四六判360頁 '76

19 飯沼二郎／堀尾尚志
農具
鍬と犂の交代・進化の歩みとして発達したわが国農耕文化の発展経過を世界史的視野において再検討しつつ、無名の農具たちによる驚くべき創意のかずかずを記録する。四六判220頁 '76

20 額田巌
包み
結びとともに文化の起源にかかわる〈包み〉の系譜を人類史的視野において捉え、衣・食・住をはじめ社会・経済史、信仰、祭事などにおけるその実際と役割とを描く。四六判354頁 '77

21 阪本祐二
蓮
仏教における蓮の象徴的位置の成立と深化、美術・文芸等に見る人間とのかかわりを歴史的に考察。また大賀蓮はじめ多様な品種とその来歴を紹介しつつその美を語る。四六判306頁 '77

22 小泉袈裟勝
ものさし
ものをつくる人間にとって最も基本的な道具であり、数千年にわたって社会生活を律してきたその変遷を実証的に追求し、歴史の中で果たしてきた役割を浮彫りにする。四六判314頁 '77

23-I 増川宏一
将棋I
その起源を古代インドに、我国への伝播の道すじを海のシルクロードに探り、また伝来後一千年におよぶ日本将棋の変化と発展を盤、駒、ルール等にわたって跡づける。四六判280頁 '77

23-II 増川宏一
将棋II
わが国伝来後の普及と変遷を貴族や武家・豪商の日記等に博捜し、遊戯者の歴史をあとづけると共に、中国伝来説の誤りを正し、将棋宗家の位置と役割を明らかにする。四六判346頁 '85

24 金井典美
湿原祭祀 第2版
古代日本の自然環境に着目し、各地の湿原聖地を稲作社会との関連において捉え直して古代国家成立の背景を浮彫にしつつ、水と植物にまつわる日本人の宇宙観を探る。四六判410頁 '77

25 三輪茂雄
臼
臼が人類の生活文化の中で果たしてきた役割を、各地に遺る貴重な民俗資料・伝承と実地調査にもとづいて解明。失われゆく道具のなかに、未来の生活文化の姿を探る。四六判412頁 '78

26 盛田嘉徳
河原巻物
中世末期以来の被差別部落民が生きる権利を守るために偽作し護り伝えてきた河原巻物を全国にわたって踏査し、そこに秘められた最底辺の人びとの叫びに耳を傾ける。四六判226頁 '78

27 山田憲太郎
香料 日本のにおい
焼香供養の香から趣味としての薫物へ、さらに沈香木を焚く香道へと変遷した日本の「匂い」の歴史を豊富な史料に基づいて辿り、我国風俗史の知られざる側面を描く。四六判370頁 '78

28 景山春樹
神像 神々の心と形
神仏習合によって変貌しつつも、常にその原型＝自然を保持してきた日本の神々の造型を図像学的方法によって捉え直し、その多彩な形象に日本人の精神構造をさぐる。四六判342頁 '78

29 増川宏一
盤上遊戯
祭具・占具としての発生を『死者の書』をはじめとする古代の文献にさぐり、形状・遊戯法を分類しつつその〈進化〉の過程を考察。〈遊戯者たちの歴史〉をも跡づける。 四六判326頁 '78

30 田淵実夫
筆
筆の里・熊野に筆づくりの現場を訪ねて、筆匠たちの境涯と製筆の由来を克明に記録しつつ、筆の発生と変遷、種類、製筆法、さらには筆塚、筆供養にまで説きおよぶ。 四六判204頁 '78

31 橋本鉄男
ろくろ
日本の山野を漂移しつづけ、高度の技術文化と幾多の伝説とをもたらした特異な旅職集団＝木地屋の生態を、その呼称、地名、伝承、文書等をもとに生き生きと描く。 四六判460頁 '79

32 吉野裕子
蛇
日本古代信仰の根幹をなす蛇巫をめぐって、祭事におけるさまざまな蛇の「もどき」や各種の蛇の造型・伝承に鋭い考証を加え、忘れられたその呪性を大胆に暴き出す。 四六判250頁 '79

33 岡本誠之
鋏（はさみ）
梃子の原理の発見から鋏の誕生に至る過程を推理し、日本鋏の特異な歴史的位置を明らかにするとともに、刀鍛冶等から転進した鋏職人たちの創意と苦闘の跡をたどる。 四六判396頁 '79

34 廣瀬鎮
猿
嫌悪と愛玩、軽蔑と畏敬の交錯する日本人とサルとの関わりあいの歴史を、狩猟伝承や祭祀・風習、美術・工芸や芸能のなかに探り、日本人の動物観を浮彫りにする。 四六判292頁 '79

35 矢野憲一
鮫
神話の時代から今日まで、津々浦々につたわるサメの伝承とサメをめぐる海の民俗を集成し、神饌、食用、薬用等に活用されてきたサメと人間のかかわりの変遷を描く。 四六判292頁 '79

36 小泉袈裟勝
枡
米の経済の枢要をなす器として千年余にわたり日本人の生活の中に生きてきた枡の変遷をたどり、記録・伝承をもとにこの独特な計量器が果たした役割を再検討する。 四六判322頁 '80

37 田中信清
経木
食品の包装材料として近年まで身近に存在した経木の起源を、こけら経や塔婆、木簡、屋根板等に遡って明らかにし、その製造・流通に携った人々の労苦の足跡を辿る。 四六判288頁 '80

38 前田雨城
色 染と色彩
わが国古代の染色技術の復元と文献解読をもとに日本色彩史を体系づけ、赤・白・青・黒等におけるわが国独自の色彩感覚を探りつつ日本文化における色の構造を解明。 四六判320頁 '80

39 吉野裕子

狐　陰陽五行と稲荷信仰

その伝承と文献を渉猟しつつ、中国古代哲学＝陰陽五行の原理の応用という独自の視点から、謎とされてきた稲荷信仰と狐との密接な結びつきを明快に解き明かす。　四六判２３２頁 '80

40-I 増川宏一

賭博I

時代、地域、階層を超えて連綿と行なわれてきた賭博。——その起源を古代の神判、スポーツ、遊戯等の中に探り、抑圧と許容の歴史を物語る。全III分冊の〈総説篇〉。　四六判２９８頁 '80

40-II 増川宏一

賭博II

古代インド文学の世界からラスベガスまで、賭博の形態・用具・方法の時代的特質を明らかにし、夥しい禁令に賭博の不滅のエネルギーを見る。全III分冊の〈外国篇〉。　四六判４５６頁 '82

40-III 増川宏一

賭博III

聞香、闘茶、笠附等、わが国独特の賭博を中心にその具体例を網羅し、方法の変遷に賭博の時代性を探りつつ禁令の改廃に時代の賭博観を追う。全III分冊の〈日本篇〉。　四六判３８８頁 '83

41-I むしゃこうじ・みのる

地方仏I

古代から中世にかけて全国各地で作られた無銘の仏像を訪ね、素朴で多様なノミの跡に民衆の祈りと地域の願望を探る。宗教の伝播、文化の創造を考える異色の紀行。　四六判２５６頁 '80

41-II むしゃこうじ・みのる

地方仏II

紀州や飛驒を中心に草の根の仏たちを訪ねて、その相好と像容の魅力を探り、技法を比較考証して仏像彫刻史に位置づけつつ、中世地域社会の形成と信仰の実態に迫る。　四六判２６０頁 '97

42 岡田芳朗

南部絵暦

田山・盛岡地方で「盲暦」として古くから親しまれてきた独得の絵解き暦を詳しく紹介しつつその全体像を復元する。その無類の生活暦は、南部農民の哀歓をつたえる。　四六判２８８頁 '80

43 青葉高

野菜　在来品種の系譜

蕪、大根、茄子等の日本在来野菜をめぐって、その渡来・伝播経路、品種分布と栽培のいきさつを各地の伝承や古記録をもとに辿り、畑作文化の源流とその風土を描く。　四六判３６８頁 '81

44 中沢厚

つぶて

弥生投弾、古代・中世の石戦と印地の様相、投石具の発達を展望しつつ、願かけの小石、正月つぶて、石こづみ等の習俗を辿り、石塊に託した民衆の願いや怒りを探る。　四六判３３８頁 '81

45 山田幸一

壁

弥生時代から明治期に至るわが国の壁の変遷を壁塗＝左官工事の側面から辿り直し、その技術的復元・考証を通じて建築史・文化史における壁の役割を浮き彫りにする。　四六判２９６頁 '81

46　小泉和子

簞笥（たんす）

★第II回江馬賞受賞

近世における簞笥の出現＝箱から抽斗への転換に着目し、以降近現代に至るその変遷を社会・経済・技術の側面からあとづける。著者自身による簞笥製作の記録を付す。　四六判378頁　'82

47　松山利夫

木の実

山村の重要な食糧資源であった木の実をめぐる各地の記録・伝承を集成し、その採集・加工における幾多の試みを実地に検証しつつ、稲作農耕以前の食生活文化を復元。　四六判384頁　'82

48　小泉袈裟勝

秤（はかり）

秤の起源を東西に探るとともに、わが国律令制下における中国制度の導入、近世商品経済の発展に伴う秤座の出現、明治期近代化政策による洋式秤受容等の経緯を描く。　四六判326頁　'82

49　山口健児

鶏（にわとり）

神話・伝説をはじめ遠い歴史の中の鶏を古今東西の伝承・文献に探り、特に我国の信仰・絵画・文学等に遺された鶏の足跡を追って、鶏をめぐる民俗の記憶を蘇らせる。　四六判346頁　'83

50　深津正

燈用植物

人類が燈火を得るために用いてきた多種多様な植物との出会いと個々の植物の来歴、特性及びはたらきを詳しく検証しつつ「あかり」の原点を問いなおす異色の植物誌。　四六判442頁　'83

51　吉川金次

斧・鑿・鉋（おの・のみ・かんな）

古墳出土品や文献・絵画をもとに、古代から現代までの斧・鑿・鉋を復元・実験し、労働体験によって生まれた民衆の知恵と道具の変遷を蘇らせる異色の日本木工具史。　四六判304頁　'84

52　額田巌

垣根

大和・山辺の道に神々と垣との関わりを探り、各地に垣の伝承を訪ねて、寺院の垣、民家の垣、露地の垣など、風土と生活に培われた生垣の独特のはたらきと美を描く。　四六判234頁　'84

53-I　四手井綱英

森林I

森林生態学の立場から、森林のなりたちとその生活史を辿りつつ、産業の発展と消費社会の拡大により刻々と変貌する森林の現状を語り、未来への再生のみちをさぐる。　四六判306頁　'85

53-II　四手井綱英

森林II

森林と人間との多様なかかわりを包括的に語り、人と自然が共生するための森や里山をいかにして創出するか、森林再生への具体的な方策を提示する21世紀への提言。　四六判308頁　'98

53-III　四手井綱英

森林III

地球規模で進行しつつある森林破壊の現状を実地に踏査し、森と人が共存する日本人の伝統的自然観を未来へ伝えるために、いま何が必要なのかを具体的に提言する。　四六判304頁　'00

54 酒向昇
海老（えび）
人類との出会いからエビの科学、漁法、さらには調理法を語り、めでたい姿態と色彩にまつわる多彩なエビの民俗を、地名や人名、詩歌・文学、絵画や芸能の中に探る。四六判４２８頁 '85

55-I 宮崎清
藁（わら）I
稲作農耕とともに二千年余の歴史をもち、日本人の全生活領域に生きてきた藁の文化を日本文化の原型として捉え、風土に根ざしたそのゆたかな遺産を詳細に検討する。四六判４００頁 '85

55-II 宮崎清
藁（わら）II
床・畳から壁・屋根にいたる住居における藁の製作・使用のメカニズムを明らかにし、日本人の生活空間における藁の役割を見なおすとともに、藁の文化の復権を説く。四六判４００頁 '85

56 松井魁
鮎
清楚な姿態と独特な味覚によって、日本人の目と舌を魅了しつづけてきたアユ——その形態と分布、生態、漁法等を詳述し、古今のアユ料理や文芸にみるアユにおよぶ。四六判２９６頁 '86

57 額田巌
ひも
物と物、人と物とを結びつける不思議な力を秘めた「ひも」の謎を追って、民俗学的視点から多角的なアプローチを試みる。『結び』、『包み』につづく三部作の完結篇。四六判２５０頁 '86

58 北垣聰一郎
石垣普請
近世石垣の技術者集団「穴太」の足跡を辿り、各地城郭の石垣遺構の実地調査と資料・文献をもとに石垣普請の歴史的系譜を復元しつつ石工たちの技術伝承を集成する。四六判４３８頁 '87

59 増川宏一
碁
その起源を古代の盤上遊戯に探ると共に、定着以来二千年の歴史を時代の状況や遊び手の社会環境との関わりにおいて跡づける。逸話や伝説を排して綴る初の囲碁全史。四六判３６６頁 '87

60 南波松太郎
日和山（ひよりやま）
千石船の時代、航海の安全のために観天望気した日和山——多くは忘れられ、あるいは失われた船舶・航海史の貴重な遺跡を追って、全国津々浦々におよんだ調査紀行。四六判３８２頁 '88

61 三輪茂雄
篩（ふるい）
臼とともに人類の生産活動に不可欠な道具であった篩、箕(み)、笊(ざる)の多彩な変遷を豊富な図解入りでたどり、現代技術の先端に再生するまでの歩みをえがく。四六判３３４頁 '89

62 矢野憲一
鮑（あわび）
縄文時代以来、貝肉の美味と貝殻の美しさによって日本人を魅了し続けてきたアワビ——その生態と養殖、神饌としての歴史、漁法、螺鈿の技法からアワビ料理に及ぶ。四六判３４４頁 '89

63 むしゃこうじ・みのる
絵師
日本古代の渡来画工から江戸前期の菱川師宣まで、時代の代表的絵師の列伝で辿る絵画制作の文化史。前近代社会における絵画の意味や芸術創造の社会的条件を考える。四六判230頁 '90

64 碓井益雄
蛙（かえる）
動物学の立場からその特異な生態を描き出すとともに、和漢洋の文献資料を駆使して故事・習俗・神事・民話・文芸・美術工芸にわたる蛙の多彩な活躍ぶりを活写する。四六判382頁 '89

65-I 竹内淳子
藍（あい）I 風土が生んだ色
全国各地の〈藍の里〉を訪ねて、藍栽培から染色・加工のすべてにわたり、藍とともに生きた人々の伝承を克明に描き、風土と人間が生んだ〈日本の色〉の秘密を探る。四六判416頁 '91

65-II 竹内淳子
藍（あい）II 暮らしが育てた色
日本の風土に生まれ、伝統に育てられた藍が、今なお暮らしの中で生き生きと活躍しているさまを、手わざに生きる人々との出会いを通じて描く。藍の里紀行の続篇。四六判406頁 '99

66 小山田了三
橋
丸木橋・舟橋・吊橋から板橋・アーチ型石橋まで、人々に親しまれてきた各地の橋を訪ねて、その来歴と築橋の技術伝承を辿り、土木文化の伝播・交流の足跡をえがく。四六判312頁 '91

67 宮内悊 ★平成三年度日本技術史学会賞受賞
箱
日本の伝統的な箱（櫃）と西欧のチェストを比較文化史の視点から考察し、居住・収納・運搬・装飾の各分野における箱の重要な役割とその多彩な文化を浮彫りにする。四六判390頁 '91

68-I 伊藤智夫
絹 I
養蚕の起源を神話や説話に探り、伝来の時期とルートを跡づけ、記紀・万葉の時代から近世に至るまで、それぞれの時代・社会・階層が生み出した絹の文化を描き出す。四六判304頁 '92

68-II 伊藤智夫
絹 II
生糸と絹織物の生産と輸出が、わが国の近代化にはたした役割を描くと共に、養蚕の道具、信仰や庶民生活にわたる養蚕と絹の民俗、さらには蚕の種類と生態におよぶ。四六判294頁 '92

69 鈴木克美
鯛（たい）
古来「魚の王」とされてきた鯛をめぐって、その生態・味覚から漁法、祭り、工芸、文芸にわたる多彩な伝承文化を語りつつ、鯛と日本人とのかかわりの原点をさぐる。四六判418頁 '92

70 増川宏一
さいころ
古代神話の世界から近現代の博徒の動向まで、さいころの役割を各時代・社会に位置づけ、木の実や貝殻のさいころから投げ棒型や立方体のさいころへの変遷をたどる。四六判374頁 '92

71 樋口清之
木炭
炭の起源から炭焼、流通、経済、文化にわたる木炭の歩みを歴史・考古・民俗の知見を総合して描き出し、独自で多彩な文化を育んできた木炭の尽きせぬ魅力を語る。四六判296頁 '93

72 朝岡康二
鍋・釜（なべ・かま）
日本をはじめ韓国、中国、インドネシアなど東アジアの各地を歩きながら鍋・釜の製作と使用の現場に立ち会い、調理をめぐる庶民生活の変遷とその交流の足跡を探る。四六判326頁 '93

73 田辺悟
海女（あま）
その漁の実際と社会組織、風習、信仰、民具などを克明に描くとともに海女の起源・分布・交流を探り、わが国漁撈文化の古層としての海女の生活と文化をあとづける。四六判294頁 '93

74 刀禰勇太郎
蛸（たこ）
蛸をめぐる信仰や多彩な民間伝承を紹介するとともに、その生態・分布・捕獲法・繁殖と保護・調理法などを集成し、日本人と蛸との知られざるかかわりの歴史を探る。四六判370頁 '94

75 岩井宏實
曲物（まげもの）
桶・樽出現以前から伝承され、古来最も簡便・重宝な木製容器として愛用された曲物の加工技術と機能・利用形態の変遷をさぐり、手づくりの「木の文化」を見なおす。四六判318頁 '94

76-I 石井謙治
和船 I
★第49回毎日出版文化賞受賞
江戸時代の海運を担った千石船（弁才船）について、その構造と技術、帆走性能を綿密に調査し、通説の誤りを正すとともに、海難と信仰、船絵馬等の考察にもおよぶ。四六判436頁 '95

76-II 石井謙治
和船 II
★第49回毎日出版文化賞受賞
造船史から見た著名な船を紹介し、遣唐使船や遣欧使節船、幕末の洋式船における外国技術の導入について論じつつ、船の名称と船型を海船・川船にわたって解説する。四六判316頁 '95

77-I 金子功
反射炉 I
日本初の佐賀鍋島藩の反射炉と精練方＝理化学研究所、島津藩の反射炉と集成館＝近代工場群を軸に、日本の産業革命の時代における人と技術を現地に訪ねて発掘する。四六判244頁 '95

77-II 金子功
反射炉 II
伊豆韮山の反射炉をはじめ、全国各地の反射炉建設にかかわった有名無名の人々の足跡をたどり、開国か攘夷かに揺れる幕末の政治と社会の悲喜劇をも生き生きと描く。四六判226頁 '95

78-I 竹内淳子
草木布（そうもくふ）I
風土に育まれた布を求めて全国各地を歩き、木綿普及以前に山野の草木を利用して豊かな衣生活文化を築き上げてきた庶民の知られざる知恵のかずかずを実地にさぐる。四六判282頁 '95

78-II 竹内淳子
草木布（そうもくふ）II
アサ、クズ、シナ、コウゾ、カラムシ、フジなどの草木の繊維から、どのようにして糸を採り、布を織っていたのか——聞書きをもとに忘れられた技術と文化を発掘する。 四六判282頁 '95

79-I 増川宏一
すごろくI
古代エジプトのセネト、ヨーロッパのバクギャモン、中近東のナルド、中国の双陸などの系譜に日本の盤雙六を位置づけ、遊戯・賭博としてのその数奇なる運命を辿る。 四六判312頁 '95

79-II 増川宏一
すごろくII
ヨーロッパの鵞鳥のゲームから日本中世の浄土双六、近世の華麗な絵双六、さらには近現代の少年誌の附録まで、絵双六の変遷を追って時代の社会・文化を読みとる。 四六判390頁 '95

80 安達巖
パン
古代オリエントに起ったパン食文化が中国・朝鮮を経て弥生時代の日本に伝えられたことを史料と伝承をもとに解明し、わが国パン食文化二〇〇〇年の足跡を描き出す。 四六判260頁 '96

81 矢野憲一
枕（まくら）
神さまの枕・大嘗祭の枕から枕絵の世界まで、人生の三分の一を共に過す枕をめぐって、その材質の変遷を辿り、伝説と怪談、俗信と民俗、エピソードを興味深く語る。 四六判252頁 '96

82-I 石村真一
桶・樽（おけ・たる）I
日本、中国、朝鮮、ヨーロッパにわたる厖大な資料を集成してその豊かな文化の系譜を探り、東西の木工技術史を比較しつつ世界史的視野から桶・樽の文化を描き出す。 四六判388頁 '97

82-II 石村真一
桶・樽（おけ・たる）II
多数の調査資料と絵画・民俗資料をもとにその製作技術を復元し、東西の木工技術を比較考証しつつ、技術文化史の視点から桶・樽製作の実態とその変遷を跡づける。 四六判372頁 '97

82-III 石村真一
桶・樽（おけ・たる）III
樹木と人間とのかかわり、製作者と消費者とのかかわりを通じて桶樽と生活文化の変遷を考察し、木材資源の有効利用という視点から桶樽の文化史的役割を浮彫にする。 四六判352頁 '97

83-I 白井祥平
貝I
世界各地の現地調査と文献資料を駆使して、古来至高の財宝とされてきた宝貝のルーツとその変遷を探り、貝と人間とのかかわりの歴史を「貝貨」の文化史として描く。 四六判386頁 '97

83-II 白井祥平
貝II
サザエ、アワビ、イモガイなど古来人類とかかわりの深い貝をめぐって、その生態・分布・地方名、装身具や貝貨としての利用法などを豊富なエピソードを交えて語る。 四六判328頁 '97

83-Ⅲ 白井祥平
貝Ⅲ
シンジュガイ、ハマグリ、アカガイ、シャコガイなどをめぐって世界各地の民族誌を渉猟し、それらが人類文化に残した足跡を辿る。参考文献一覧／総索引を付す。 四六判392頁 '97

84 有岡利幸
松茸（まつたけ）
秋の味覚として古来珍重されてきた松茸の由来を求めて、稲作文化と里山（松林）の生態系から説きおこし、日本人の伝統的生活文化の中に松茸流行の秘密をさぐる。 四六判296頁 '97

85 朝岡康二
野鍛冶（のかじ）
鉄製農具の製作・修理・再生を担ってきた農鍛冶の歴史的役割を探り、近代化の大波の中で変貌する職人技術の実態をアジア各地のフィールドワークを通して描き出す。 四六判280頁 '98

86 菅　洋
稲　品種改良の系譜
作物としての稲の誕生、稲の渡来と伝播の経緯から説きおこし、明治以降主として庄内地方の民間育種家の手によって飛躍的発展をとげたわが国品種改良の歩みを描く。 四六判332頁 '98

87 吉武利文
橘（たちばな）
永遠のかぐわしい果実として日本の神話・伝説に特別の位置を占めて語り継がれてきた橘をめぐって、その育まれた風土とかずかずの伝承の中に日本文化の特質を探る。 四六判286頁 '98

88 矢野憲一
杖（つえ）
神の依代としての杖や仏教の錫杖に杖と信仰とのかかわりを探り、人類が突きつつ歩んだその歴史と民俗を興味ぶかく語る。多彩な材質と用途を網羅した杖の博物誌。 四六判314頁 '98

89 渡部忠世／深澤小百合
もち（糯・餅）
モチイネの栽培・育種から食品加工、民俗、儀礼にわたってそのルーツと伝承の足跡をたどり、アジア稲作文化という広範な視野からこの特異な食文化の謎を解明する。 四六判330頁 '98

90 坂井健吉
さつまいも
その栽培の起源と伝播経路を跡づけるとともに、わが国伝来後四百年の経緯を詳細にたどり、世界に冠たる育種と栽培・利用法を築いた人々の知られざる足跡をえがく。 四六判328頁 '99

91 鈴木克美
珊瑚（さんご）
海岸の自然保護に重要な役割を果たす岩石サンゴから宝飾品として知られる宝石サンゴまで、人間生活と深くかかわってきたサンゴの多彩な姿を人類文化史として描く。 四六判370頁 '99

92-Ⅰ 有岡利幸
梅Ⅰ
万葉集、源氏物語、五山文学などの古典や天神信仰に表れた梅の足跡を克明に辿りつつ日本人の精神史に刻印された梅を浮彫にし、梅と日本人の二〇〇〇年史を描く。 四六判274頁 '99

92-II 有岡利幸
梅II
その植生と栽培、伝承、梅の名所や鑑賞法の変遷から戦前の国定教科書に表れた梅まで、梅と日本人との多彩なかかわりを探り、桜との対比において梅の文化史を描く。 四六判３３８頁 '99

93 福井貞子
木綿口伝（もめんくでん） 第2版
老女たちからの聞書を経糸とし、厖大な遺品・資料を緯糸として、母から娘へと幾代にも伝えられた手づくりの木綿文化を掘り起し、近代の木綿の盛衰を描く。増補版 四六判３３６頁 '00

94 増川宏一
合せもの
「合せる」には古来、一致させるの他に、競う、闘う、比べる等の意味があった。貝合せや絵合せ等の遊戯・賭博を中心に、広範な人間の営みを「合せる」行為に辿る。 四六判３００頁 '00

95 福井貞子
野良着（のらぎ）
明治初期から昭和四〇年までの野良着を収集・分類・整理し、それらの用途と年代、形態、材質、重量、呼称などを精査して、働く庶民の創意にみちた生活史を描く。 四六判２９２頁 '00

96 山内昶
食具（しょくぐ）
東西の食文化に関する資料を渉猟し、食法の違いを人間の自然に対するかかわり方の違いとして捉えつつ、食具を人間と自然をつなぐ基本的な媒介物として位置づける。 四六判２９０頁 '00

97 宮下章
鰹節（かつおぶし）
黒潮からの贈り物・カツオの漁法から鰹節の製法や食法、商品としての流通までを歴史的に展望するとともに、沖縄やモルジブ諸島の調査をもとにそのルーツを探る。 四六判３８２頁 '00

98 出口晶子
丸木舟（まるきぶね）
先史時代から現代の高度文明社会まで、もっとも長期にわたり使われてきた刳り舟に焦点を当て、その技術伝承を辿りつつ、森や水辺の文化の広がりと動態をえがく。 四六判３２４頁 '01

99 有岡利幸
梅干（うめぼし）
日本人の食生活に不可欠の自然食品・梅干をつくりだした先人たちの知恵に学ぶとともに、健康増進に驚くべき薬効を発揮する、その知られざるパワーの秘密を探る。 四六判３００頁 '01

100 森郁夫
瓦（かわら）
仏教文化と共に中国・朝鮮から伝来し、一四〇〇年にわたり日本の建築を飾ってきた瓦をめぐって、発掘資料をもとにその製造技術、形態、文様などの変遷をたどる。 四六判３２０頁 '01

101 長澤武
植物民俗
衣食住から子供の遊びまで、幾世代にも伝承された植物をめぐる暮らしの知恵を克明に記録し、高度経済成長期以前の農山村の豊かな生活文化を愛惜をこめて描き出す。 四六判３４８頁 '01

102 箸（はし）　向井由紀子／橋本慶子

そのルーツを中国、朝鮮半島に探るとともに、日本人の食生活に不可欠の食具となり、日本文化のシンボルとされるまでに洗練された箸の文化の変遷を総合的に描く。　四六判334頁　'01

103 採集　ブナ林の恵み　赤羽正春

縄文時代から今日に至る採集・狩猟民の暮らしを復元し、動物の生態系と採集生活の関連を明らかにしつつ、民俗学と考古学の両面から山に生かされた人々の姿を描く。　四六判298頁　'01

104 下駄　神のはきもの　秋田裕毅

古墳や井戸等から出土する下駄に着目し、下駄が地上と地下の他界を結ぶ聖なるはきものであったという大胆な仮説を提出、日本の神々の忘れられた側面を浮彫にする。　四六判304頁　'02

105 絣（かすり）　福井貞子

膨大な絣遺品を収集・分類し、絣産地を実地に調査して絣の技法と文様の変遷を地域別・時代別に跡づけ、明治・大正・昭和の手づくりの染織文化の盛衰を描き出す。　四六判310頁　'02

106 網（あみ）　田辺悟

漁網を中心に、網に関する基本資料を網羅して網の変遷と網をめぐる民俗を体系的に描き出し、網の文化を集成する。「網に関する小事典」「網のある博物館」を付す。　四六判316頁　'02

107 蜘蛛（くも）　斎藤慎一郎

「土蜘蛛」の呼称で畏怖される一方「クモ合戦」など子供の遊びとしても親しまれてきたクモと人間との長い交渉の歴史をその深層に遡って追究した異色のクモ文化論。　四六判320頁　'02

108 襖（ふすま）　むしゃこうじ・みのる

襖の起源と変遷を建築史・絵画史の中に探りつつその用と美を浮彫にし、衝立・障子・屏風等と共に日本建築の空間構成に不可欠の建具となるまでの経緯を描き出す。　四六判270頁　'02

109 漁撈伝承（ぎょろうでんしょう）　川島秀一

漁師たちからの聞き書きをもとに、寄り物、船霊、大漁旗など、漁撈にまつわる〈もの〉の伝承を集成し、海の道によって運ばれた習俗や信仰の民俗地図を描き出す。　四六判334頁　'03

110 チェス　増川宏一

世界中に数億人の愛好者を持つチェスの起源と文化を、欧米における膨大な研究の蓄積を渉猟しつつ探り、日本への伝来の経緯から美術工芸品としてのチェスにおよぶ。　四六判298頁　'03

111 海苔（のり）　宮下章

海苔の歴史は厳しい自然とのたたかいの歴史だった――採取から養殖、加工、流通、消費に至る先人たちの苦難の歩みを史料と実地調査によって浮彫にする食物文化史。　四六判172頁　'03

112 原田多加司
屋根　檜皮葺と柿葺
屋根葺師一〇代の著者が、自らの体験と職人の本懐を語り、連綿として受け継がれてきた伝統の手わざを体系的にたどりつつ伝統技術の保存と継承の必要性を訴える。　四六判３４０頁　'03

113 鈴木克美
水族館
初期水族館の歩みを創始者たちの足跡を通して辿りなおし、水族館をめぐる社会の発展と風俗の変遷を描き出すとともにその未来像をさぐる初の〈日本水族館史〉の試み。　四六判２９０頁　'03

114 朝岡康二
古着（ふるぎ）
仕立てと着方、管理と保存、再生と再利用等にわたり衣生活の変容を近代の日常生活の変化として捉え直し、衣服をめぐるリサイクル文化が形成される経緯を描き出す。　四六判２９２頁　'03

115 今井敬潤
柿渋（かきしぶ）
染料・塗料をはじめ生活百般の必需品であった柿渋の伝承を記録し、文献資料をもとにその製造技術と利用の実態を明らかにして、忘れられた豊かな生活技術を見直す。　四六判２９４頁　'03

116-I 武部健一
道I
道の歴史を先史時代から説き起こし、古代律令制国家の要請によって駅路が設けられ、しだいに幹線道路として整えられてゆく経緯を技術史・社会史の両面からえがく。　四六判２４８頁　'03

116-II 武部健一
道II
中世の鎌倉街道、近世の五街道、近代の開拓道路から現代の高速道路網までを通観し、道路を拓いた人々の手によって今日の交通ネットワークが形成された歴史を語る。　四六判２８０頁　'03

117 狩野敏次
かまど
日常の煮炊きの道具であるとともに祭りと信仰に重要な位置を占めてきたカマドをめぐる忘れられた伝承を掘り起こし、民俗空間の壮大なコスモロジーを浮彫りにする。　四六判２９２頁　'04

118-I 有岡利幸
里山I
縄文時代から近世までの里山の変遷を人々の暮らしと植生の変化の両面から跡づけ、その源流を記紀万葉に描かれた里山の景観や大和・三輪山の古記録・伝承等に探る。　四六判２７６頁　'04

118-II 有岡利幸
里山II
明治の地租改正による山林の混乱、相次ぐ戦争による山野の荒廃、エネルギー革命、高度成長による大規模開発など、近代化の荒波に翻弄される里山の見直しを説く。　四六判２７４頁　'04

119 菅　洋
有用植物
人間生活に不可欠のものとして利用されてきた身近な植物たちの来歴と栽培・育種・品種改良・伝播の経緯を平易に語り、植物と共に歩んだ文明の足跡を浮彫にする。　四六判３２４頁　'04

120-I 山下渉登
捕鯨I
世界の海で展開された鯨と人間との格闘の歴史を振り返り、「大航海時代」の副産物として開始された捕鯨業の誕生以来四〇〇年にわたる盛衰の社会的背景をさぐる。 四六判314頁 '04

120-II 山下渉登
捕鯨II
近代捕鯨の登場により鯨資源の激減を招き、捕鯨の規制・管理のための国際条約締結に至る経緯をたどり、グローバルな課題としての自然環境問題を浮き彫りにする。 四六判312頁 '04

121 竹内淳子
紅花（べにばな）
栽培、加工、流通、利用の実際を現地に探訪して紅花とかかわってきた人々からの聞き書きを集成し、忘れられた〈紅花文化〉を復元しつつその豊かな味わいを見直す。 四六判346頁 '04

122-I 山内昶
もののけI
日本の妖怪変化、未開社会の〈マナ〉、西欧の悪魔やデーモンを比較考察し、名づけ得ぬ未知の対象を指す万能のゼロ記号〈もの〉をめぐる人類文化史を跡づける博物誌。 四六判320頁 '04

122-II 山内昶
もののけII
日本の鬼、古代ギリシアのダイモン、中世の異端狩り・魔女狩り等々をめぐり、自然＝カオスと文化＝コスモスの対立の中で〈野生の思考〉が果たしてきた役割をさぐる。 四六判280頁 '04

123 福井貞子
染織（そめおり）
自らの体験と厖大な残存資料をもとに、糸づくりから織り、染めにわたる手づくりの豊かな生活文化を見直す。創意にみちた手わざのかずかずを復元する庶民生活誌。 四六判294頁 '05

124-I 長澤武
動物民俗I
神として崇められたクマやシカをはじめ、人間にとって不可欠の鳥獣や魚、さらには人間を脅かす動物など、多種多様な動物たちと交流してきた人々の暮らしの民俗誌。 四六判264頁 '05

124-II 長澤武
動物民俗II
動物の捕獲法をめぐる各地の伝承を紹介するとともに、全国で語り継がれてきた多彩な動物民話・昔話を渉猟し、暮らしの中で培われた動物フォークロアの世界を描く。 四六判266頁 '05

125 三輪茂雄
粉（こな）
粉体の研究をライフワークとする著者が、粉食の発見からナノテクノロジーまで、人類文明の歩みを〈粉〉の視点から捉え直した壮大なスケールの〈文明の粉体史観〉 四六判302頁 '05

126 矢野憲一
亀（かめ）
浦島伝説や「兎と亀」の昔話によって親しまれてきた亀のイメージの起源を探り、古代の亀卜の方法から、亀にまつわる信仰と迷信、鼈甲細工やスッポン料理におよぶ。 四六判330頁 '05

127 川島秀一
カツオ漁
一本釣り、カツオ漁場、船上の生活、船霊信仰、祭りと禁忌など、カツオ漁にまつわる漁師たちの伝承を集成し、黒潮に沿って伝えられた漁民たちの文化を掘り起こす。四六判３７０頁 '05

128 佐藤利夫
裂織（さきおり）
木綿の風合いと強靭さを生かした裂織の技と美をすぐれたリサイクル文化として見なおす。東西文化の中継地・佐渡の古老たちからの聞書をもとに歴史と民俗をえがく。四六判３０８頁 '05

129 今野敏雄
イチョウ
「生きた化石」として珍重されてきたイチョウの生い立ちと人々の生活文化とのかかわりの歴史をたどり、この最古の樹木に秘められたパワーを最新の中国文献にさぐる。四六判３１２頁〔品切〕'05

130 八巻俊雄
広告
のれん、看板、引札からインターネット広告までを通観し、いつの時代にも広告が人々の暮らしと密接にかかわって独自の文化を形成してきた経緯を描く広告の文化史。四六判２７６頁 '06

131-I 四柳嘉章
漆（うるし）I
全国各地で発掘された考古資料を対象に科学的解析を行ない、縄文時代から現代に至る漆の技術と文化を跡づける試み。漆が日本人の生活と精神に与えた影響を探る。四六判２７４頁 '06

131-II 四柳嘉章
漆（うるし）II
遺跡や寺院等に遺る漆器を分析し体系づけるとともに、絵巻物や文学作品の考証を通じて、職人や産地の形成、漆工芸の地場産業としての発展の経緯などを考察する。四六判２１６頁 '06

132 石村眞一
まな板
日本、アジア、ヨーロッパ各地のフィールド調査と考古・文献・絵画・写真資料をもとにまな板の素材・構造・使用法を分類し、多様な食文化とのかかわりをさぐる。四六判３７２頁 '06

133-I 赤羽正春
鮭・鱒（さけ・ます）I
鮭・鱒をめぐる民俗研究の前史から現在までを概観するとともに、原初的な漁法から商業的漁法にわたる多彩な漁法と用具、漁場と社会組織の関係などを明らかにする。四六判２９２頁 '06

133-II 赤羽正春
鮭・鱒（さけ・ます）II
鮭漁をめぐる行事、鮭捕り衆の生活等を聞き取りによって再現し、人工孵化事業の発展とそれを担った先人たちの業績を明らかにするとともに、鮭・鱒の料理におよぶ。四六判３５２頁 '06

134 増川宏一
遊戯 その歴史と研究の歩み
古代から現代まで、日本と世界の遊戯の歴史を概説し、内外の研究者との交流の中で得られた最新の知見をもとに、研究の出発点と目的を論じ、現状と未来を展望する。四六判２９６頁 '06